台灣婦女運動

FEMINISMS

1970s - 2010s

顧燕翎———

著

爭取性別平等的漫漫長路

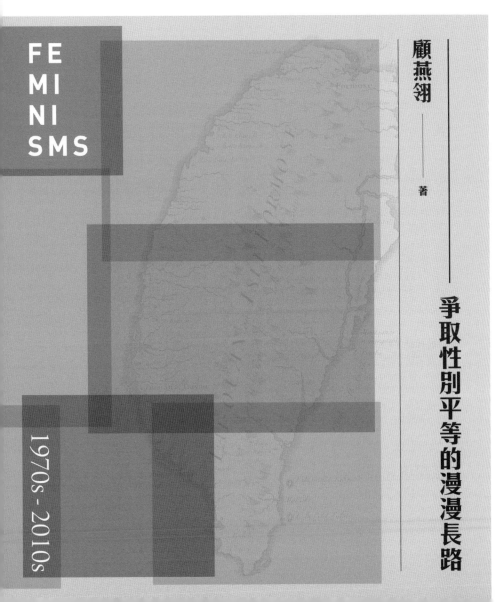

台灣婦女運動：爭取性別平等的漫漫長路

作　　者　顧燕翎
責任編輯　張瑞芳
協力編輯　曾時君
校　　對　林昌榮、張瑞芳
版面構成　張靜怡
封面設計　林宜賢

總 編 輯　謝宜英
行銷業務　鄭詠文、陳昱甄
出 版 者　貓頭鷹出版

發 行 人　涂玉雲
發　　行　英屬蓋曼群島商家庭傳媒股份有限公司城邦分公司
　　　　　104 台北市中山區民生東路二段 141 號 11 樓
　　　　　劃撥帳號：19863813；戶名：書虫股份有限公司
城邦讀書花園：www.cite.com.tw　購書服務信箱：service@readingclub.com.tw
購書服務專線：02-2500-7718~9（週一至週五 09:30-12:30；13:30-18:00）
24 小時傳真專線：02-2500-1990；25001991
香港發行所　城邦（香港）出版集團／電話：852-2508-6231／傳真：852-2578-9337
馬新發行所　城邦（馬新）出版集團／電話：603-9056-3833／傳真：603-9057-6622
印 製 廠　中原造像股份有限公司
初　　版　2020 年 1 月　三刷 2023 年 11 月
定　　價　新台幣 480 元／港幣 160 元
I S B N　978-986-262-410-4

讀者意見信箱　owl@cph.com.tw
投稿信箱　owl.book@gmail.com
貓頭鷹臉書　facebook.com/owlpublishing

【大量採購，請洽專線】(02) 2500-1919

城邦讀書花園
www.cite.com.tw

國家圖書館出版品預行編目資料

台灣婦女運動：爭取性別平等的漫漫長路／
顧燕翎著 .-- 初版 .-- 臺北市：貓頭鷹出
版：家庭傳媒城邦分公司發行, 2020.01
面；　公分
ISBN 978-986-262-410-4（平裝）

1. 女性運動　2. 臺灣

544.54　　　　　　　　　　　108021628

本書採用品質穩定的紙張與無毒環保油墨印刷，以利讀者閱讀與典藏。

好評推薦

做為一個力倡性別平等的實務工作者，感謝燕翎以婦女運動人物、事件的微觀到法制建構的宏觀，珍貴記錄台灣女性爭取平等的篳路藍縷，並賦予理論基礎。翻頁間的婦運歷史不僅是回顧，更是對台灣性別平等未竟之路的提醒：婚姻家庭及職場不平等、高齡社會下的女性人身安全及經濟貧窮等社會倡議，尤其是社會文化的挑戰及改變，仍是不能須臾停下腳步。昨日女權，今日平權。相信這本書必能鼓舞每一位在性別平等運動中努力不懈的獨特自己。

—— 王如玄／雍展社會福利慈善基金會董事長

這是一部關於台灣半世紀以來女性在公私領域申張婦女權利的奮鬥史，不論從社會上殺夫／殺妻的個人行為或女性就業遭受不平等待遇所激發的女性意識覺醒，到家暴防治、《優保法》、代理孕母等攸關女性身體自主權的政治議題討論，都詳實記錄了台灣婦女團體、婦運、女性研究和政策制定的發展歷程與省思。本書有助於關心婦女權益的讀者用更具建設性的批判角度去思辨台灣婦女現況，更是一部啟發所有讀者致力於消彌性別歧視以邁向性別平等社會的必讀經典。

—— 莊子秀／國立暨南國際大學外文系副教授

目　次

導論

為什麼書寫？

　　二十世紀中期，西蒙波娃（Simone de Beauvoir, 1908-1986）、戴菲（Christine Delphy, 1941- ）、史密斯（Dorothy Smith, 1926- ）都曾說過：「我不是女性主義者，但是……」在社會普遍的反感和質疑中，公然認同女性主義的確需要三思，但後來這三位都成為女性主義重要的理論家和代表性人物。到了二十一世紀，女性主義已成為家喻戶曉之詞，但聯合國的男女平等大使、年輕的英國女星華生（Emma Watson, 1990- ）仍在公開演講中表白，「我是女性主義者，但是……」顯然社會上對女性主義的負面評價仍普遍存在，以致需小心說明，免招非議。一百多年來，女性主義這條路著實吸引過也困惑過許多人，時至今日，以女人的主體身分發言似乎仍理不直氣不正，在臺灣亦是如此。

　　主體女人的言說從未存在於主流的、男人主導的歷史，以致後世的女人很難在其中找到適當的位置或典範，而變得難以啟齒。父系文明的大傳統，將女性經驗摒棄於外，男性意識膨

脹為人的意識，主導了所有社會活動。女人並不是未曾質疑或反抗，只是婦運誕生前，個別的活動或抵制，不論是女性書寫、女性文字（如江永的女書）或一哭二鬧三上吊，都不被看見、沒有出路，更難以滙聚為潮流，進而造成改變。即便是深受朝廷敬重的東漢才女班昭（西元 45-117），也必須冒著被後世誤讀的風險[1]，隱藏在母親的身分之後，以傳播男性禮教為藉口，委婉地傳授女兒如何謹守婦道，才得以留下片段、隱晦的個人生命經驗，為後代女性爭取有限、受性別規範的教育機會（參閱鄭至慧，2010：189）。

然而，婦女運動仍然破繭而出，十九世紀中期從歐美擴及全球，創造了人類歷史上前所未有的跨文化、跨世代的女人大集結，翻轉了個人命運和社會文化。歷經躓踣起伏，女人終於獲得言說書寫的權利／力，不但改變了自己的命運，也波及另一半。儘管不同群體的女人間至今仍存在著差異和歧見，婦女運動追求的平等與尊重已成為普世價值。二十一世紀的網路資訊更加速跨地域的連結，終於引爆全球的 #MeToo 運動[2]，以及各地婦女的年度大遊行（Women's March）[3]，女性要求尊嚴與平等形成沛然莫之能禦的風潮。本書作者（我）有幸生於女性命運巨變的年代，於第二波婦運發端的 1970 年代初留學美國，遇見剛萌芽的女性主義，返臺後投身臺灣婦女運動、婦女研究的開拓，並進入政府，成為首位女性主義政務官，離開公職後又參與各級政府的婦權會／性平會，歷經體制內外洗禮，親身參與早期婦運的開拓，和近期政策的論述與實踐。期

望藉由書寫與讀者分享近身的參與觀察和理論檢驗,並在此基礎上開啟對話,展望未來。

章節配置

婦女運動牽涉到特定時空下特定人物和事件的組合,這些事件不僅有其歷史延續性,彼此間也相互牽連,難以切割,但為便於討論,不得不在時間上略做分期。分期的標準不使用日曆時間,也不以主流社會的重大事件做為分界點,而是依據重要婦運團體的成立,和關鍵的婦運議題來做區隔。新團體和新議題的產生,反映了新的政治機會結構和社會資源的重組,因而具有歷史意義。當多個新團體同時出現時,可能因新的成員、目標、策略和組織型態,而帶動新風向。

根據上述原則,本書將 1970 年代至二十一世紀初期的婦女運動區分為四個階段:

一、拓荒期(1970 年代):以拓荒者出版社為代表。此時期正值戒嚴時代,百廢待舉,參與者年輕熱情,嚮往男女平

---

1 班昭的傳世之作〈女誡〉常被指為父系代言。例如陳東原(1977)。

2 參閱顧燕翎(2018)「第三波全球婦運台灣不能缺席」http://feminist-original.blogspot.com/2018/03/blog-post_23.html

3 參閱 https://en.wikipedia.org/wiki/2017_Women%27s_March

等，表現強烈個人色彩，與西方的女性主義劃清界線。

二、女性主義耕耘期（1980年代）：以婦女新知雜誌社為代表。標舉女性主義，特別是激進女性主義，強調平等、去除權威和集體決策。

三、百花齊放期（1987年到1990年代中期）：全球第二波婦運全盛時期，國內解嚴，眾多婦女團體成立，各有其特色和目標，但大部分仍對女性主義心存疑懼，某些團體甚至表現去性別化的傾向，並不認同婦女運動和婦女團體。

四、婦運深化期（1990年代中期迄今）：女性主義漸被接受，婦運活動力增強，但內部差異也開始浮現，性別政治與性欲政治的論辯、階級及個人處境差異形成的不同立場，導致家務勞動工作權、通姦除罪化、性交易除罪化等性別議題的討論時起爭執。此時期婦運與國家互動增加，一方面提升了性別議題的正當性，開拓了公共政治論述的性別空間，另方面也使主流政治得以介入、分化婦運。

婦運事件的發展具有延續性，並不受限於人為分期，而各時期間亦時有重疊。為完整敘事，有些事件雖跨越分期卻集中在同一章節討論，如工作權議題集中在第二章和第三章，但並不表示此議題在其他時期完全蟄息；同理，儘管婦女研究可追溯到更早期，卻集中於第六章討論。

本書以全球婦運為參考架構，將1970年代發生於臺灣的「新女性運動」做為起點，導論以外，共分七章。導論說明本書架構，釐清婦運定義、影響策略選擇的因素、社會運動發展

的生命週期理論、婦運的階段理論、政治機會結構及資源動員論，並檢視性別政治與性欲政治的辯證關係，做為以下各章的討論基礎。

第一章回顧婦運的歷史及文化背景。當代婦運和消費者、環境保護運動等，都是 1970 年代農業社會轉型為工業社會後的產物，但與發生於二十世紀的消費、環保問題相比，婦運面對女性意識的建構和父系文化的改造，其問題意識和生命週期（本章 18-19 頁）更源遠流長，以致追溯其根源需要超越近代史，回到三千年前的詩經時代去勾勒婦女問題，省視不同歷史階段的婦運，及世代重現的女性議題。

我在參與各級婦女權益促進會／性別平等會和閱讀國內官方及非官方文獻時發現，論者常將全球婦運的起點定位在 1995 年於北京舉行的聯合國第四屆世界婦女大會（世婦會），或 1985 年於肯亞奈羅比市舉行的第三屆世婦會，最早也只溯及 1975 年於墨西哥市的第一屆世婦會，卻忽略了全球婦運悠久的歷史。清末民初的婦運不僅奠立婦女參政和保障名額的基礎，也曾啟發了臺灣 1970 年代後的婦運。但國際上普遍誤以為尼泊爾（1990 年）和阿根廷（1991 年）最早實施憲法保障名額（例如 Squires, 2007: 26〔對照書末參考資料〕，以及我在國際會議上親自體驗），此種說法實有待釐清。在探討當代婦運的修法歷程時，《中華民國憲法》和《民法》、《刑法》立法的時代背景更不容忽略。故本書重點雖以 1970 年代婦運為起點，仍用一整章的篇幅回顧更早的歷史。

第二章分析 1970 年代婦運拓荒期。在全球第二波婦運風起雲湧的 1970 年代，島內的新生代女性受到啟蒙，自動集結爭取平等，婦女運動在政治戒嚴、但社會走向改革開放的氛圍中萌芽，年輕女性開始關心女性議題、發展女性意識。拓荒者出版社是當時的行動中心，最受媒體矚目的人物當屬呂秀蓮。主流社會認可其女才而非女權（利）的訴求；不挑戰女人「本分」、肯定傳統性別角色的主張，也獲得執政的國民黨內革新派的支持，形成極大聲勢。

第三章為 1980 年代的女性主義耕耘期，以婦女新知雜誌社為核心，其主要成員受到西方激進女性主義影響，主體意識鮮明，不再以「本分」自我設限，公然對抗父權體制和文化，解構父權意識，建立平等和去層級化的組織，從事體制外運動與跨黨派議題結盟，爭取女性權利，卻強調不爭權力。

第四章坐落在解嚴後的百花齊放期，此時正值聯合國婦女十年（Decade for Women, 1976-1985），全球婦運進入鼎盛階段。為有效處理愈益多元的性別議題，本地婦運組織開始分化，陸續出現單一性議題的新團體，分別關心雛妓、兒童、環境、人身安全等。在婦運內部，有些議題自 1970 年代即凝聚了相當大的共識，如爭取墮胎合法化、修改《民法‧親屬編》；有些則經過劇烈衝突後達成共識，如承認婦女研究和女性主義的共生性；也有些議題存有較大的衝突，爭議延續到二十一世紀，例如性工作權。

第五章以後分別探討婦運深化期的重要議題：身體自主

權、婦女研究和婦運的體制化。本章聚焦於最具爭議的女性身體自主權：性與生殖。此議題自全球第一波婦運就受到關切，到二十世紀末才成為核心議題。收回身體自主權和拒絕被父權工具化都涉及女人切身利益，但因嚴重挑戰了父系文明的核心價值，阻力巨大。特別是性交易、代理孕母等牽涉到各造利益，造成了婦女團體內部的對抗、噤聲和分裂，故以專章討論。

第六章討論本地的婦女研究、其與全球婦運的聯結及在臺灣的建制過程。婦女研究是第二波婦運的產物，在傳統學術理論、方法論和知識論之外另闢蹊徑，發展成為二十世紀後期新的學科，也深刻影響了主流學術和教育體系。而本地婦研、婦運和女性主義間的相關性，曾引發長達十年的爭論，最後終於達成共識。

第七章則檢視婦運的制度化及其效果，婦運一方面由下而上改變體制，以集會宣言、遊行示威、遊說國會等為手段；另一方面，歐美婦女團體自二十世紀初，即透過國際組織（如國際聯盟、聯合國）和婦團之間的國際合作，對各國政府施壓，由上往下修改歧視性的制度與習俗，建構性別平等的法律及政策。臺灣雖非聯合國會員國，仍在國內全力推動性別平等建制，所投注的行政資源超越多數會員國，從中央到地方政府全面設立的婦女權益促進／性別平等委員會亦是獨步全球，值得探究。

什麼是婦女運動

　　1980 年代臺灣社會運動蓬勃興盛,吸引媒體眼光,但有關婦運的討論卻充滿不確定性,產生分歧的主要原因之一是定義不明確,因各自對婦運的認知不同,有人主張臺灣沒有婦運,有人認為不但沒有而且不需要婦運,也有人以為政黨的婦女工作即是婦運。

　　本書參考蔡文輝對社會運動的定義:人們為了促進或抗拒社會變遷所組成的團體行動(蔡文輝,1983:54)。所以構成社會運動的必要條件為團體、共同目標和具體行動。婦女運動與其他社會運動相同之處在於都是由下(個人和團體)而上(改變政府和公共政策)發展;不同之處則是以女性為主體。婦運既訴諸性別認同,自然標榜女性課題,其短程目標為提升女性地位及女性意識,終極目標則在消除性別歧視、促進平等。

　　社會生活組成中因矛盾和不平等而發生社會問題,眾人自動組織起來謀求解決之道,改變原有秩序和規範,對舊有權力結構產生壓力,形成社會運動,所以社會運動是人們集體改變現狀的手段。婦運之發生基於兩個重要的前提:

　　一、社會上存在女性群體普遍受壓迫的事實,因此才有反抗或改變的理由。但事實是否客觀存在,和是否得到主觀認知,二者間存有差距。如過去一般人認為「打老婆」是家務事,不容外人干預,經過女性主義指認和定義,家庭暴力變

成了公權力可以介入的違法暴力行為，改變了大眾主觀的認知，才可能產生改變的動力。

二、女性受壓迫是基於社會原因，而非生理原因，並非天生命定，故可經由社會力量加以改變（參閱 Delphy, 1984）。

從毫無女性意識到認同女性群體是婦運的第一階段，接下來經由對傳統性別定位的反思，才可能透視結構性的歧視，而產生政治訴求（參閱 Klein, 1984: 3）。

所以婦女運動是廣義的政治運動，其政治目標在於將以往被視為婆婆媽媽、不值一顧的「女人的事」，提升為公共政治論述，進而落實為公共政策。博恩帕思（Boneparth, 1984: 4）在衡量社會運動的政治影響力時，以運動目標獲得認可的程度及得到的政治反應當做標準。所以，對社會運動而言，如何將傳統政治排除的議題，提升至全國性的政治辯論，甚至左右人民投票的選擇，是重大考驗。激發團體與個人的政治意識（political consciousness），乃是改變政治氣候的首要之務，克萊因（Klein, 1984: 3）將女性政治意識的產生分為三個階段：

一、認同女性群體，認清女性所面對的共同問題；

二、拒絕做第二性，在兩性平等基礎上重新定位女性；

三、洞識性別歧視的社會結構性原因，以政治方式謀求改變。故婦女運動是喚醒女性意識、激發集體行動、改變性別社會結構的過程。

至於婦運團體，本書主要參考薩德和艾須（Zald and Ash,

1966: 327-40）對社運團體的定義：

一、其目標在改變社會及其成員，重新構造平等的社會，而非提供經常性之服務。

二、運動團體之誘因結構（incentive structure）以目標誘因（purposive incentives）為主，情感誘因（solidarity incentives）為輔。

因此許多服務性及聯誼性的團體和活動雖有其社會貢獻，但因為不以改變性別社會結構為目標，故未列入討論。此外，父權社會歷史久遠，兩性角色積重難返，少數團體推動改變，難免引發社會疑懼和反感，而產生反對改變、維護現狀的反動運動（reactionary movements），其動員對象亦可能為女性，因此也可視為婦女運動。只是本書聚焦於以男女平等為目標的運動，而非反動運動。

在個人部分，社會上不少表現優異的女性，影響整體性別價值觀，間接有助於婦運發展，不過本書著重於直接參與婦運者。此外，早期婦運以情感及理念為誘因，在累積了相當的資源與政治影響力後，其誘因趨於多元，運動內部和外部的人際關係或社會資源也變得複雜，產生多種敘事角度。本書著重於組織層面，避免深入個人隱私和動機。

至於近年來才受到媒體關注的跨性別女性（trans women，簡稱跨女），因其不認同出生時被指定的男性身分，而比一般女性在父權社會受到更多歧視，但因人數少，且內部對於性別框架持有截然不同的立場，未能形成共同目標和集體行動，對

婦運尚未產生具體影響（參閱吳芷儀，2015）。

婦女運動的策略選擇

　　婦女運動的策略選擇有兩個層面：近期內改善女性處境和長期提升女性地位。理想的狀況是二者兼顧，相輔相成，但實際上卻經常面臨兩難的抉擇：婦運一方面以改造社會和個人為目標，必然會挑戰既有的價值和態度；另一方面社會運動需要群眾支持，必須動之以情，說之以理，進而建立共識、爭取認同，因此有時候不得不和主流意識型態做某種程度的妥協，為了推動立即的改革而犧牲女性主義的純粹性，換取現實上較有利的位置。若再加上政黨政治和個人得失的考量、評估組織的社會資源、人力和內部共識，選擇就變得更為複雜而喪失理想的純粹性。

　　另一條路線是堅持理想，不以立即的利益或成功為目的，短期的失敗和挫折反而能激發女同胞同仇敵愾，強化女性意識，創造新的價值和態度。1991 年美國著名的希爾（Anita Hill）的性騷擾控訴案便是一例[4]。雖最終控訴未果，希爾教授在國會公然受到羞辱，且失去大學教職，但騷擾者湯馬斯仍被任命為大法官，此項挫敗卻激勵了美國婦女的向心力，女性意識受到強化。1992 年國會選舉婦女席次大增，全國婦女組織（National Organization for Women, NOW）等婦運團體也大

受支持，迅速擴展，日後催化更大的動員力量，如 2017 年的反性騷擾運動 #MeToo。此種著眼於長期目標的策略，必須奠基於認同政治的厚實成果，亦即集體的女性意識已發展到相當程度，一般女性對性別歧視有足夠敏感度，才會因公權力對性騷擾的漠視而激起更強烈的認同。至於美國 1923 年的《平等權利修憲案》（*Equal Rights Amendment*）則是以實質修法為目的，後雖遭受保守勢力反撲，功敗垂成，至今未過，卻強化了支持婦運者的危機意識，提升運動的向心力。

臺灣婦運的歷史相對短暫，動員初期沒有充分的資源和時間，能好整以暇地評估和選擇議題與策略，常為情勢所迫，只能就已有的資源立即行動，否則機會稍縱即逝。當運動累積了相當成果，則又可能產生利益衝突、政治認同考量及外在環境改變，導致運動路線爭執；若欲堅實女性主義立場，婦運界需要長時間深刻溝通、自省，並且深耕女性主義和婦女史。

社會問題的生命週期

為改變既有的權力結構或資源分配，多數社會運動都以修改或制定公共政策為目標。牟思（Mauss, 1975）的社會問題生命週期理論將社會運動的發展分為發端（incipiency）、集結（coalescence）、制度化（institutionalization）、削弱或分化（fragmentation）和消失（demise）五個階段。制度化完成

後，必然和自然界的生命一樣，終將分化以致消失。婦運因人數廣大，問題複雜，舊問題已解新問題又生，其生命週期一波接一波，綿延數世紀，至今方興未艾。

婦運者為改變性別歧視的社會、政治結構，把婦運議題帶入公共政治領域，喊出「個人的即政治的」，制度化是必然目標。然而婦運因涉及一半人類，關懷幅度自然廣闊，有別於其他聚焦於特定主題的社會運動，不僅在制度上爭取資源和權力的重新分配，更關注於社會價值和文化的轉變。因此除了喚醒女性意識、爭取男女平等也致力開拓新的政治論述及訴求、泯除公共政策和私人議題的界線、重新思考及定義「自然」、「權力」，從事體制內外改革及提升個人自覺，所以婦運不只是社會運動，也是文化運動。在過程中，女性主義理論、婦運議題不斷被檢討修正，而持續蛻變、擴張或分化。因此需要以

4　1991 年美國布希總統提名湯馬斯（Clarence Thomas）為大法官，其昔日助理、時任法學教授的希爾（Anita Hill）指稱曾受其性騷擾。希爾通過測謊，但湯馬斯拒絕受測。參議院司法委員會的公聽會現場，經電視轉播到全美家庭，觀眾看到十四位清一色男性委員對希爾毫不留情的敵意。事後湯馬斯受到任用，希爾卻失去教職。七位女性民主黨眾議員公開遊行抗議，也無人理會。此事件點燃了女選民要求改變的怒火，也掀起了次年女性國會參選的浪潮。選後女議員增加到五十五位（10.3%），也創下兩位加州參議員皆為女性的紀錄。2018 年類似劇情再次上演，川普總統提名的卡瓦諾（Brett Kavanaugh）受到史丹佛大學教授福特（Blasey Ford）指控曾經性騷擾，仍獲得終身任用，不過福特雖也受到攻擊，卻未因此失去教職。同年的國會選舉，女性參選和當選再創新高。

多種理論分析其目標、策略、衝突和改變。

女性意識發展階段

　　美國婦女研究學者麥金塔（Peggy McIntosh, 1934-）曾以階段性發展來剖析美國婦女研究的演進及白人中產階級的婦運。在 1985 年訪臺時，她曾與本地婦運者交換心得，大家感同身受。階段理論（phase theory）將婦運及女性意識的發展區分為五個階段：無知期、認同期、抗議期、女性中心期、兩性合作期。

　　一、無知期：此為婦女運動的史前期，婦運尚未誕生，社會認為根本不需要婦運，女性在社會中自然從屬於男性，以男性價值為圭臬。女性意識尚未形成或受到壓抑與封殺。女性被歷史忽略或刻板化。

　　二、認同期：女性像男性一樣接受教育、進入職場，但主體性尚未顯現。社會不吝提供女性「上進」的機會，鼓勵女性加入原屬於男性的社會活動，追求男性的成就標準。但在意識型態上，仍認同男性價值及傳統的女性角色。此階段的女性，一方面力爭上游，以男性的高成就為標竿；一方面認同自己陰柔的「本分」。例如臺北市第一女子高級中學的校歌「齊家治國，一肩雙挑」，便充分反映此階段之價值觀。1980 年代某些社會學家與心理學家倡言「整合性女人」（integrated women），也是教女性如何家庭、事業兼顧，以及如何在壓力太大時，用做健美操等方式來調整情緒。表現在傳播媒體上的，是對「傑出女性」的推崇、婦女模範的建立，而不質疑其預設標準是否符合性別正義[5]（參閱顧燕翎，1993）。

婦女在此階段被視為有待開發的人力資源，但女性意識與婦女人權卻不受重視。儘管如此，女性因受教育而獲得學習與思考的能力，開拓了活動空間，這些都是日後婦運發展的必要條件。

三、抗議期：相當數量女性體會到自己力爭上游所遭遇的阻礙並非個人能力問題，而是受限於外在制度，即便個別婦女機遇特殊得以晉入高位，也無益於解除婦女群體所遭受的結構性限制。這是女性意識覺醒的開端。此時，女性主義者不再關注少數出人頭地的女性，轉而聚焦於女性在父權社會中共同的處境。此時揭露的問題，引起憤怒和反抗的情緒，產生性別認同，也就是前述克萊因（Klein）所指的女性政治意識（13

5　男性社會往往把女性性別角色看得比職業角色重要。在 1980 年代數位女性民意代表曾私下對作者表示，她們參與競選，除了必須符合男性民意代表的標準外，還得先安排好一個無懈可擊的家庭生活。國內外對於女性角色的研究也多有類似結論：不論男女都對於女性在不同角色層面持有相異、甚至相衝突的態度，例如在家庭地位之從屬性層面，態度偏向保守，而在勞動力參與層面，態度則近乎平等。換言之，在家庭內以情感取向要求女性，在勞力市場則是工作取向。亦即「齊家治國，一肩雙挑。」（參閱伊慶春，1982；呂玉暇，1980；李美枝，1984；Cherlin, A. et al.）

頁），爭取性別正義的共同願望啟動了婦運。

　　四、女性中心期：婦女積極參與社會活動，累積了自信與能力，並建立人際網絡，有助於婦運發展（參閱 Smelser, 1969: 287）；抗議期的經驗也有助女性洞察自身處境，批判父權文化。部分女性主義者轉而探求和重建被歷史湮沒的女性文化（參閱顧燕翎，1986：61-64），如新石器時代的母系社會或女神崇拜。她們相信女性是文明與生命的基石，社會與家庭的維護者，因而強調女性經驗和女性文化的重要，力圖傳達女性訊息，平衡男性文化的缺失。也有人鑒於傳統知識論的性別盲，致力開發婦女研究，發展女性主義觀點。由於男女兩性在生活中互動緊密，女性自覺觸發了男性自覺，因而產生了男性研究，如美國南加大（University of Southern California）曾成立男性與女性研究中心（Center for Men and Women Studies）。1985 年後，美國討論新男性的書籍開始暢銷，國內也有譯本，討論新男性的文章受到傳播界注意[6]，同時也引發男性反彈。

　　五、兩性合作期：檢討性別角色兩極化的缺失後，男女以平等個體來建立合作包容的兩性社會，個人的人格發展和社會的價值觀都注重平衡包容，而非兩極對立，被父權文化視為女性弱點的人格特質，如體貼、和平與寬容得到肯定；反之，競爭求勝不再受到禮讚。對部分女性主義者而言，這是婦運的理想境地。

　　階段理論描繪出婦運發展的大方向，也能合理解釋性別政

治的諸多現象，適用於婦運初期。只是立基於本質論[7]的性別認同，未能充分顧及性別的內部差異，不足以解釋婦運內部的矛盾。特別是在女性主體性日趨明朗的抗議期和女性中心期，婦運開始壯大，卻同時走向分化，參與者往往因認知不同而在策略選擇上出現歧見。因此婦運面對的不只是如何建構男女平等、合作的文化，也需要學習看見並尊重個別的差異：年齡、族群、出生地、語言、宗教、性別認同、性傾向……，才能建立合作的社會。不過不論個別立場為何，對既有父權體制的不滿和女性主體的建立，仍是婦運發展的必要條件。

政治機會結構與資源動員

根據歷史經驗，當政治結構鬆動或政治體系重組時，往

6　例如由美國 Singet 公司出版之 Dr. Herb Goldberg 之系列著作：*The Hazards of Being Male* 及 *The New Male Female Relationship* 都成為暢銷書，國內也有譯本《新男性》及《兩性關係的新觀念》，分別由婦女新知及允晨出版。此外《張老師月刊》（1985/12）、《中國論壇》（1986/5/10）、《聯合報》（1987/3/2）都曾刊登討論新男性或新男性主義的專文。

7　本質論意指男女各有其天生的、內在的生理、心理差異，展現於身體外表和行為，無法改變，因此男女各有其天職與本分。男女天生有異的觀念影響深遠，直到二十世紀中期才受到女性主義者挑戰。（參閱《女性主義理論與流變》，顧燕翎主編 2019）

往會給予社會運動較大的活動空間，塔羅（Tarrow, 1983）等人曾指出締造和制約政治抗爭的政治機會結構（political opportunity structure）由以下三個要素組成：一、政治體系對於社會團體的開放程度；二、政治體系執政的不穩定性；三、支援團體的存在與否。這三個要素對於婦運的產生及其政策面的成敗都有決定性的影響，關係到婦運的政策目標是否達成，以及運動的代表性是否受到公眾認同。然而婦運的歷史並不純然取決於外在的政治環境，運動內部的資源，如領導、組織、動員能力等，亦不容忽視。其中最重要的意識型態，不僅左右婦運的發展方向，決定婦運內部的團結與分化（Shtob, 1987: 194），也直接塑造領導方式和組織型態[8]。

因此，對於婦運而言，政治機會結構論和資源動員論僅有助於評估政治目標的達成，亦即在現有體制內爭取資源和權力重新分配的成效。而婦運在文化和心理建設層面更根本的目標：文化常模的重建，對身體、欲望、自然的重新省視，則需從個體自覺和實踐、集體認同的建立方面著手。從表面上看，這些領域展現靜態、自省的特色，不致引起政治衝突，也不屬於運動型態，然而女性自覺所可能激發的政治需求，及個人態度和行為的改變，實則具有重塑婦女和國家／婦運和社會關係的潛力，是研究者和運動者不可忽視的一個面向。

性別政治 VS 性欲政治

　　1980 年代女同志研究興起前，女性主義理論並未刻意區分性別政治與性欲政治，對異性戀文化常模的習焉不察，使得女性主義者假設性別與性欲必然關聯，以致自動將性別理論延用於性欲解釋。魯冰（Gayle Rubin, 1949-, 1975: 166）在早年名著〈交易女人〉（"The Traffic in Women"）中，將性（sex）視為「性別認同、性欲望與性幻想、童年的概念」的混雜體。但到了 1984 年，魯冰（1984/1994:33）雖仍承認「性別（gender）影響性欲系統（sexual system）的運作，性欲系統也呈現性別特色，」卻在〈性的雜想〉（"Thinking Sex"）

8　Carden（1974）將與美國婦運有關的個人和團體劃分為以下五類：(1) 婦女解放團體：由六至十二人的年輕女性組成的小規模自覺團體，分享親密的、個人的感覺，探討社會力對個人行為的塑造，及其他生活方式的可能性，其中僅有一部分發展出社會行動。Freeman（1975）認為此類團體無正式組織結構，反對權力階層化，團體間亦甚少聯繫。(2) 女權團體：如全國婦女組織（NOW），有大規模、層級化的全國性組織與政策導向。(3) 同情婦運的個人。(4) 傳統婦女團體，女性主義復甦（第二波婦運）前即已存在，如基督教女青年會（YWCA），女選民聯盟（The League of Women Voters），這些團體曾有過女性主義目標。(5) 婦女解放和女權團體存在後產生的女性利益團體，如女性職業團體、專業團體內的婦女組（caucus）等，以保護和爭取特定對象特定婦女的權益為主旨。Carden 及 Freeman 都將第一、二類定義為婦運團體。不過後三者都可視為婦運的支持者或潛在支持者。

一文中首度提出，二者雖互相關聯，卻非一體，而是兩套涇渭分明的社會實踐，故在分析上應予分離，以正確反映二者互不相屬的社會存在。

從女同志研究與實踐的立場來看，如此區分有其理論上與政治上的必要。女同志不僅因女性身分受到壓迫（性別歧視），也因性欲出軌而和男同性戀、跨性別者、性工作者等同樣受到性歧視。由於是兩套不同的社會系統，性別歧視的消除並不必然導致性歧視的消除，故單憑女性主義不足以解決女同志的困境，必須發展出其他批判工具和思考方式，在性別面向外尚需加入性欲面向。

女同志觀點的浮現，增加了女性主義研究和思考的向度，在父權體制的權力關係外，揭櫫了異性戀機制對女人的制約，特別是在身體和性欲方面。若說父權體制的政治、經濟、社會權力的分配將女性置於權力關係的下層，異性戀制度則更進一步將個別女人置於個別男人監控之下。分析婦運議題，特別是 1990 年代後的議題時，將性欲政治從性別政治中抽出並列，將有助於理解婦運在性欲及身體自主權上所遭受的特強阻力，突顯異性戀父權體制的運作，進而規劃因應策略。

當代臺灣婦運的政治論述正反映此二大主題。性別政治關注女性（性別）身分在公私領域的弱勢位置，積極爭取工作權、教育權、財產權與參政權。而隨著婦運進程推移，女性權利／力意識提升，工作權內容一步步由平等工作機會、同工同酬、家務分工發展到同值同酬；教育權則由相同就學機

會（如提倡女性教育權），演進至消除教育中的性別歧視（如男女學生課程和師資相同），以至於積極推動性別平等的教育內容（如修改教科書內容，避免性別刻板印象）；財產權由保障女性在婚後仍能擁有自己財產的所有權和管理權，演變到爭取家務有酬的立法；參政權則不只以得到投票權（利）為滿足，更進一步爭取女性參與公共決策的權力。

性欲政治則與女人的身體自主權密不可分。五四時期，爭取婚配自主曾是婦運的主要議題，甚至有人以死相抗。今日臺灣更切身的議題，則涵蓋生育自主權與身體欲望，前者關係女性能否主控己身的生殖力：要不要生？生幾個？何時生？墮胎合法化與代理孕母等，都是法律層面的具體議題。而身體欲望，則包含兩個面向：一、避免成為受害者：父權社會的女性身體往往被塑造／定位成男性（權力及性）欲望的對象，女體淪為男性欲望的客體和受害者，甚至其受害經驗也往往被性欲化[9]。婦女運動的目標之一，便在揭露和消減女性作為男性欲望受害者的處境。二、開發女性的主體性：開發女性欲望的能動性和主體性，促使女性主動探究、獲取和表達快感，由欲望自主達到身體自主、人格獨立，以致成為自主的個體（表一）。

婦運發展有其階段性，初期爭取平等權利，以男性為標準，力求相同的機會與地位。藉由立足點平等，如同工同

---

[9] 如色情片中充斥的性暴力。

表一：性別政治和性欲政治的內涵

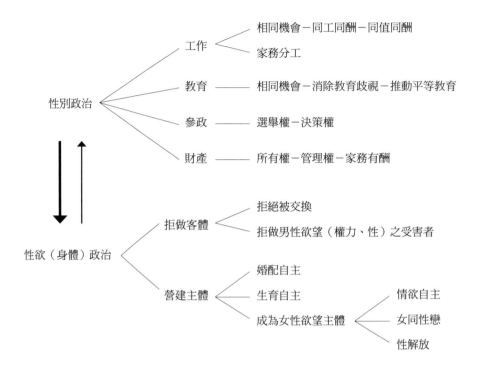

酬、同質教育，建立女性主體，發展女性意識。之後進一步在此基礎上看到不容忽視的個人或群體差異，衍生出更細緻多元、但也可能更分裂的性別政治。故女性主義性別政治的軌跡從著眼於同以至於看見異，不論早期的同或晚近的異，都意味著女性意識的深化。

性欲政治則不僅受限於女人的社會處境，受到經濟、文化、政治環境的制約，更涉及性伴侶間的親密互動。當大多數

異性（甚至同性）性伴侶間仍充滿了宰制與附庸關係，女性氣質被定義為男性的負面，而女性個人或群體間的差異尚無機會浮顯時，女性性欲的社會建構往往落入以下幾種可能：

一、成為男性性欲的承載者；

二、仿男性性欲；

三、為迴避宰制與附庸的互動方式，而拒絕進入異性戀關係，選擇女同性戀做為女性主義的實踐（激進女性主義中的分離主義）；

四、否定性欲，選擇成為終身的獨身者；

五、在體制的縫隙間，從事個別、暗中的反抗，私下交流經驗。

女同性戀者的主體性經由女同志運動得以壯大，其他幾類則未形成組織性行動，尚未彰顯運動能量。

性別與性欲間存在著密切的辯證關係，在大多數情況下，性別規範了個人的性傾向、性習慣以及性關係中的權力配置。婦運經由性別政治，為女性在公領域爭取資源和位置，也開拓了女性在性欲政治的議價空間，以性別主體建立性欲主體。例如，經濟獨立和教育程度提高，使婦女享有較大的行動自由和婚配自由，較易近用醫學和法律資源，而擁有更多選擇。另一方面，女性在獲得較大身體自主權後，也有益於性別主體的茁壯，例如，對生育有較佳的控制能力後，在工作、教育和參政方面也更具主動性和行動力。因此性別政治的影響必然及於性欲，性欲政治至今無法脫離性別的權力分配；但性欲

政治的轉變也挑戰到既有的性別權力關係。

　　婦女運動推動變革，牽涉深廣，若略有成效必遭受既得利益者的抵抗，在運動內部也可能引發利益衝突。性別政治的協商與抗爭場域，除了家務分工以外，多半落在公領域的範疇，可援引已廣為民主社會接受的人權、平等觀念，在理論上較少受到排斥。性欲政治則因直接涉及女人的身體和生殖，此二者一向是父權國、家和男性個人展現權力的場所及監控的對象，加以其運作場所私密，公權力不易伸張，人權與平等極易隔離在外。因此除婦運初期與男性利益較一致的婚配自主權外，其他有關身體與欲望的議題與策略，在婦運內外都爭議不斷，屢生歧見。1980 年代的墮胎合法化、色情與選美，1990 年代的性騷擾、性解放、性工作及通姦除罪化、2000 年後的代理孕母爭議，都體現性欲政治之複雜。

第一章

歷史回顧

女性意識——從休眠到萌芽

　　美國婦女研究學者麥金塔曾將婦女運動史前期定義為女性意識的無知期（導論 18 頁），在婦運誕生前，一般女性對自己的性別處境不知不覺，也無從產生反抗意識。

　　然而，在西方女性主義誕生前約三千年（西元前十一世紀），中土作者已基於本身的觀察體驗，對壓迫女性的父權傳統有所反映和譴責，《詩經‧王風篇》曾經留下女子「遇人不淑」的慨嘆。包括臺灣歌仔戲在內的民間戲曲及女性自傳性作品，如《竇娥冤》、《王魁負桂英》等名劇，千百年來曾引起廣大共鳴；湖南江永的女書（首先在臺北由婦女新知雜誌社出版），也多曾反映女性的悲怨和社會不公。明清時代，盛行於中國南方的彈詞，許多出於女性作者，更直接表達了生為女兒身有志不得伸、備受制度性欺壓的苦楚（參閱李又寧，1981：187-188）。這些作者已經看見婦女問題的社會性，可以說是

古早素樸的女性自覺的開端。

只是這段路走得曲折漫長，直到 1820 年，李汝珍（1763-1830）才將華夏婦女問題系統性地以小說《鏡花緣》呈現，鮑家麟將其女性主義理念歸納為六端：

一、反對雙重道德標準。他不反對貞操節烈，但要求沒有性別差異，男女共同遵守嚴格的性道德標準。

二、反對纏足。在書中他將性別角色置換，讓男性反過來受纏足之苦，藉以喚起同理心。

三、反對塗脂抹粉。塗脂抹粉、矯揉造作、曲意承歡都是強加於女人、男女不平等的習俗，並非天性。

四、反對算命合婚。李汝珍注重的是品行、年貌、門第，而非被他視為迷信的占卜。與五四以後爭取的婚姻自主仍有所不同。

五、提倡女子教育。

六、主張女子參政。（鮑家麟，1979a：221-231）

清代女性的自覺意識和同時代西方女性主義者如英國的吳爾史東（Mary Wollstonecraft, 1759-1797）等人的主張頗多相似處，例如反對雙重道德標準、主張一夫一妻制、女子不必曲意承歡，「靈秀不鍾於男子」，男女有同等智慧，女子欠缺的只是相同教育機會。纏足和算命合婚是華夏特有的風俗，纏足尤其帶給女性終身的體膚之痛，若吳爾史東等人見此，也必然會反對，因為她們同樣主張解除女子的身心束縛，強健體魄、獨立自主。李汝珍的參政主張也與稍後第一波全球婦運的

主要訴求吻合。

　　同時代的俞正燮（1775-1840）不只主張一夫一妻，還反對女子守節，他抨擊男性為自身利益要求女性守節不合情理，逼迫寡婦自殺，以求得朝廷旌表光耀門楣實屬可恥。他說：「男子禮義無涯矣，而深文以罔婦人，是無恥之論也。」（參閱李又寧，1981：186）當前臺灣地方政府喜將貞節牌坊列為古蹟，吸引觀光客，表彰其歷史價值和婦德，應勿忘從婦女史角度檢討其性別意涵。

女性人力資源的政治動員

　　政治局勢不穩定、特別是政權變動之際，潛在的女性資源往往被動員，用以增加政治競爭的實力，動員婦女具有將婦女問題政治化的作用，因而經常被冠以婦運之名，但這種主政者由上而下的動員，欠缺改變性別權力關係的動力，也不具婦運的主體性。

女役

　　1850 年至 1868 年間，橫掃十六省的太平天國倡言男女平等。婦女可以參加考試，擔任文武官吏；授田無論男女；禁纏足、禁買賣奴婢、禁娼、禁妾。理論上似已臻平等境界。然

而制度化的措施缺乏女性意識為後盾，非但未使婦女得到解放，反而備受摧殘。解足後的女性被迫參軍和服勞役，最終折磨至死的為數不少。雖禁止蓄妾，諸王依舊廣置姬妾（郭廷以，1980：110）。三位女狀元，也毫無實權（李又寧，1981：189）。在奉為教育聖典的幼學詩中，甚至明白教導幼童「三從四德」、「牝雞不可司晨」、「莫聽婦言」等傳統觀念（陳仲玉，1979：255）。

不纏足及興女學

1894 年甲午戰敗後，臺灣及澎湖被割讓給日本，朝野人士深受刺激，維新派人士以富國強兵為當務之急，體認到婦女資源的重要，力倡興女學與不纏足。

按照梁啟超（1873-1929）的觀點，興女學的目的有三方面：

一、培養女子職業技能，使婦女有業，免得男子「一人養數人」，以累積民富。

二、培養良母，以母教來「正人心，廣人才」。

三、強種。有健康的母親，才有健康的國民。（參閱梁啟超，1897）。

興女學的先決條件是廢纏足，以便女生行走運動，優生學及軍事理由經常被引用。1898 年康有為（1858-1927）上疏光緒皇帝：「……血氣不流……足疾易作，上傳身體，或流傳子

孫……羸弱流傳，何以為兵乎？」（鮑家麟，1979b：272）

　　與西方接觸漸增後，國際觀感加強了救亡人士廢纏足的決心。在美日國際會場，以纏足婦女侍茶受到恥笑[10]，國內報界反而撻伐受辱女性：「何物賤種，敢於萬邦矚目之會場，獻此醜態，可謂無恥極矣。」（參閱李又寧，1981：195；王爾敏，1981：126；鮑家麟，1979a：268）張之洞支持反纏足，其理由則是織布局女工小腳行動不便，又不能長時間工作，為了提高生產力而主張天足。但在基本思想上，他仍以為「知夫婦之綱，則男女平權之說不可行也」（鮑家麟，1979b：275）。

　　在維新人士極力主張下，清廷於二十世紀初設立女子師範學堂，以「貞靜順良慈淑端儉」為校訓，教育內容以三從四德為主旨，維持父系權威的控制。不纏足會和女學會，幾乎完全由仕紳階級的男性控制，女性會員極少，不到 1%，且多以會員之母或妻的名義加入（王爾敏，1981：413）。

　　只有曾至西方留學的湖南按察使黃遵憲（1848-1905）在勸諭不纏足的告示（1897）中，揭明纏足有七大弊端：廢天理、傷人倫、削人權、害家事、損生命、敗風俗、戕種族，反覆闡述人權的意義與重要性（124）。其他戊戌人士對人權及

10　日本統治臺灣初期雖然譴責纏足，卻將纏足女子做為具有異國情調的活動廣告，拓展茶葉等產品外銷，1903 年在大阪、1904 年在美國聖路易的博覽會，臺灣館都僱用小腳女子為服務生（苗延威，2013：138-139）。

平等的關注普遍不足，故興女學和不纏足運動雖時有被誤為女性意識的伸張，實際上卻是父系利益的延伸，一方面主張女子求學、就業、強身、增產報國；一方面要求她們做賢妻良母、強國保種，維持尊卑主從關係，不在政治和事業上與男性競爭。

這種由上而下的改革並未動搖性別社會結構，卻能增強國力，符合優勢團體的利益，也迎合女權人士要求女子教育的主張，卻違反平等的原則。婦女在教育啟蒙後，對自身的處境有所反思，對三綱五常的舊勢力感到不滿，而萌生要求變革的主觀意願。加上西潮的激盪、政局的變遷，政治機會結構鬆動的外在因素，婦運終於有了可能性。

婦女運動與國民革命

1900 年庚子國難，清軍敗給八國聯軍，激發全國危機意識，尋求革命救國之道，二百多位女性投身革命行動（張玉法，1975：175），她們在思想上肯定女性的獨立與尊嚴，其中如秋瑾（1875-1907）、張竹君（1876-1964）、唐群英（1871-1937）、王昌國（1880-1954）等人成為婦運的倡導者。她們從女性立場討論婦女問題，攻擊「男尊女卑」的傳統。身受傳統文化及媒妁之婚所苦的秋瑾（1875-1907）直接指出，重男輕女「惡俗」的形成，是男人行使「野蠻壓制手段來束縛女子，愚弄女子」的結果，這些手段包括：

一、謊言欺騙：男尊女卑、片面貞操的觀念。

二、限制行動。

三、纏足。

四、剝奪財產權。

她主張女性自立與集體反抗，不但在所作彈詞《精衛石》中安排眾女子離家出走，東渡日本求學，她自己也身體力行（參閱顧燕翎，1990a：27-47）。這時代女性主義者在人數上如鳳毛麟角，卻俠骨柔情，以天下為己任，敢說敢做，不計個人得失，留下婦運領袖的風範。她們提倡女子教育、參政、經濟獨立、相對貞操觀念、甚至「發明女界新學說」，並且以行動來辦學、辦報、參與革命、著書立說、組織婦女團體（李又寧，1981：210-213），啟發了以後的婦運者。臺灣婦運的代表刊物《婦女新知》雜誌 1982 年創刊號便刊出〈中國婦女大事紀要 —— 向前輩奮鬥的婦女們致敬〉（李元貞，1982：21-24）。

此時歐美婦運聲勢正盛，1902 年，《新民叢報》刊登馬君武所翻譯英國女性主義者米爾（John S. Mill, 1806-1873）的《女人〔被〕壓制論》（臺譯：論婦女的附屬地位）（"On the Subjection of Women"）等名作。胡漢民（1879-1936）亦曾於 1908 年在吳敬恒（1865-1953）辦的巴黎《新世紀》撰文，以「粵中女子之不嫁者」為例，來說明：專制家庭，使人有異常痛苦而反動；女子沒有經濟獨立，不能空言解放與自由。他主張男女之間，人人可以自由配合。男女的結合，不但不必言

「嫁、娶」這一不平等的名詞；就是「結婚」二字，將來亦必廢除（蔣永敬，1979：384-391）。1928 年，年輕激進的胡漢民出任首屆中華民國立法院長，負責起草《民法》，受到現實環境的考驗，而做出相當大的妥協，將於以下論及。

女權的削弱及參政運動的早逝

民國建立之初，軍閥、政客爭權奪位，革命思潮低落，女權思想也一度消沉（392，編注：全書此類數字均指前述著作的其他頁數）。女子軍隊被南京臨時政府解散，而當時許多職業未向女子開放，女志士多窮困潦倒，甚至有人自殺以了殘生 [11]（鮑家麟，1979b：392；林維紅，1979：326）。

1912 年 3 月，南京臨時參議院制定《臨時約法》，女子參政同盟會的唐群英（1871-1937）、張漢英（1872-1915）、王昌國（1880-1954）等人聯名上書請願，要求明定男女平等。《約法》公布時，並無平等條文，唐等人上書臨時大總統孫中山，要求修正，參議院以拖延戰術應付。婦女代表不滿，一度衝入參議院，打碎玻璃，踢倒警衛。最後由孫出面，允向參議院提議增修，風波始息（鮑家麟，1979b：292；陳東源，1977：359-361）。

這次行動震驚中外，英國國會討論婦女參政案數十年未獲通過，抗爭行動於二十世紀初轉趨激烈 [12]。此時英國女界致電女子參政同盟，表示敬佩。同年，廣東臨時省議會代表

推選，也是經過劇烈爭執，才給予婦女代表十個名額（薛立敏，1973：16-17）。

然而在民初政爭中，婦女未能形成舉足輕重的力量。1912年8月，同盟會聯合其他四黨，組織國民黨，刪除了原有政綱中男女平權的條文（郭廷以，1980：430）。婦女參政運動在制度化之前，即因社會條件惡劣，本身基礎不夠穩固，而暫時沉匿。

新文化運動中的婦運

參政權

新文化運動是知識分子痛定思痛、力求變革的再出發。他們批判舊文化，婦女問題也成為重點。一時之間眾多婦女團體成立，有各地區的女權同盟、女界聯合會等，鼓吹女權的刊物，如《婦女雜誌》、《婦女評論》等，都行銷頗廣（張三郎，1986：4-9）。此階段的婦運是全方面的，而以爭取參政

---

11 謝冰瑩的《女兵自傳》，以第一手資料，記述女子從軍的親經驗，以及被解散後的流離失所。不過謝女士入伍是在1926年11月25日，接受的是正規的軍校教育，參與的戰役是北伐。

12 2016年英國電影女權之聲：無懼年代（Suffragette）說的便是這個時代的故事。

權為重點：

一、教育機會均等：推廣平民教育，增加婦女就學機會，攻擊賢妻良母的教育，要求大學開放女禁（65-66）。1920 年秋，北京大學正式招收女生，其他各校跟進。同時，許多省份也開始實施中學男女同校，但因顧慮青春期男女感情糾葛，反對力量一直很大。

二、經濟獨立：主張婦女就業、經濟獨立、消除職業區隔、同工同酬及建立社會支援系統、廢除不平等法律、賦予已婚婦女行為能力、營業權及財產權。部分人士且主張廢除私有財產制（參閱張三郎，1986：81）。

但婦女在就業市場卻深受歧視：工時長、工資少、環境差、工作低下。引起教會團體、婦女團體、婦女刊物與勞工刊物等關注。「基督教女青年會」成立勞動部，以教會力量爭取女工合理待遇，而且透過國際女子勞工會議向北京政府施壓，女工也在輿論支持下發動罷工。北京政府雖於 1923 年頒布「暫行工廠法通則」，卻未設罰則及執行機構，形同具文（92-103）。

三、婚姻自主：1919 年，長沙女子趙立貞，因反抗父母之命的婚姻，出嫁日以剃刀自殺於花轎內，觸發了輿論對舊式婚約的譴責，而強烈要求自由戀愛、離婚自由。也有部分人士視家庭為罪惡之源，而力主廢除之（121-139）。

四、反對片面貞操：陳獨秀（1879-1942）、胡適（1891-1962）等人都曾撰文闡述貞操義務與夫妻情愛應由雙方相對付

出，並指出未嫁女子殉夫的愚昧（參閱呂秀蓮，1977a：47；
張三郎，1986：154）。

五、廢除納妾蓄婢及娼妓：要求確立重婚罪（談社英，
1936：123-139）。知識分子主張廢娼，各地也熱烈進行廢娼
運動，卻效果不彰。不是執行者敷衍了事，便是化明為暗或轉
移地區，最後只得由內務部下令實行公娼制（張三郎，1986：
244-263）。

六、婦女參政：婦女領袖們認為取得參政權是提高婦女
地位最有效的方法，可以直接參與制定法律。她們開會、通
電、演說、宣言、請願，並且創辦學校及雜誌，充實婦女法政
知識，終於迫使北京政府取消禁止女子集會結社的規定，少數
公職亦對女性開放。1923 年公布的《憲法草案》及《參議院
選舉法》雖仍然摒除女性（200-214），但由胡漢民、廖仲愷
等人起草的 1924 年國民黨第一次全國代表大會宣言已指出：
「於法律上、教育上、經濟上、社會上，確定男女平等之原
則，助女權之發展。」（蔣永敬，1979：539-540；400）1925
年，段祺瑞政府制訂國憲仍排除婦女參政權，上海女權運動同
盟會立刻召集女國民大會，議決遊行示威，南京東南大學女學
生並提出「國憲起草委員會中至少需有女子二人，審查會至少
需有三分之一為女審查員。否則將來國憲僅能代表男子，二萬
萬女子將完全否認之。」（談社英，1936：155-156）

1928 年北伐完成，1931 年制定訓政時期約法，仍無婦女
代表，經再度請願，始有婦女列席，也終於規定：「中華民國

國民，無男女……之區別，在法律上一律平等。」（薛立敏，1973：266；呂芳上，1979：50）從此，婦女參政進入制度化階段。

男女有別的婚姻法

　　制定《民法》期間，婦女團體對男女平等問題持續關切。立法院長胡漢民除了向立法委員闡述平等的真義，也向全國同胞表明執政黨決心落實男女平等，但又不得不兼顧城鄉差距與法律可行性：

> ……法律對於社會上各種制度的取捨，從來祇注重一個需要。社會需要的便保障，不需要的便取締；將來不要而目前仍要的，便不能立刻取締，祇好慢慢地促進它。法律並不能創造什麼，祇能就已創造的去保障或取締。所以我們不能太過責望立法的效能。它有時間和空間上的責任，不能祇宜於甲地而不顧乙地，也不能祇顧目前的妥當，而不顧將來的進化。它要具有充分普遍性，又要合於進化律。無論宗族、家庭、結婚等問題的解決，都不能不顧及這些。（胡漢民，1978：871）

> 據我們調查社會情況的結果，中國若干都市，已進化

到二十世紀歐美式的工業社會而無遜；而大部分農村，卻還滯留在中世紀的農業組合中，這種社會進步不齊一現象，更使立法者不能不從「令今可行」方面去著想，於是承認保存家族制度的精神而酌為變革，在民法上便全行確定了。（882）

由國民政府帶到臺灣的「新民法」除了〈總則〉及〈繼承編〉中如胡氏所言對權利義務的規定無性別區分外，〈親屬編〉中，夫與妻的權利、義務仍然有別。有關姓氏、財產、住所、子女姓氏及監護權的條文，以及《國籍》、《戶籍法》，仍反映出已婚女子的人格為丈夫所吸收的不平等關係。

不過與舊法相較，已婚婦女享受到前所未有的行為能力以及財產、繼承等權利，在當時代可稱先進立法，胡漢民本人對新法也極表滿意，認為舊法的缺失，「都把它改正過來了。」（胡漢民，1978：850）

胡漢民等少數政治領袖雖然能夠體認男女平等，但是以男性為主的立法委員們本身可能是雙重道德的既得利益者，不願做法自限。而當時婦女界尚未能周延探討所有條文的適切性，只就其顯著不公平者加以抗議，如《刑法》第二百三十九條「有夫之婦與人通姦者，處三年以下有期徒刑」。立委只得讓步，取消了表面上的不平等，卻又藉著增加更多的法修，來迂迴保護男性在父系社會已經享有之特權。上述條文改為「有配偶而與人通姦者，處一年以下有期徒刑。其相姦者亦

同」。卻增加了第二百四十五條:「第二百三十九條之罪⋯⋯須告訴乃論。第二百三十九條之罪,配偶縱容或有宥恕者,不得告訴。」(參閱呂秀蓮,1977a:98)優勢團體明退暗進,將顯性問題轉化為潛性,此刻婦運面臨新的挑戰,必須進一步提升整個社會的女性意識,才可能再引發問題感,展開另一階段的運動,此階段到 1970 年代以後才得以在臺灣展開。

婦運和國共的關係

　　1912 年中華民國建立後,國民黨由革命的政黨轉變為守成的政黨,五四時期活躍的部分婦運領袖,如向警予(1895-1928)、鄧穎超(1904-1992)等,不滿意當時婦運團體的小資產階級作風,乃加入共產黨,謀求更根本的改革(Johnson, 1983: 40-41; Croll, 1978: 183)。她們和當時許多馬克斯主義信徒一樣,以為一旦社會主義革命成功,性別歧視亦將消除。

　　1924 年國民黨改組,聯俄容共,成立中央婦女部,由何香凝(1878-1972)負責,為女性爭取婚姻自主權,卻引起部分男同志不滿。北伐期間,女宣傳員隨軍北上,深入鄉間,觸發年輕女性渴求平等及婚姻自主,受到男性及年長女性抵制,有些宣傳員被擊殺。為了贏取男性農民支持,只得壓抑婦女,強調兩性共同的政治與經濟利益,將婦女團體交由男性領導。1928 年國共分裂後,共產黨將所有婦女會都納入男性為主的農民團體(Johnson, 1983: 44-50)。

抗日戰爭及戰後的婦運

　　對日抗戰期間，蔣宋美齡領導數個全國性婦女團體從事救護、慰勞、宣傳及生產；浙江的婦女營、華北婦女自衛隊則是參與戰爭的武裝部隊；湘桂鐵路、甘川公路、滇緬公路也都仰賴大批女性勞工投入，才得以完工。國民參政會有婦女代表，甚至有婦女出任主席。婦女期刊也有八十種以上（呂芳上，1979：380-398）。

女性就業

　　然而女性參與救國之際，就業機會卻受到嚴重挑戰。1930年代，世界性的不景氣使歐美就業機會銳減，為解決男性失業問題，乃有「女性不適工作」的輿論出現（Deckard, 1979: 313），美國並透過立法來限制已婚女性就業，但仍有許多婦女被生活所迫，不得不接受超低收入工作，貼補家用（Ruth, 1980: 568）。歐風美雨下，戰時人力缺乏的中國居然效尤，報章宣揚「男有分，女有歸」的「理想國」。1938 年，福建省政府首先裁減女職員，次年郵政總局也通令各地郵局限收女職員。一連串類似事件激起婦女界和傳播界反感，認為婦女就業條件不亞於男子，平等就業機會不容剝奪，女性參議員也就此提出各種議案。1942 年，國民政府正式訓令各機關不得藉故禁用女職員，自此中華民國女性獲得服務公職的法令保障。此

事件後，婦女更熱中於參政，戰後因環境艱困，一般刊物減少，唯獨婦女刊物增加（呂芳上，1970：400-403）。

聯合國與制憲

1945 年，二次大戰結束，各國代表聚集舊金山簽署《聯合國憲章》，一百六十位代表中僅有四位女性，分別來自多明尼加、美國、巴西和中國（中華民國代表為吳貽芳），她們堅持將男女平等列入聯合國的序文，與人權同等重要。次年聯合國成立婦女地位委員會（Commission on the Status of Women, CSW），監督各國提升婦女地位。

國民黨北伐後，於 1928 年公布各級政府組織法及議會選舉辦法，男女都有相同的投票權（張玉法，2003：62），但未設婦女代表名額，1936 年的《國民大會代表選舉法》，區域、職業、特殊代表並列，卻無婦女代表，受到婦女團體強烈抗議，要求政府「明令規定在各種民選代表中，婦女人數至少需占三分之一……」（梁惠錦，2000：522-524）1937 年抗日戰爭爆發，國民大會未召開。1945 年抗戰勝利，次年國民大會制憲，以蔣宋美齡為主的婦女代表力爭，揚言退席抗議，才在紛擾中通過各級選舉保障婦女當選名額，為世界首例[13]。但原本主張的保障 20% 額度未獲通過（薛立敏，1973：27；梁惠錦，2000：524）。

1945 年吳貽芳代表中華民國簽署《聯合國憲章》。

1970 年代以前臺灣婦女處境

教會女學堂

　　清季臺灣重男輕女，女孩少有機會讀書、外出，多數閩
南婦女以纏足為時尚，「看腳不看面」。1858 年，清廷與

13　第一波全球婦運大力爭取女性投票權，卻沒有爭取代表權，1980
　　年代保障名額（quota）才受到歐美婦運人士關注。2009 年我參
　　加聯合國婦女地位委員會的非政府組織會議，阿根廷代表在會議
　　中宣稱該國 1991 年通過保障女性當選名額，領先世界各國，在
　　場者渾然不覺，我趕緊舉手發言，指出我國 1946 年的《憲法》
　　即已明文保障。

俄、美、英、法簽訂《天津條約》，開滬尾（淡水）商埠，1871年加拿大傳教士馬偕（George L. Mackay, 1844-1901）來臺，1884年在淡水設立首座女學堂。經英國男、女宣教士李庥（Hugh Ritchie, 1840-1879）、庫克（Eliza C. Cooke, 1828-1902）、朱約安（Joan Stuart, 1851-1931）、文安（Annie E. Butler, 1860-1930）相繼推動，臺南新樓女學校也終於在1887年開學，收不纏足的女孩。這兩所女校早期招生困難，以各種優惠吸收原住民學生，後漸發展成菁英女學。1930年代末期兩校都被日人強迫接管，進行皇民化教育，淡水高等女學校校訓由宗教精神的「愛與服務」改為賢妻良母的「溫良貞淑」（參閱范情 2006：14-33），與清廷1908年所設的京師女子師範學堂校訓「貞靜順良慈淑端儉」有三字重疊（參閱本書35頁）。

強制解纏

日本於1894年取得臺灣統治權以後，視纏足為陋習，於日本無益，乃利用親日之本土菁英男性組織「天然足會」（1900年至1903年），宣導不纏足的好處，目的在開發家務勞力資源，但效果不彰。1910年代男子開始斷髮，在總督佐久間左馬太期許下，「解纏會」（1911年至1915年）重新再起，但改由官員和地方菁英的女眷主事。1915年，殖民政府將解纏納入地方性的保甲規約[14]，纏足自此被定義為違規行

為，纏足女性從閨秀一夕之間變成國家處罰和隨時進入家門搜查的對象。1915 年戶口調查裡，47 萬 6 千多名婦女被注記為「解纏足」，效率驚人。這些被迫解足的女性身心受到折磨，無處訴說，其痛苦卻被用來警告其他的纏足「罪犯」[15]（苗延威，2013：125-170）。

婦女團體與女性解放

1920 年代，受歐美、日本與中國大陸婦女運動啟發，及《臺灣民報》鼓吹婦女婚姻自主、經濟獨立、教育平等的影

---

14 保甲是清廷維持公共安全的地方組織，佐久間左馬太將其擴展到地方行政事務，如稅捐稽徵、戶口調查等，且由警察機關統轄，但保甲管束的範圍排除日本人及原住民社區。

15 纏足摧筋斷骨、腐蝕肌肉的過程已是疼痛難耐，將已纏數十年之足放平後每移動一步更是痛苦艱難。而在精神層面，纏足帶給個人的社會地位和美感一夕之間轉變成公開的恥辱，更是難堪。苗延威（2013：128-129）曾引用《臺灣日日新報》1918 年 4 月 6日的「纏足者戒」一文：
1918 年 3 月 11 日上午，臺南安平一位年約四十出頭的女子，走在街上之時，忽然被管區警官片岡巡查喝住，叫到派出所裡。然後，這個日本警察先是對她「訓責萬端」，再以黑色墨汁塗在她的半邊臉上，又以紅色墨汁塗上另半邊臉、警官接著剪了一塊紙板，在上面寫了女子的身分——「李氏之妻」——命她掛在胸前，驅之安平市場，令其前行，己自後隨之⋯⋯到了市場環觀者如堵⋯⋯持續了三個多小時⋯⋯李妻回家後數度尋短⋯⋯記者的結論是咎由自取，其他人應引以為戒。

響（參閱梁惠錦，1984b；楊翠，1993：170-218），本土性的婦女運動曾在 1925 年至 1931 年間略有萌芽，陸續有「彰化婦女共勵會」、「諸羅婦女協進會」、「宜蘭婦女讀書會」、「臺中婦女親睦會」等團體成立。其中規模最大、活動力最強的，似屬最早成立的彰化婦女共勵會。1925 年 8 月，廈門女子師範學堂教席余佩皋（1888-1934）在該會演講「婦女現在的地位和其將來的希望」、「中國社會教育和小學教育的盛況」，聽眾逾三千人。共勵會鼓勵婦女努力提升自己的社會地位，並舉辦手工藝品義賣募款大會，之後尚組織體育會，鍛鍊女子體魄，展現驚人活力。但因受臺灣新文化運動團體扶持，成為日本警察監管的對象，同時「受到守舊人士的批判、新派人士的檢討，四面八方湧來的壓力，使她們的組織運作無法如理想般順利，然而，跌撞之中，卻也啟蒙不少女性，播下不少解放思維」（楊翠，2006：77-79）。可惜次年三月爆發會員被「誘拐事件」（或稱戀愛事件），激發有關自由戀愛與社會道德觀的論辯，該會雖立即將涉及事件的四名會員除名，但滿城風雨仍折損了婦運生機，以致該會在短期內便消聲匿跡（楊翠，1993：535-536）。

　　1926 年，畢業於靜修女學校的許碧珊領導成立諸羅婦女協進會，為全臺率先定有會則的婦女團體，其宗旨為「改革家庭、打破陋習、提倡教育、修養道德，圖婦女地位之向上」。但當時婦女問題的演講會仍由男性主導，協進會從旁協助。同時，許碧珊個人也是文化協進會的重要幹部，兩會活動經常

合辦，以致婦女工作未能獨立展開。1928 年諸羅婦女協進會更名為「臺灣婦女協進會」，擴展為全島性團體。只是仍與社會運動聯合，婦女運動無法順利推展。許碧珊在二次大戰後持續投入婦女運動，如參與省婦女會的籌備與嘉義婦女會的成立，並在 1946 年成為臺灣省首次參議員選舉候選人（臺灣女人，2017）。可惜當時婦女保障名額制度尚未實施，她未能當選。

　　1927 年成立於臺中的「臺政革新會」及同年民眾黨黨綱，也都曾確立男女平等的原則，集結知識菁英的「臺灣文化協會」也於此年增設婦女部，以吸納女會員。當時，「臺灣農民組合」是擁有人數最多、最活躍女性幹部的全島農民團體，也於 1928 年增加婦女部，並任命葉陶為部長。

　　1925 年至 1927 年間，《臺灣民報》曾有不少鼓吹婦運的言論，但並不鼓勵婦女參政，因為在日人統治下，臺人沒有參政可能，「男也沒有，女也沒有。」（梁惠錦，1984b：418）「臺灣婦女解放運動應努力於政治的革命，而不努力於什麼男女的同權。」「……團結起來，為你們自身的利益而做猛烈的社會工作……組織大規模的、普遍的、有力量的團體。」（419）至於什麼是政治？「政治就是如何提升國民的生活，而我們生活中許多事務和政治有關，砂糖稅變更直接影響日常生活，臺灣米的禁運、解禁都會影響到主婦的預算。」（421）《臺灣民報》提倡德、智、體並重，「希望婦女們注意體育，獎勵適合於女子的各種運動，以造就為社會所用人

才。」當時各機關學校的公職、教師、首長、重要職位絕大多數是日本人，臺人很難出任公職，女性更無機會，所以該報不斷呼籲要求開放郵政局、電信局、銀行、醫院、學校、圖書館等「適合女子天性的職業了」。（423）

不過當時民族、階級、婦女三大解放運動，婦運的優先次序始終被置於最後，《臺灣民報》表示：

> 現在臺灣的解放運動，雖然有種種形式，但是勿論婦女、無產者、有產者，都有一層共通的解放運動存在，就是在異民族的差別統治之下，全臺灣人都是站在被壓迫的地位。所以雖然有男女貧富之別……總要一致團結才是。
>
> 婦女們若非和被壓迫的男同胞聯起來，做共同的工作，即不但男子不能解放出來，女子也同樣的不能躍出生地獄。（423）

臺灣共產黨領導人謝雪紅甚至在「臺灣農民組合婦女部組織提綱」中，要求「婦女工作人員應清算過去所犯的錯誤，即婦女運動與無產階級運動的分離，以及對男性要求莫名其妙的女權」（楊翠，1993：347）。所以婦運仍被視為階級革命中動員女性人力資源的手段，男女平等並非目標。由於殖民政府對社會運動採取高壓手段，隨著民主運動的消逝，初生的婦運也很快夭折（參閱梁惠錦，1984a：1-28；也寐，1983；徐慎

恕，1986：48）。

國民政府遷臺後的婦女工作

　　二次大戰後，曾被動員參與戰時工作的女性被要求回歸家庭，全球婦運相對沉寂。國共內戰失敗後，1949 年國民政府遷臺，以「反共抗俄」為基本國策，在政治和社會措施上表現保守，力求安定。1942 年戰時的《非常時期人民團體組織法》延用到 1986 年，該法限制相同性質的人民團體在同一行政區域不得重複設立，使得新的民間婦女團體很難申請獲准。而官方色彩的婦女反共聯合會（簡稱婦聯會，該會於 1996 年改名為中華民國婦女聯合會）、婦女會等卻各擁有二十萬以上會員（Chiang and Ku, 1985: 32）。數十年之內，她們維持著穩固的領導階層，保持在國民大會的席位，輔導救助養女、童養媳、性工作者等弱勢女性，也熱中於勞軍和社會服務，卻無意於性別權力結構的重組。其他如基督教女青年會（簡稱女青，YWCA）等國際分支機構，則從事培植年輕女性、慈善救助弱勢兒童、社區服務等工作。1949 年臺北女青成立，其過程充分反映了婦女運動的國際性格，並彰顯婦女團體在政治轉型期的適應力與包容精神[16]。

　　1950 至 1960 年代，國民黨中央婦女工作會（婦工會）提出了「以婦女工作代替婦女運動」的主張，並援引當時最具權威的婦女領袖蔣宋美齡之言：「運動是一時的，工作是永久

1950 年代 YWCA 在臺北市設立牛奶站。

的,是長期的」以及「婦女運動是在扶助婦女,爭取社會與法
律上的平等地位,也可稱為女權運動。這在今日我們可以說婦
女運動已成為歷史上的名詞。」這些團體舉辦技藝訓練的內容
及各項活動顯示,她們肯定傳統性別分工、相夫教子及婦女在
家庭經濟和社會活動中的輔佐地位(參閱中央日報,1982;
1985a, b)。甚至在 1985 年,由婦聯會主辦的全國各界慶祝婦
女節籌備會上,仍請陳立夫老先生主講「現代齊家之道」,
強調「婦女應以撫育兒女,家庭管理為主。」(中央日報,
1985b/3/8)

　　1970 年代以前,女性權益曾受過短暫的重視。內政部在
聯合國婦女地位委員會敦促下,於 1968 年成立婦女地位委員

會，同年婦女會舉辦「人權問題座談會」，關注娼妓問題、被虐待婦女救助及安置問題，及婦女如何在職場上獲得平等升遷機會等議題（蔡哲琛，1975：120）。1969 年 6 月，婦女地位委員會擬定「中華民國促進婦女地位十年長期發展計畫方案」，提出「修訂現行法律中有關婦女權益條文」、「訂頒禁娼法令、舉辦各種婦女訓練」、「起用婦女領導人才，辦理民眾婦女保險」、「大量增設托兒所」等辦法（新生報，1969）。然而 1970 年我國退出聯合國，婦女地位委員會撤銷，這個由外而內、從上而下，且全無草根性的「運動」，一旦失去國際監督，非但未留下任何實績，連檔案亦不存在。

---

16 基督教女青年會於 1855 年發軔於英國，1894 年由英、美等國成立世界協會，自我定位為婦女運動和青年運動，清末傳入中國。1947 年女青世協大會於中華基督教女青年會發源地杭州召開，1948 年，在中國大陸工作多年的美國女青年會全國協會幹事 Lelia M. Hinkley（邢克莉），從上海來臺北參加會議，鼓勵在地女基督徒組織臺北女青年會；同年中華女青全國協會學生部主任幹事黃秀璣博士來臺參加夏令會，與明道安牧師娘帶領的查經班分享中華女青事工，之後十幾位女基督徒與男青年會鍾啟安總幹事共同籌組女青年會。1949 年 2 月邢克莉偕中華女青宗教部幹事馬洪宇英來臺，協助臺北女青年會於 5 月 5 日成立。
成立初期，決策董事多為臺籍在地婦女，1954 年世界女青東南亞幹事 Elizabeth Palmer（她於 1955 年成為世界女青祕書長，長達 23 年，是該會重要舵手）第二度訪臺，建議臺北女青廣納不同省籍、國籍婦女進入董事會，實踐國際性組織的理念，直到 1993 年後，才沒有外籍董事參與（本資料由臺北女青前任副總幹事柯燕美提供，參考《臺北基督教女青年會年報》等刊物）。

相形之下，鄰國日本及韓國都直接受到聯合國「婦女十年」（Decade for Women, 1976-85）及《消除所有形式對婦女歧視公約》（消歧公約，the U.N. Convention on the Elimination of All Forms of Discrimination against Women, CEDAW）的影響，在數年之內形成重大的法律及制度變革[17]。臺灣則因缺乏聯合國壓力，執政者未有行動，1990 年代以前，婦女運動的制度化目標主要仰賴民間團體的努力和國際團體奧援。

中華民國於 1929 年公布的《民法》、1935 年的《刑法》和 1947 年的《憲法》，在國民政府遷臺後實施，但這些在第一波婦運時代堪稱進步的立法，到了 1970 年代後卻成為本地婦運改革的對象。保障名額制度曾在 1950 年代的地方選舉中將女性當選名額從 0.2% 提升到 8.6%，達到促進婦女參政的目的。1950 年到 1970 年間，因整體經濟和教育獲得改善，女性的就學及就業率大幅提升（Chiang and Ku, 1985: 5-7），1970 年代後全球第二波婦運興起，本地女性意識受到啟發，自主性的女性團體誕生，終於集結為婦女運動。

小結

與其他社會運動（如環保運動）相較，婦女運動源遠流長，並且是由父權社會中卑位的女性主導，卻需對抗掌握經濟、文化、社會資源的父權的國及其所定義的家，甚至面對外

來的帝國主義、殖民主義的多重壓迫。不過婦女運動的全球化發展和國際連結，也啟發、支援在地婦運，且賦予其較大的正當性。中土和臺灣的婦運都比西方和日本起步晚，但曾參與革命、立法和新文化運動的中土女性仍得以發揮較大的政治影響力。臺灣婦運在日本殖民統治下受到壓制，不易集結，但仍有少數人努力以被壓抑的聲音表達意見，組織團體，也得到部分男性思想家支持。清末以降，兩地婦女團體面對的都是盤根錯節、歷史悠遠的男性中心思想，和絕對優勢的利益團體及權力機制，即使是改善婦女地位的制度性變革，也往往需要假託男性的或國家整體的利益，方得以公開鼓吹迂迴前進，對婦女運動而言，這是一條漫漫長路。二十世紀以來婦女地位雖有提升，例如婦女保障名額入憲，就學、就業率提高，但直到1980 年代後期，全球婦運形成了難以抵擋的國際趨勢，性別平等成為國家的進步指標，加上國內經濟起飛、政治解嚴，女

17 例如韓國 1983 年 3 月在「健康與社會事務部」（Ministry of Health and Social Affairs）設立「婦女發展處」（Women's Development Institute），成為一半官方的婦女研究與訓練中心。同年 12 月，在總理之下，加設婦女政策委員會（The Committee on Women's Policy），為各部之間的綜合性委員會，由總理在內的十位高階官員及十位民間人士組成，向政府提出施政建議（Korean Delegation, 1985: 12-13）。日本國會於 1985 年 5 月，以極相近的票數通過《平等僱用機會法案》。要求雇主在招募、僱用、分配工作與升遷方面「努力」避免性別歧視。並且明文禁止在員工訓練、解僱、福利及退休政策上歧視女性。然而對於違法者並未訂有罰則（*Time*, May 26, 1985）。

性意識方始漸脫枷鎖，自主性的女性團體陸續出現，成為改變
婦女集體處境的引擎。

第二章

拓荒的腳步

第二波全球婦運

　　1940 年代第二次世界大戰期間，歐美男人被徵召入伍，女性大量投入勞動市場，生產戰時物資。戰後男人回到生產線，要求女人回歸廚房，把「男人的」工作讓出來。然而，戰後亟需復原的社會其實並未勞力過剩，反而需要更多勞動力，所以女性主義學者德卡（Barbara S. Deckard）認為反女性的利益團體與大企業結合，讓女人知其「本分」，退回家中，並非真心要把婦女逐出就業市場，而是要使她們以暫時性的心態，充當職場後備軍，甘於低薪、低位、無升遷的工作，不景氣時便於解僱，以供資本家驅使。當時流行的佛洛伊德學說也適時提供女性屈居人後的心理建設和學術證據，以使家庭婦女安於其位，不求出人頭地。當時美國傳播媒體雖把美國婦女描寫成生活優渥、專心持家的中產階級主婦，但實際上大量的已婚婦女卻必須為了生活而工作，承受家務與謀生的雙重壓力

（Deckard, 1979: 328; 339）。意識型態和生活現實間的巨大衝突成了傅利丹（Betty Friedan, 1921-2006）《女性迷思》（*The Feminine Mystique*）一書的時代背景，此書於 1963 年出版後，立即成為暢銷書，點燃了美國及世界第二波婦運的火種。而 1949 年西蒙波娃在法國出版的巨著《第二性》，則已為女性反抗父權統治、爭取獨立自主奠立了理論基礎。

與十九世紀末、二十世紀初以爭取參政權為主要目標的第一波婦運相較，第二波婦運的理論層次及關懷內容更為深入，影響範圍也更廣。除形式平等、制度性變革外，還探討性別差異的社會化過程和結構性因素，檢討父權價值，發展女性主義及婦女研究。第二波婦運促成聯合國在 1979 年通過消歧公約、1993 年發表《消除對婦女暴力宣言》（"Declaration on the Elimination of Violence against Women"），並於十年間主辦三次世界婦女大會。臺灣雖被聯合國排除，卻因資訊普及、全球婦女團體間交流熱絡，也受到世界潮流衝擊。

轉型中的社會

臺灣婦女在 1970 年代面臨了史無前例的社會變遷：農業經濟轉型工業化，生產力增加，人口大量移入都市，中產階級興起，以家戶為單位的財富分配也較平均。戰後個人所得（per capita income）美金 45 元，1972 年增為 522 元；最

高 20% 收入與最低 20% 之比，在戰後為 15：1，而 1972 年則降為 4.49：1（Cohen, 1988）。經濟的成長帶給女性就業及就學機會，1965 到 1973 年間，女性在勞動力市場的參與率從 33.1% 增加為 41.5%，人數從 1,028,000 增加到 1,837,000，年增長率 7.5%，遠超過男性的 3.1%。1951 年，女性的就學年數平均為 1.407（男性 3.21），至 1983 年增加到 7.359（男性 8.875）（Chiang and Ku, 1985: 5-7）。大專聯考女生錄取人數也逐年增加，1972 年達到 36.9%（呂秀蓮，1974b：64）。社會歷經巨變，舊有的社會關係勢必面臨調整。正好此時戰後出生、受教育的「新生代」成年了，舊日的政治傷痕已漸淡忘，國會增補選於 1969 年開始，政治機會結構較前鬆動，改革的可能性增加，此時爭取領土主權的釣魚臺運動及國民政府被迫退出聯合國事件，激發了新生代政治革新和政治參與的願望。1971 年，青年人才聚集的《大學雜誌》首次提出中央民意代表全面改選的主張（李筱峰，1986：68-92），也帶來社會改革的新動力。

混沌的女性意識

政治改革的熱情加上世界各地風起雲湧的學運與婦運，激勵新生代女性躍躍欲試。但儘管熱情澎湃，女性意識卻混沌未明，父權社會定義的賢妻良母仍是女性角色的典範。有些留學歐美人士接觸到 1960 年代婦運後，利用報刊零星介紹國外資

訊，開啟了以女性為主題的論述。只是這些文章普遍對西方女性主義貶多於褒，誤會多於了解，且沿襲傳統媒體對女性的想像，關注於婦運人士的外貌、衣著，大加評貶，製造了婦運洪水猛獸的印象。楊柳青青在《中國時報》（1972/8/14）對美國 1960 年代婦運先驅傅利丹（Betty Friedan）的評述即相當典型：

> 蓓蒂富來丹是美國現代婦女運動的首領，有女「通天教主」之稱。其為人也，長相可怖，性格男性化，離婚後丈夫揭她的底牌說：「她和她的黨羽是一群嚼菸草、動刀槍和鬧同性戀的悍婦。」其作風之凶悍，美國人多拿她們與黑豹黨相比。

事實上她個性火爆，但不嚼菸草、不玩刀槍，也非同性戀，更找不到其前夫卡爾‧傅利丹（Carl Friedan）此番言論的證據。

當時的論著中卻也不乏具有女性意識的力作，楊美惠自 1972 年 6 月起，在《中國時報》發表介紹西方女性主義的系列文章，後由晨鐘出版社集結出版成《婦女問題新論》一書，介紹葛瑞爾（Germaine Greer, 1939-）的《女太監》，米德（Margaret Mead, 1901-1978）的《性別與氣質》，西蒙波娃（Simone de Beauvoir）的《第二性》等經典著作；同時期歐陽子等人亦曾翻譯西蒙波娃的《第二性》部分章節，由志文出

版社出版成書。1970年代初至1980年代,為女性意識萌芽時期,媒體上女性主義與反女性主義並陳,由谷風出版社出版的《風起雲湧的女性主義批評》可謂代表作(第三章144頁)。

　　1970年代存在的少數婦女團體對初生的女性主義似乎並不在意,著名傳播學者徐佳士的印象是:

> 貴婦俱樂部幾乎是一切婦女團體的實質狀態,婦女活動也止於社交和施慈。婦女領袖們只要自己的地位沒問題,似乎就不知道她們的姐妹們還有任何問題……直到桃園呂府一位么妹「踏荒而出」,這支清末民初女傑留下的號角才有人拾起而吹奏起來。(徐佳士,1974)

新生代蓄勢待發

　　1970年代經濟快速成長,教育日漸普及,女性也因而大量投入就業市場,但社會對性別角色的期望尚未調整,以致無論職業婦女或家庭主婦都面臨社會轉型的角色調適問題,也對自己的處境普遍感到不滿。職業婦女感受到內外兼顧的困難,與就業、升遷機會的不公(顏淑瓊,1978:38-39);家庭主婦則缺少經濟支配權、感到被孤立。在1976年臺北市家庭主婦問卷調查中,回答「下輩子願意做女的還是男的」時,渴望來世為男者竟為寧為女人者的五倍(顧燕翎,1978:

35）。女性的不滿情緒因女性意識滋生而得到合理化，加上威權政治削弱，女性的知識和社會資源增加，都為婦女運動鋪設了有利的條件。

然而，受限於戒嚴時期《人民團體組織法》，在原有的婦女團體外，新的社團難以核准成立，婦女運動的組織工作無法進行。當時社會已相當開放，性別不平等招致的不滿，創造了改革的需求，管道卻不暢通。個人也很難憑一己之力來克服社會參與的阻礙。因此許多新生代女性主動投入婦運的幕後工作，協助募款、出版、舉辦演講、座談及其他大規模的集會。呂秀蓮當時三十歲左右，文筆犀利、辯才無礙，自然成為婦運的領導人和明星，報刊爭相邀稿與報導。但若沒有許多參與者的熱心投入，如《家庭》月刊主編羅珞珈、知名專欄作家丹扉、作家施叔青、曹又方、王力行等，動用其個人的社會資源，亦絕無可能產生有組織的大規模活動。

婦運的催化劑

在適當的社會條件下，極端父權心態反成了婦運的催化劑。1970 年代初期兩起媒體事件，給予初獲社會資源的知識婦女充分動機集體反抗：一、大學院校聯合招生委員會限制女生錄取名額，保障男生，招致立法委員質詢違憲，要求重新按成績分發；二、媒體一面倒地同情因妒殺妻的留學生鍾肇滿

（顧燕翎，1987：47）。

　　呂秀蓮時任行政院諮議，並在留美期間曾參加中國同學會的社會科學討論會，「以一週時間潛心搜集、閱讀與整理老美的婦運資料」，以便在會中介紹「當時最熱門的婦女問題」（呂秀蓮，1974a：201）。回臺後，正逢聯考放榜，「保障男生名額」與「如何防止女生過多」的呼聲正高，她乃將當時的演講稿「傳統的男女角色」交由《聯合報》副刊連載八天（1971 年 10 月 23 日至 30 日）。倡言男女能力相等，應享有相同機會，不合理的社會角色需要修正。她主張立足點的平等才是真平等，任何情況下都不該採行性別雙重標準，並鼓勵女人把握教育機會，發揮個人才華。她表示，傳統的社會化過程使得

> 女子在弱者的煉獄裡久久難以翻身，惟時至今日，教育機會的均等不啻是一把金鑰，苟能善用，則獄門必能一啟而開。至於持鑰開門以創紀元的職責，不在別人，而在被害人自身。

　　呂秀蓮並不質疑傳統性別角色，相夫教子為女人之「神聖天職」。她強調男女社會角色平等，也守護傳統的女性氣質：

> 牡丹的豔紅尚且需要綠葉陪襯，男人的英俊瀟灑，若沒有女人的嬌柔嫵媚亦顯不出光采來，是以陰陽怪氣

有違上帝意旨，長頭髮男子固然噁心，卡其褲女郎恐
亦難博得多數人恭維。（呂秀蓮，1971）

讀者的熱烈反應促使她翌年 1 月再於聯副發表「兩性社會
的風響」，督促女學生

要拿出破釜沉舟的決心和魄力來，用事實證明女孩子
不比男孩子差到那裡去，男孩子能做的，女孩子為什
麼不能？……世世代代所遺留給我們的恥辱，只因為
我們本身的努力不夠，我們用嘴比用腦多，流淚也比
流汗容易……

但如同前文所述，她仍持守傳統角色而僅略做修正，以現
代賢妻良母期許女性，提出

家庭生活應為女子生命的三分之二，而為男子的二分
之一……妻子的功能凡幾，若瓶花馨冽愛巢，若領帶
增飾儀表，若情侶嫵媚愛嬌，若益友切磋得道，若慈
母呵護照料……（呂秀蓮，1972）

1972 年 3 月 8 日，呂秀蓮在臺大法學院演講，正式揭櫫
「新女性主義」，標榜形式平等，不挑戰傳統性別角色，主張
女性應自立自強，但仍忠於女人的「本分」。在由男性主導、

保守中求進步的社會裡，其溫和改革的立場贏得了立足點。志願工作者和求助者聚集於呂秀蓮四周，演講、座談、寫作邀約不斷，呂的文章自此見諸各種文字媒體，如《聯合報》、《中國時報》、《青年戰士報》、《中央日報》、《中華日報》、《臺灣時報》、《人與社會》、《幼獅月刊》、《幼獅文藝》、《八十年代》、《法律世界》、《婦女雜誌》、《自由青年》、《新萬象》等等。她並於 1973 年應邀至中華電視臺參加婦女節座談會；這些論點也爭取到社會知名人士如徐佳士、丹扉、顧獻樑、柴松林等人熱烈支持。專欄作家薇薇夫人也在發現「新女性主義」「不偏激」，且呂秀蓮等人不是她想像中的剪短髮、穿長褲、「擬男性」時，拔筆相助（薇薇夫人，1972）。

　　1970 年代另一起轟動的媒體事件不僅煽情，且比大學招生的討論更暴露出傳統性別角色的盲點，也更逼近父權社會監控女性身心的核心區域：愛與性。留美學生鍾肇滿因懷疑妻子湯玉婉有外遇，將之殺害後回國投案，輿論卻對他大表同情，《聯合報》（1972a/6/14）以「恨海歷劫　劇憐他鄉作客；情關難越　誰悲失路之人」為標題，刊登記者趙慕嵩的訪問稿，並做了如下的結尾：

　　從拘留所出來，記者又追著問：「你後悔不？」
　　「來不及了！」回答是那般的淒涼！
　　他的手上已經戴上了一副手銬，他的母親站在拘留所

的後門，希望藉這個機會看到自己的兒子，可是她沒能如願，兒子的頭上罩著夾克，她顫抖著說：「可憐的兒子！」鍾肇滿也許沒聽到這聲呼喚，三名刑警押著這位已經取得碩士學位的青年，登上了計程車，車尾捲起一片塵土，擋住了那位母親的視線。

當天同版另一篇報導（1972b）則有如下之標題：

寒門孝子　苦讀正興家
情天霹靂　辣手竟摧花
鍾肇滿自尊心強　性情急躁鑄大禍
湯玉婉嫌夫矮小　失足頓成千古恨

《中國時報》（1972/6/17）社論也對高學歷的殺妻者充滿溫情：

我們許多優秀青年奮鬥著去到異邦，在異邦卻因生活與情緒的負荷太重了，使得原可為社會盡一份建設力量的優秀青年走上了犯罪、頹廢，乃至瘋狂的道路。我們相信，這些青年正需要我們的照顧與指導。

鍾肇滿被判八年刑期，呂秀蓮於 1972 年在《中國時報》為文抨擊父權思想的雙重道德標準和片面貞操觀，但她也譴責

被害人湯女「不守本分」，因她不是「像樣的妻子」，湯女的「紅杏出牆」，未能對攻讀博士的鍾某「從旁扶助，加以照顧……而移情別戀起來……鍾某的前程美景，聰明才智就在湯女不守本分之下宣告破產，不可否認地，是她毀了他，雖然她自己被毀得更澈底。」不過，呂主張，湯女雖婦德有損，卻罪不至死：

> 他可以告她，可以和她離婚，就是不可以殺她；他殺
> 人也許出於手誤，也許失去理智，但做為第三者的我
> 們，就不能因為口誤，因為傳統迂腐的觀念就混淆黑
> 白，顛倒是非地妄施恩惠起來……

此文刊出後頗引起爭論（呂秀蓮，1976a：49），呂也自此成為《中國時報》的專欄作家，專欄文章於 1974 年集結成《尋找另一扇窗》，由書評書目出版社出版，兩年內連續四版。呂並將讀者的反饋集結於《數一數拓荒的腳步》書中。

新女性運動的集結

呂秀蓮接著籌備「時代女性協會」（呂秀蓮，1974a：213-214；曹又方，1976：175），提供諮商服務和未婚男女交誼。受限於《人民團體組織法》，申請案被臺北市政府拒絕（呂秀

蓮，1974a：212），乃於 1972 年 10 月在臺北市徐州路臺大法學院左側開設「拓荒者之家」，供應餐飲及會議場所，因屢受「政治騷擾」（呂秀蓮，2008：32），八個月後歇業 [18]。

1973 年初，國際婦女組織「國際商業與職業婦女協會」（International Federation of Business and Professional Women, BPW）擬在臺北成立分會，呂參與籌備，但她感受到自己的理想不為其他會員認同，而她們的「擺闊應酬」，也讓她窮於應付，乃於 1976 年退出（呂秀蓮，1977a：223）。1960 年代美國商業與職業婦女協會（BPW）也曾拒斥女性主義。傅里曼（Freeman, 1983: 25）以為：「重視傳統觀念和習俗的社團比起以創新為宗旨的社團較不易接受新觀念。」她甚至懷疑女性主義是否可以在資本主義社會存活。不過 1980 年代以後，女性主義在體制外成長、茁壯、獲得認可，傳統婦女團體的態度也可能因而調整。

1975 年為聯合國國際婦女年，呂秀蓮得到美國亞洲協會贊助，赴美、日、韓考察婦運，奔波演講，激起留學生對臺灣婦女問題的熱情，踴躍捐款（呂秀蓮，1977a：224-226）。返臺後她辭去公職，運用國外捐款及亞洲協會補助款，分別在臺北、高雄二地積極推展活動（呂秀蓮，1977a：227）。

男士烹飪大賽及廚房外的茶話會

婦運動員在 1976 年達到高峰，是 1970 年代活動最頻繁、

男士烹飪大賽。（授權自中央通訊社）

參與人數最眾、媒體報導最多、社會資源最豐富的一年。在
「拓荒者出版社」成立前，為打開知名度，由羅珞珈、曹又
方、藍妙齡等人向企業界募款，並遊說臺北市國際青年商會出
面主辦在婦女節前夕「男士烹飪大賽」，及當天的「廚房外的
茶話會」兩場大型活動，由呂秀蓮主持。前者由臺灣電視公司

18 呂秀蓮發現拓荒者之家的男性經理與調查局有關（1988 年 3
月 12 日訪談呂秀蓮），替拓荒者出版社設計封面的一位男性
攝影師也曾自我表明其調查局身分，且長期與部分婦運人士保
持友誼，始終獲得她們信任。美國婦運人士布朗米勒（Susan
Brownmiller, 1935-）在美國婦運團體的活動中也看到聯邦調查局
的人馬，不過她以為：「一個心志不清的婦運人士比十個間諜造
成的傷害還大。」（Davis, 1991: 43）

現場實況轉播，並邀請到該臺當紅的演藝人員及社會名流，以情侶或夫妻身分參賽，如鄒森與夏台鳳、羅小鵬與夏玲玲、張杰與鄺潔泉，以及亮軒與陶曉清等（聯合報，1976a）。共六十位男士報名比賽，比賽所需的道具瓦斯爐由理想牌廚具公司全數捐贈。擔任裁判的亦全屬社會名流，如烹飪名師傅培梅、楊森將軍、企業家吳舜文、名作家張佛千等。「廚房外的茶話會」則在聯合報大禮堂舉辦，共邀請十三位「傑出女性」進行分組座談，包括吳舜文、林菊枝、呂秀蓮、薇薇夫人、施叔青、胡品清、楊小佩、梁丹丰、初正平、王桃蓀、李鍾桂、黃肇珩、朱明。

座談會中強調「女性仍有其本身的天職，婚姻和家庭仍是女性一生幸福的關鍵，女性走出廚房不是要跟男性爭權奪利，而是要爭取合作，貢獻自己的力量為社會多做一點事。」（聯合報，1976b）對婚前性行為的看法則是「性並非汙穢，而是維繫遺傳的神聖使命，但婚前性行為仍是不智的」。呂秀蓮並在會場公開宣揚新女性主義的三大原則：「先做人，再做男人或女人」、「是什麼，像什麼」，以及「人盡其才」。這兩場活動的主旨設定在性別角色對調，但考慮社會接受的程度，僅對性別角色做暫時的、趣味性的調整，展現認同期的女性意識。不過即使如此謹慎，仍引起主流社會的疑慮。

婦女節當天，烹飪賽新聞的同一版面上，《聯合報》（1976c）短評黑白集仍提醒女人不可或忘主中饋的「天職」，並將理想的女性角色投射在想像中的「現代化」的西方

女性身上：

> 即使在非常現代的歐美，婦女仍重視家庭的責任，即
> 使是功成名就的職業婦女，回到家裡，仍是主婦，
> 所以，爭取女權並不忽視母教的重要。齊家為治國之
> 本，願我婦女同胞對於齊家與治國，能有偉大的貢
> 獻。

　　「男士烹飪大賽」及「廚房外的茶話會」吸引了上千群
眾，傳播媒介競相報導，轟動一時（呂秀蓮，1976a：21）。
然而比賽所用的數十個瓦斯爐，事後未妥善處理，長期租用倉
庫堆置，與過多的存書同樣成為出版社日後的財務負擔。

拓荒者出版社

　　拓荒者出版社最初由王中平擔任發行人，呂秀蓮為社
長，施叔青任總編輯。後來陸續加入曹又方為副總編輯，以及
羅珞珈、張小鳳、鄧佩瑜等人（參閱呂秀蓮，1976a：21）。
一年內出版了十五本書及兩本小冊子，分為女作家小品專欄選
輯、美國婦運著作翻譯，與國內婦女問題探討三大類。但出版
社終因存書過多、管理不善、財務困難、人事流動率大，加上
何秀子事件（本章77-78頁）的打擊而難以為繼。

1976 年拓荒者與家庭月刊合辦座談會，前排右五為李元貞。

保護妳專線

　　呂秀蓮於 1976 年 2 月在高雄「基督教福澤社會服務中心」創設「保護妳」電話專線，為遭遺棄或強暴的女性提供法律、醫療、安全服務。卻因受人攻擊，指強暴問題易導致「不良國際視聽」，恐成對岸統戰工具，其服務乃擴充到所有婦女問題，受理婚姻感情占 41.23%，其次為外遇遺棄 16.84%（呂秀蓮，1977a：230）。

　　在臺北，呂曾商請臺北市西區獅子會贊助，在「家庭教育協進會」下設立「保護妳」專線，但因協會會長涉及性騷擾女

義工，而於兩年內結束。

成立青年男女交誼團體未成後，呂秀蓮於 1977 年結束業務，告別婦運，赴哈佛大學進修，以「拓荒者」為中心的 1970 年代婦運也畫上休止符。1978 年，呂回國前向《北美日報》記者陳惠美（1978）表示自己無意自我設限於婦女運動，女人必須進入男人世界才能追求真平等。返臺後，她事業重心轉移至政黨政治，投入國民大會代表選舉，而成為高雄事件受害者。

主流改革派相攜

仔細檢視呂秀蓮的發言管道，可發現她曾獲得國民黨黨國機器相當大的支持，救國團的兩份刊物《幼獅月刊》和《幼獅文藝》都曾刊登她多篇文章，前者甚至在 1972 年 7 月製作「新女性主義專題」。《新女性主義》一書最初亦是由幼獅書局於 1974 年出版，並在國防部《青年戰士報》和國民黨臺灣省黨部的《中華日報》上，以書評方式大力宣揚，這些文章都收錄在呂主編的《數一數拓荒的腳步》。

後來由於對國外女性主義的曲解，誤以為《新女性主義》提倡雜交，幼獅書局停止出售該書，然而新女性主義在各大報刊，如《中國時報》、《聯合報》、《中華日報》仍有廣闊的發表空間。甚至在何秀子事件後，由國防部發行的軍中連部以下必讀的刊物《國魂》，在 1976 年 12 月仍刊出呂秀蓮

有關婦運組織的文章〈經挑戰而後篤定　因歷練乃告成熟〉。
《國魂》於 1976 年 10 月改組後強調「革新」，與呂文同期尚
有楊國樞的〈從心理學的觀點談社會風氣的改革〉，可見即使
在最保守的軍中，仍有主張改革的成分，可以接受新女性主義
的意識型態。

　　此外，新女性運動宣稱不爭權利和權力，統治者也不將女
性視為競爭對象，並傾向相信女人的作為不具政治意義，不會
危及「國家安全」。與其他社會運動，如工運、農運、學運相
比，對婦運採取較為寬鬆的管理。因此，除歸咎於國民黨威權
統治外，尚需從運動內部及社會外在環境來探討 1970 年代婦
運早逝之因。

新女性運動的消逝

　　有關臺灣 1970 年代婦女運動的論述不多，且一般賦予悲
情色彩，將婦運之未能走完發端、集結、制度化之各階段，完
成牟思（1975）所描述的社會運動的生命週期，歸咎於政治壓
迫，或將 1977 年中呂秀蓮告別婦運後新女性運動的沉寂，與
1979 年底的美麗島事件互相勾連，而過度將婦運政治化。例
如：

　　由於當時社會較為保守，對於呂氏一再努力的方向未

予認同，因此她在推廣新女性主義方面未獲普遍肯定，而且在一九七九年因美麗島事件被捕入獄。（姜蘭虹、周碧娥，1988：4）

臺灣的婦女運動自從呂秀蓮、「新女性主義」、「拓荒者出版社」一起在一九七九年因為美麗島事件而被鎮壓之後，有相當時期的沉寂。直到一九八二年《婦女新知》月刊創刊後，才在微薄的經費與人力支持下去。（張茂桂，1989：64）

一九七九年因受高雄事件後呂秀蓮入獄的影響，新女性運動便暫時地告一段落……它的成長歷程，彰顯了強勢政治與意識型態相互掛鉤的醜惡面，它的失敗，影響了以後民間婦運的發展模式與性格。（范碧玲，1990：48-49）

不只這兩起事件之間相差兩年半的時間，我們若同意翁秀琪（1994：206）轉引莫洛奇（Molotch）與萊斯特（Lester）的說法：

社會資源的取得，是權力取得的先決條件，因此幾乎所有的社會運動團體都會盡量爭取更多社會資源，以使運動成長茁壯。在諸多社會資源中，大眾傳播媒介

可以算是最重要的一種，因為透過大眾傳播媒介的新
聞報導，可以將改革者（運動者）的主張傳遞給潛在
的支持者，並可為改革者招募新血。

改革者或運動者需要「從有錢、有權、在上位者的手中」奪取
新聞的權力，「以保證新的訊息能通過『為既存體制服務的
守門人』那一關而達到閱聽大眾。」那麼 1970 年代集會活動
規模之大、媒體曝光率之高，都顯示了當時婦運動員能力強
大，以及黨國「守門人」與婦運者在意識型態上的高度相容
性。這種處境與 1980 年代主要婦運團體婦女新知因性別意
識型態遭受主流媒體封殺的處境（李元貞，1995）不可同日而
語。

　　傅里曼在觀察美國 1970 年代婦運時曾指出：「一般
運動者投入婦運的平均壽命是兩年，兩年之後因筋疲力竭
而退出，由新人取代，新人雖經驗不足，但熱情有餘。」
（Freeman, 1975）臺灣婦運也可見類似狀況，特別是 1970 年
代。當時投入婦運的女性幾乎都在三十歲上下，熱情與衝勁使
她們極具爆發力，足以主辦大型活動，爭取媒體支持，但因理
論基礎不穩固，對婦運缺乏堅定信念，個人生命週期處於事業
與生活尚未穩定的狀況，同仁間互信基礎不足，以致形成人員
的高流動率。此外，兼顧運動與營利事業，使得出版社的管理
決策不易，財務困難。此外，呂秀蓮自 1975 年起與政治反對
運動聯繫日密（Arrigo, 1989: 250），她的黨外關係恐怕比她

的新女性主義更引起情治單位注意。以上種種因素，加上何秀子事件，終於終結了拓荒者時期。

何秀子事件

在 1950 年代至 1960 年代臺灣「國際觀光事業」全盛時期，何秀子曾是豔幟高張、極富盛名的私娼業老鴇。1976 年拓荒者出版《她們為什麼成名》一書，訪問十位知名女性，如作家薇薇夫人和瓊瑤、主持人白嘉莉、演員楊麗花等，其中包括何秀子。不巧在付梓之際何秀子突因外科脂肪切除手術引發心臟病逝世，王中平的訪問稿「一個名女人的升起與隱沒──何秀子訪問記」乃提前披載於《聯合報》。因作者對何秀子公開的讚譽和「惡中行善」的辯辭，與社會上對色情業者的評價相牴觸，而招到批判，其他受訪者也不願與何秀子相提並論而群起抗議。文化評論者何懷碩（1976）以為：

> ……這種訪問記，已失去客觀平正的特色，也失去可信性……彷彿面對一位英雄與偉人，王女士搜羅了大量美德的形容詞句，堆砌在這樣一個參與侮辱女性「事業」的「名女人」身上，而且所問的問題，一如訪問一位可敬的學者。

胡汝森（1976）則認為：

該訪問稿對私娼業違背社會利益，傷害婦女尊嚴的種種花樣，非但全然懵懂無知，反而把何秀子這位「成名」的老鴇，寫成了近乎一位完美無瑕的人生哲學家，真是令人詫異到了極點。

《聯合報》（1976d）的讀者投書亦謂，「作者對何秀子私心有種不健康的『景仰』，我們可以諒解接受；但把這種感情透過文章發表，就應多加考慮。」最後出版社只得將〈何秀子事件〉另以單行本出版，和其他九位名女人略作區隔，但此事件對注重形象和公關的出版社已造成很大損傷[19]。

新女性主義

1970年代臺灣自由主義興起，年輕學者們熱中於體制內改革，受過高等教育、在都會工作的女士嚮往兩性平等的風尚。平等的理想無人否定，平等的目標值得追求，但平等的內容是什麼，要用何等手段去達成，卻未及深究。從事體制內改革需要和媒體、工商界保持良好關係，所以參與者對「形象」的關懷超過理論。因此，在由男性主導、求新求變的年代，在形式上標榜平等，實質上不超脫自由主義，不挑戰女人「本分」的新女性主義便具有市場價值，甚至受到國民黨改革派的青睞，而在黨營媒體如《幼獅月刊》與《國魂》中占有一

1974 年呂秀蓮《新女性主義》書影。

席之地。

　《新女性主義》綜合了呂秀蓮 1971 年以來的基本論點和
重要主張，一方面批評「男性中心社會」重男輕女及雙重道
德標準，但也和美國婦女解放運動的激進立場劃清界線，對

19　此事件被日後的研究者用來證明拓荒者出版社主張性解放和開放
　　性交易（Li, 2000: 102）。然而當時此書的出版著眼於出版社的
　　業績，並無意宣揚性解放。此書以當年度遠景出版社的暢銷書
　　《他們為什麼成功》（十位男性名人的勵志故事）為範本，選擇
　　十位女性名人說她們的故事，但符合男性成功標準的女性人數太
　　少，而改為《她們為什麼成名》，何秀子當時的確知名度極高。
　　1970 年代的臺灣對於貞操與婦道仍持傳統態度，以下將論及。

消除性別界線不以為然 [20]，她在《新女性主義》的修訂版中指出，「其原動力為個人主義，其出發點乃對男性的仇恨，而其終極目標則在於欲望的放縱。」（呂秀蓮，1977b：29）她又以新女性主義否定她心目中的西方的女性主義，認為「所謂『新』，自然有別於『不新』的『女性主義』Feminism，它強調女人『應該像個女人』，要有女性氣質……『女性主義』的教條是：女人的存在價值應該依附在她的男人身上 [21]。」（1977a：133）在理論上，新女性主義沿用三民主義的架構，是「一種思想、一種信仰、一種力量」，其歷史承傳則援引清末以來的中土婦運。放在 1970 年代社會脈絡中，新女性主義具備以下特點：

發揮「女才」不爭「女權」

新女性主義標榜的平等、獨立等概念，固然源自西方自由主義女性主義，其實質內容卻饒富中華傳統文化的妥協精神和集體責任感，甚至浪漫化固有的女性氣質和角色，與自由派女性主義的個人主義色彩大異其趣。呂秀蓮自己也一再聲明，新女性主義是「當地土產」，不是「舶來品」，是「女才運動」，非「女權運動」：

> 如果我們意在彌補日趨嚴重的教育浪費，心存挽救偌
> 大的女性人才損失，因而呼籲社會各界善待女才，鼓

勵婦女同胞發揮所長，貢獻所學，用行動表現以推展
男女實質平等之日的到來……（呂秀蓮，1974b：46）

……我們主張的是「女才運動」，與西洋的「女權運
動」不同。我們鼓勵婦女踴躍發揮己之所長，貢獻所
學，用實際表現來證實女子也是人，女子也有才，並
利用婦女的力量來建設社會。（呂秀蓮，1977b：95）

對女性才能的強調無形中沿襲了中華文化，尤其江南文化
重視才女的傳統，因此對中華文化具有懷古幽情的支持者頗
具吸引力。著名的媒體評論者徐佳士（1974）盛讚其溫和妥
協、「相當女性」的主張：

她沒有要求擦去文字裡面男性沙文主義的痕跡（這種
痕跡在中文中似乎遠較英文中為多），沒有要求她的
同志做出叫內衣商人頭痛的事情，沒有扯起「解放」
（不論是性解放或整個婦女地位的解放）的旗幟，她

---

20 呂秀蓮於 1969 年初抵美國，受到傳播媒體的誤導，對美國婦運
頗有反感，認為她們要「消除性別之分」，模仿男人「抽菸、喝
酒、嫖妓」，「其出發點頗近於共產主義的『恨』，其領導人又
多是蠻悍潑辣之流，且不乏變性者或嬉皮女孩……」（呂秀蓮，
1977b：14-15）。
21 這實在是對女性主義極大的誤解。

甚至沒有口號，她承認男女有別，也沒有人聽她用過「婦女權力」（power）這個名詞。她的辣辛辛的語言也許可使人的血液流運加快，但是呂秀蓮畢竟是中國土地的產品，她固守中庸之道，是一位真正的修正主義者。

劉敏行（1975）擊節讚賞其「充沛貫串中道以行的執著熱忱與愛心……殊途同歸，中道以行，東風不壓西風，西風也不壓東風，允執厥中，男女真正平等。」夏一君（1974）盛讚其

極力強調婦女不得漠視造物者所賦予女性獨特神聖之天職，與中華悠久燦爛文化孕育下我國婦女所一貫具備之稀有氣質與賢淑美德。既求糾正改善昔日我國男女分際之未盡人道；亦不故違天道與我國固有倫常精義……影響所及，奚止於兩性關係之改善以擴大人盡其才之範疇；以求得新人性之合理發展。即民族自信心之重建，中華文化之復興，國運之昌隆，無不更具深遠之影響。

《青年戰士報》另一書評也稱許女才運動「是新女性主義相當重要的一環」，因為「它呼籲每個人無分男女，均應人盡其才，在最需要你的時候，到最需要你的地方，做最需要你的事。」（現代人，1974）1980 年代以前的婦運論述，將女權

（權利）和女才視為對立的主張，相對於保守派要求女人留在家中，開明進步人士鼓勵女性發揮才能貢獻社會，不過二者皆對女性爭取權利表示反感，更遑論權力。社會學家廖榮利與鄭為元（1985）描述與女性領導人座談的共識：

> 先後數位發言皆強調臺灣並不需婦女運動爭女權，她們所共同抱持的理由是從《憲法》到各種法規對女性的保護中，女性已享有與男性平等的權利。在該項會議上始終沒有一位主管要以婦女運動爭取女權的，反而對女性自己如何充實自己，異口同聲的呼喚。

肯定女人的「本分」與「天職」

女性的「本分」與「天職」是新女性主義的主軸，不斷在正反兩方的論述出現，有趣的是雙方皆表肯定，並無衝突。贊成「新女性主義」者，如劉敏行（1975）引述呂秀蓮的說法：「天生男女，陰陽配賦，各有本能，相濟相輔，敬愛互助，家庭幸福，盡其所長，社會進步，彼此尊重，大同是務。」肯定男女本分。呂秀蓮本人亦一再肯定女人的本分，強調「是什麼，像什麼」：

> 女人不能忘了自己永遠是女人……應該把自己的性別所特有的本質發揮無遺，於言行舉止，於裝束打點，

於職責本份，莫不皆然。

而妻子之於丈夫：

> 若領帶增飾儀表……若慈母呵護照料……溫柔、嫵
> 媚、細心等，是保障妳幸福的恩物。（呂秀蓮，
> 1977a：142，143）

呂秀蓮對化妝美容的看法與 1970 年代的激進女性主義者
亦大不相同：她本人肯定香水脂粉及美容（呂秀蓮，1977a：
148；162），也注重儀容及穿著打扮。一方面是個人的教養和
習慣，一方面也是鑑於當時「民風之猶待啟迪」（呂秀蓮，
1974a：222），為了迎合女人投男人所好的心理所採行的策
略：

> 趙孟能貴之，趙孟亦能賤之。女子的存在，原需要男
> 子來肯定，特別在男性中心社會裡，男之所好女好
> 之，所惡亦惡之，今天我們要求女子改頭換面的結
> 果，如若令男子望而生畏、生厭，那麼，願欣然從之
> 的便絕無僅有了。相反地，如果順應男子的口味，則
> 女子為投其所好，便趨之若鶩了。（179-180）

然而反對者如陳麗麗（1973）仍假借「男僕王老七」之

口，赤裸表達對性別角色置換之隱憂：

> 有那麼一天逼老子被娘兒們娶過去燒飯、洗衣、料
> 理家務、抱孩子、洗尿布、給老婆搓背洗 x 的『丈
> 夫』，我就先去向蔣〔經國〕院長請願抗議，誰叫他
> 派個諮議搞得人心惶惶呢？

上層階級婦女組織急於與新女性主義劃清界線，亦以女性本分做為區隔。1973 年 3 月，崇她社在臺北舉辦亞洲區域大會，大會主席余夢燕在記者會中澄清：

> 在爭取女權聲中，崇她社卻不採取聚眾遊行，搖旗吶
> 喊，罷課罷市或發表宣言的方式爭取女權，不倡導女
> 性男化，男性女化，更不主張婦女們走出家庭，一齊
> 到社會上去和男人搶天下，或要一直在世界橫衝直撞
> 的男人，回到家庭洗衣燒飯，抱孩子洗尿布。（中國
> 時報，1973/3/21）

無論贊成或反對者都認同女性扮演「賢妻良母」為「本分」，不同之處在於雙方對新女性主義的解讀，或是誤讀。反對者擔心新女性主義顛覆了女性的「本分」，威脅到男性的優勢位置；支持者則以各自對美國婦運的想像為對照，慶幸新女性主義其實溫柔妥協。所以在基本意識型態上，二者表面相

異，但對女性守「本分」的要求卻相同。

要平等不要保護

呂秀蓮繼承清末以來婦運領導者對傳統社會重男輕女、男外女內以及雙重道德標準的批判，以現代專業女性在感情和事業生活中的親身感受，批判男性優越感（參閱曹又方，1976：166）。她的法律專業也使其關心《民法》、《國籍法》中有關子女姓氏、國籍、夫妻住所、財產、親權等不平等條款，在法務部決定修訂民《刑法》期間，為文呼籲修改：

> 子女可否冠母姓以及招贅婚應否廢止的問題，其前提要件即在於吾人是否仍須維持繫以男子為「唯一」傳宗接代的制度，亦即父系社會是否仍能在個人主義、平等思想極端蓬勃的現代尤其可預見的未來社會裡屹立不拔？夫妻財產制應否採取經濟獨立原則的問題，則以方今男女是否有經濟獨立能力為前提，亦即女子在經濟上依附於男子的假設，在教育普遍提高，生產結構適合女性參與的現代社會裡是否切合實際？而墮胎應否合法，除卻那遙不可及的胎兒利益之外，是否尤應注意懷胎婦女本身的權益？

> ……吾人值此修改聲中，實應本持「無分男女，人人

都是平等、獨立、自由」的單一標準，條分理析地予以研討、批判與修訂……為「未來」的社會生活描繪藍圖……（呂秀蓮，1976b：129-130）

她透過《法律世界》月刊召開座談會，討論夫妻財產制、墮胎合法化、通姦除罪化、離婚與子女姓氏等議題，呼籲修訂《民法‧親屬編》及墮胎合法化。基於立足點平等原則，她雖肯定婦女保障名額制度的歷史功績，卻主張予以廢除：

保障名額的制度，既表徵男子的慷慨大方，復證明女子的軟弱無能；既遺男子以「女權夠高」的口實，復讓女子尋得「畫地自限」的臺階……顯然地，保障名額屬於齊頭點假平等之一種，而與新女性主義所講求的立足點真平等之間猶有一大段距離……保障弱者之設，便阻礙了強者充分發展的可能，保障婦女的當選或者任用、錄取名額，自然侵犯了一齊參與競爭的男子的當選、任用或者錄取的機會，是絕對的有欠公平，也是應該亟亟予以廢止的。（呂秀蓮，1977a：173）

西方婦運對「平等」與「差異」的不同理解產生了許多衝突。戴維斯（Davis, 1991: 29-48）指出，當權的男性在意識型

態和實際作為上強調男女差異，並以此理由限制女人進入公領域。女性主義陣營內，則兩派對立：一派主張女性與男性相同，故應平等；另一派則堅持男女有異，而女性較優。1960年代晚期，大部分婦運人士接受兩性相同的平等觀，而1980年代有關平等的討論漸趨細緻，有些人開始主張在一般情況下男女應有形式上的普遍平等，但在特殊狀況下，如涉及兩性的生育行為、社會化及社會網絡，則必須考慮其差異處境，而顧及實質平等。但呂秀蓮並不將兩性差異視為平等之障礙，在追求平等地位之際，她肯定外觀的性別差異，卻未深入探究形成兩性政治資源落差的結構性原因，和形塑社會性別的社會文化因素：

> 平等並不意謂著相同，不同亦非即不平等，上帝既造亞當，且造夏娃，這世界理所當然就是一個兩性社會，牡丹的艷紅尚且需要綠葉陪襯……所謂 Be What You Are「是什麼，像什麼」，於言行舉止，於裝束打點，莫不皆然。（呂秀蓮，1971）

持守貞操與婦道

1970年代，女人的性與身體仍屬社會禁忌，亦非婦運關注重點，偶有涉及此方面之討論，往往局限於「貞操」或「娼妓」之主題。換言之，在知識論的層次，女性從來不被當

做欲求之主體，而是被占有或戲玩之對象，也就是客體。鍾肇滿殺妻所引起的爭議並非是已婚女性是否應享有性活動的自主權，而是對於不守「婦道」的妻子應給予何種程度的懲處才算合理。呂秀蓮也隨眾譴責湯玉婉「不守本分」，只是從法律的觀點指出她罪不致死。同時呂秀蓮也大力抨擊片面貞操，而主張夫妻互負貞操義務：

> 本來，婚姻生活之所以能維繫，完全在於「夫妻互負貞操的義務」……然而在男性中心社會之下，婚姻的鞏固其實端賴女子單方面的容忍和貞節。我們以為貞操道德的遵守，甚至強化是有其必要的，因為我們仍然覺得婚姻制度有加以維護及強固的必要。但是，如果這種道德只是州官與百姓間的命令與服從關係，只是一方儘管享受，他方無條件忍受傳統教條，我想站在人道主義的立場，我們是有理由大加聲張撻伐的！
> （呂秀蓮，1997a：101-102）

貞操觀念也未構成何秀子事件的爭議點，不論何秀子本人的行徑及經歷為何，她在面對媒體談論貞操或婚姻時，都一概肯定主流價值觀：

> 貞操觀念很重要，男女雙方都該遵守，不是只有女人該遵守。我的貞操義務是指「單一對象關係」的義

務，就是「同一時間內對一個人負責」。離了婚的女人或寡婦當然可以再對另一個男人動感情，不能批評她們不貞。職業女郎也應有她們職業上的貞操義務，如果一個顧客和她訂了一個晚上的約會，這段時間內她就必須對這位客人守一時性的貞操義務……（王中平，1976：20）

對於她曾從事的行業，何秀子也無意辯護，僅稱她是在「惡」環境中行「善」，「那種行業我不做，仍然不斷有人會做，而且做得更糟更亂，既然我能做得比別人好，比別人完滿，為什麼社會對我的批評那麼壞呢？……」（24）

所以何秀子事件並不反映價值觀的衝突，也與1990年代的性工作權爭議截然不同。1990年代的性解放論者主張，在資本主義社會，交易身體和交易勞力、腦力具備同等價值，不應差別對待。將某些性經驗（例如從事性交易）邊緣化，是異性戀體制將性欲階層化的結果，無異於歧視性少數，也是將「好」女人與「壞」女人分而治之的男性統治女性的伎倆。但在1970年代，女人的身體可否被商品化，或女性的性自主權是否包括從事性工作，並未引起爭論，答案都是否定的。性欲政治在當時引起的焦慮是，受人尊敬的「新女性主義」（溫和進步的好女人）對待不受社會尊敬的「壞」女人（未守婦道的女人）的方式是否恰當，以及確定好女人與壞女人的界線是否鬆動。

儘管小心翼翼、謹守雷池，女性的身體仍是父權社會最終不願放手的掌控對象，也是疑慮最深之所在。幼獅書局在出版《新女性主義》六個月後，全面停止出售此書，因著名旅美作家韓韓女士在報紙上公開抨擊其「提倡雜交」。1976年拓荒者發行此書時，內政部亦拒發版權，理由仍是提倡群婚雜交（Ku, 1989: 16）。類似經驗在歐美婦運中亦屢見不鮮，例如英國的女性主義先驅吳爾史東重視男女心智的互相吸引，卻仍被指控為鼓吹濫交（Rendall, 1985: 66-67）。為免落人口實，「潔身自愛」成了早期部分婦運者（無論中西）自我要求的戒律。直到1990年代，性欲政治仍困擾、分化婦運，性與生殖可謂父權最後的防線，將於第五章深入討論。

評估與檢討

　　1970年代的婦運誕生於自由主義抬頭，充滿熱情、活力與改革精神的社會氛圍中。由少數年輕的中產階級婦女主導，活動力強，媒體關係良好，儘管引起保守勢力反彈，並受到戒嚴令束縛，卻也獲得文化界和執政黨中開明改革者的支持。年輕的女性知識份子感受到社會改革的脈動，不滿男尊女卑的現狀，嚮往平等自立的理想，乃盡力積聚社會資源，為婦運創造聲勢。但早期成功的造勢引發反撲，遭到政治干擾和社會抗拒。由於欠缺運動經驗、組織基礎及堅實的理論，大部分

參與者最終選擇離開婦運，並各自開展人生。當時大學生嚮往出國，而許多婦運人士也相繼留學或移民，告別臺灣。美國婦運曾因缺乏長期投入的組織工作者而發展遲緩（Freeman, 1983: 6），人員流動率高亦是 1970 年代臺灣本地婦運早衰的原因之一。

　　既反對激進的女性主義，也不主張顛覆性別角色，呂秀蓮以體制內溫和改革的姿態獲致廣大回響。但與體制結盟、向輿論妥協，使其可能被父權的權力機構收編，此權力機構可能是執政黨，也可能是反對勢力。1970 年代的執政黨有其既定的忠黨愛國婦女政策，而民間社會組織鬆散，政治力薄弱，政治反對運動似乎是改革現狀更有效的途徑，呂秀蓮可能因而投入黨外陣營。但因她一向被視為早年婦運代表人物，其個人的政治選擇無可避免地替婦運蒙上政治反對運動的色彩，坐實國民黨內保守派的疑慮，導致更多政治干預，也使得 1980 年代初期的婦運遭逢更大阻力。

　　在理論方面，「相異但平等」的主張固然迴避了直接衝撞父權體制，降低社會反彈，卻也製造了理論的困境。「先做人，再做女人」非但未能挑戰既存的性別角色，且要求女人遵循男性社會的遊戲規則和成就標準，在公領域與男性競爭，同時又不放棄傳統的女性特質和「本分」，在私領域盡忠職守。對少數能力和機會兼具的女性而言，內外兼顧可能游刃有餘，因其掌握足夠資源，可將傳統女性的再生產工作委諸其他女人代勞，但對一般女人而言，「一肩雙挑」則可能太過沉

重，難以負荷。

　　誠然，比起激進的性別革命，1970 年代的臺灣婦運，以抽象的與程序的平等為架構，僅對傳統性別角色及分工略做修正，較易獲致社會認可，是一種漸進式的策略。然而若未能在政治、經濟、文化、社會各方面消除兩性平等的障礙，便夸談形式上的平等，非但不能改變習俗和制度，或減輕女性在每日生活中的性別角色壓力，反而有助於保存男性的優勢位置。例如，設置保障名額雖有違形式平等的原則，卻能實質上提升弱勢者的政治參與，是否應輕言廢止，成為 1980 年代婦女團體的新課題。

　　不論如何，1970 年代婦運雖未能由發端、集結前進到制度化，完成社會運動的生命週期，卻將隱而未顯的婦女問題提升到公共論述的可見層次，也使得婦女們首度為性別政治而集結。當時的政治機會結構雖不利於婦運動員，但這股潛在力量到了 1980 年代末終獲伸展。

第三章

女性主義的耕耘

1980 年代解嚴前的婦運

　　1980 年代初「高雄事件」的政治陰霾，覆蓋了 1970 年代單純、高漲的熱情。反撲的保守勢力將婦運與叛亂、性解放劃上等號，政治恐懼也使得群眾活動消聲匿跡。不過，1980 年「消費者文教基金會」（消基會）的成立，點燃了民間社會的希望。消基會代表一般消費者的權益，消費者意識讓人民感到自己是權利主體，可藉由集體力量改造社會。當時美國亞洲協會駐臺代表謝孝同（1989：13-14）對消基會極為推崇，稱之為「首創先例、最活躍、最卓越的」（the first, the most active, the prominent）非官方機構（non-government organization），「對臺灣社會走向開放、多元化有重要貢獻，消基會的成立使人們醒覺，若有冤屈未蒙政府聞問，尚可透過民間組織求取公道。」消基會在 1980 年代受到極大擁戴，社會學家張茂桂（1989：50）認為，獨立於政治團體與政治人物之外，是該會

的最大資源，因而社會公信力大增。而另一方面，國民黨政府也因消費者運動不直接威脅政權，而樂於配合（Hsiao, 1990: 167）。消費者運動的成功，鼓舞了其他社會運動，也促使婦運再度集結。

1980 年代中期，在異議人士不斷挑戰及全球民主浪潮衝擊下，國民黨長期穩固的政權開始鬆動，對民間採取較為開放的態度。不同目標的社會運動，如消費者、環保、人權、婦女運動一一展開，且互壯聲勢。同時，民間財富累積，教育程度和就業率普遍提升，女性個人得以積聚較多可支配的財富，上班時間彈性的專業婦女持續增多，加以國際間女性主義思潮澎湃，聯合國的「婦女十年」期間，接連三屆世界婦女大會將性別議題推向舉世焦點，以上種種因素都強化了婦運的正當性和動員能力，並相對減低其阻力。

自 1970 年代起，臺灣婦運的主要資源來自都市知識婦女、同情婦運的男士、外國機構、政府機構及傳播媒體，但也不可避免地受限於這些資源，而以都市居民、媒體為對象，改變法律制度和社會觀念為目標，從事體制內抗爭。運動方式以出版、演講、座談與記者會為主，1980 年代增加了遊說政府官員、民意代表及其助理，草擬及推動法案。此外，為了特定運動目標，如救援雛妓、反對選美，也偶爾採取街頭遊行、舉牌抗議等手段。臺灣因幅員狹窄，人口密度高，文化、政治和經濟活動集中在北部，而臺北市也因此成為婦運基地，可免去如其他國家因幅員遼闊，資訊交換和動員的困難，也因接近國

家決策中心，婦運策略傾向政策變革，草根性弱，而被標籤為「中產階級婦運」。

1970 年代末拓荒者出版社結束之後，鄭至慧、李元貞、薄慶容、李豐、吳嘉麗、黃瓊華等人在臺北市不定期聚會，討論婦女問題和生活心得，人員逐漸擴大，於 1982 年成立婦女新知雜誌社，以「喚醒婦女、支援婦女、建立平等和諧的兩性社會」為宗旨。為貫徹女性主義去階層化主張，採取扁平式組織結構和共同決策模式，成員一概稱社務委員，委員也就是工作人員，所有工作原則上大夥分攤，但實際上因個人能力和投入程度之不同而有所區別。在正式組織內雖人人有平等的發言權，個人的影響力仍受限於非正式的權力關係，而有高下之分。1987 年解嚴後，為便於募款，改組為基金會。婦女新知（簡稱新知）是當時臺灣唯一有組織的婦女運動團體，在對婦運存有戒心的社會氣氛中為兩性平等扎根。由於是唯一的婦運機構，必須對性別事件立即反應，得經常同時處理多種議題，並兼顧觀念倡導。社會學家張茂桂（1989：65-66）認為，新知「一直是婦女團體中最活躍之主要團體」。婦女新知的自發性婦運，催生了其他團體，如基督教長老教會的「婦女展業中心」、晚晴協會前身的「拉一把」團體、「婦女研究室」、新環境基金會「主婦聯盟」等，都是在 1983 年至 1986 年之間成立的新興團體，也都與新知淵源頗深。

婦女十年期間，儘管臺灣並非聯合國會員，未能直接參與國際婦運，但仍間接受惠於全球女性意識的散布和婦女研究的

興起，並在經費上得到美國亞洲協會、全球婦女基金（Global Fund for Women）和其他國際機構支援，婦女組織得以快速成長。

從政治反對運動到婦女運動

1970 年代，呂秀蓮因受挫於婦運的政治機會，感到婦運過於狹隘，而投入政治反對運動，並出馬競選公職；李元貞則是先加入政治反對運動，後來為了對抗其中的性別歧視才轉入婦運。她自稱：

> ……我的覺醒以婚姻生活的體驗，最具關鍵性。婚姻生活對人，雖有很大的好處，譬如親密感及愛的支持，婚姻制度本身，卻對女性的自我具有壓迫性。感覺一結了婚，其他種種名分就干擾我的生活：某某人之妻、某家媳婦、某人之母……男性為了逃避婚姻的種種壓力，可以躲到外面世界中去，藉口應酬或繼續工作，女性卻被規定留在家裡，其實是留在屋子裡，面對混亂的情緒和週而復始的瑣事，面對空洞與無助……逐漸發現我需要自由甚於愛，我必須忠於自己，所以我咬牙捨棄愛而選擇自由。（李元貞，1987b：11-112）

1972 年的鍾肇滿殺妻事件，使她體會到個性受壓抑的苦悶並非源自個人心理狀態，而是社會把女性角色定型化的結果。她「非常佩服呂秀蓮敢冒輿論之大不韙，為女性『做人的權利』說話」（112）。1973 年離婚赴美後，她接觸到西方婦運資訊，發現自己面臨的問題在女性歷史中早已存在：

　　原來爭取自由正是婦女問題的核心，發展自我，也是婦女問題的一部分。與所有女性一樣，不但在生活裡掙扎，也在既存的父系社會體制下掙扎……除非將對女性不公平的種種惡念惡習慢慢滌淨，男女之間不會存有真正的愛與真正的自由。（112）

　　1976 年返臺後，她選擇「支持本土意識、鄉土文學及民主人權運動」（112）。但與歐美及日本女性參與民權或新左派運動的性別經驗如出一轍（參閱 Tanaka, 1977; Deckard, 1979），李元貞也發現許多男性知識份子「完全漠視女性的需要和尊嚴，也無意調整男女權力結構」。爭取人權的同時，仍以傳統男尊女卑關係貶抑女性，方始覺悟到推行婦女運動的必要。

　　……發現一些被景仰熱愛的男性前進份子，常常漠視婦女運動，頂多只功能性地考慮婦女運動的好處而已，並不真正關心另一半人口的人類……呂秀蓮的新女性運動竟被指責為「少奶奶運動」。他們每每強調

先將大部分「人」的問題解決了，婦女問題就會自然
解決了，完全沒考慮「人」的問題包括男人與女人的
問題，有些問題確實可以放在一起解決，而有些問題
必須調整傳統的男女思想和行為才能解決，完成了前
半部並不保證後半部也能完成。當我隨時要強調齊頭
並進，要求調整男女權力結構的關係時，也每每被誤
指為提倡「男性對立」，更使我深深覺悟到在臺灣推
行婦女運動的必要性及重要性。（112）

　　跨越性別界線、推展普遍平等、並且挑戰無所不在（包括
「進步的」政治和社會運動團體）的性別歧視，是第二波世界
婦運的共同經驗。

　　1978年，李元貞到收留雛妓的臺北市廣慈救濟院擔任義
務老師，發現原住民在經濟和文化上處於弱勢，許多少女被販
賣至都市為娼，而相關法令對人口販子和嫖客的罰則過輕，以
致私娼業蓬勃。她曾商請臺北崇她三社，聘請夏林清教授和葉
高芳牧師就強化廣慈婦職所功能做實驗輔導。1980年7月，
由崇她三社社員陳國慈、薇薇夫人、殷允芃、馬以工等，邀集
臺北市政府社會局代表、市警局局長和立法委員林鈺祥、市議
員吳敦義等，召開一場盛大的座談會，邀請了各大報、三家電
視臺、各婦女雜誌記者。會中提出二點建議：一、婦職所遷出
廣慈，在內湖建立女子技藝學校。二、設立中途公寓，收容
這些少女。事後社會局沒有後續行動，《婦女雜誌》以外的

媒體皆未報導此事，崇她社亦表示「到此為止」（李元貞：1987a：0）。

這次挫敗使李元貞體會到成立自主性女性社團的重要。若徒有理想，而無組織為後盾，便不得不仰賴既有團體。但社會地位穩固的團體往往與統治層級關係密切，或需在更大的組織體系內運作，要求她們擺脫主流價值、從事體制改造，實屬不易。當時社會觀念雖較十年前開放，但一般婦女仍昧於社會變遷，遇到變故缺乏處理自身事務能力，當時三、四十種較有規模的女性刊物也仍舊以「逆來順受」教育婦女（李元貞，1986b：5），乃萌生創辦雜誌的想法，從體制外另闢蹊徑，建立女性的主體性。

婦女新知雜誌社

與 1970 年代相較，臺灣社會在這十年間經歷了相當變化。根據楊國樞（Yang, 1981）的實證研究，現代化使得國人的權威性格減輕，對不同價值的容忍度提高；Appleton（1981）也發現性別角色已有所調整，不論在家庭、學校、社會，兩性關係都較以前平等。1970 年代呂秀蓮曾因提倡兩性平等而飽受黑函騷擾[22]，1994 年鄧如雯殺夫案之前，婦女新

22　呂秀蓮將所有的黑函都收錄在《數一數拓荒的腳步》（1976）。

1982 年婦女新知雜誌社社員在薄慶容家聚會。（授權自婦女新知雜誌社）

知的成員並未受到類似攻擊。不過 1979 年至 1984 年之間的研究顯示，即便是都市的中產階級婦女，對女性主義仍深表懷疑，姚李恕信（Yao, 1981）於 1979 年訪問「高成就職業婦女」，她們以為女性應以無懈可擊的工作績效來爭取平等，而非口頭抗議，只要有卓越的表現便可贏得尊重和平等，卻不在意大部分女性在職場上受到性別歧視，及工作與家務的雙重負擔。1984 年，廖榮利和鄭為元（1985）的問卷調查顯示，60%的婦女認為臺灣的婦運不成功，而其中的女性主管也覺得臺灣不需要婦運：「因為《憲法》已經保障男女平等。」她們同樣不願爭取權利，而主張女性應當自我充實，以便承擔更多社會

責任。婦女新知在出刊的頭兩年也保持低姿態，以「讓您了解婦女，也了解兩性社會的新需要」的宣傳辭來爭取讀者，在內容方面則兼容並蓄，從女性主義理論簡介、婦女史、法律常識到家事小常識、生活體操無所不包。隨著婦運動力漸增，女性主義的批判性才逐年增強。

1982 至 1987 年間，《婦女新知》的內容涵蓋以下面向：

一、譯介西方女性主義經典著作和重要論述，如約翰・密爾（John S. Mill）「論女人的附屬地位」（1982 年 3-4 期）；瑪麗・吳爾史東（Mary Wollstonecraft）「女權的辯護」（1982 年 8-9 期）；維吉利亞・吳爾芙（Virginia Woolf）「論女性的發展機會」（1982 年 9 期）；珍・密勒（Jean B. Miller）《女性新心理學》（1982 年 10 期；1983 年 13-24 期）；愛麗絲・史卡瓦茲（Alice Schwarzer）的西蒙波娃訪問記《拒絕做第二性的女人》（1985 年 29-30 期）等等。

二、以女性主義觀點討論中外文學、電影作品。

三、討論婦女相關法案之制定與既有法律之修改，如《優生保健法》、《民法・親屬編》、《男女工作平等法》等。

四、介紹中國歷史上的著名女性和清末以來婦運領袖，如班昭、蔡文姬、金天翮、秋瑾等。

五、報導國內外婦女新聞、婦運動態。

六、其他性別議題，如托兒、就業、家務分工、健康、老年、性騷擾等，並規劃年度主題活動。

有些論者看到婦女新知包容各式作者和言論，便以為其立

論比呂秀蓮溫和，卻忽略了不同作者、不同文體對父權體制和女性「天職」、「本分」具體而尖銳的批判。李元貞是早期主要的作者，兩年內，除了不具名的社論，寫了二十二篇評論性文字（有些以史晶晶為筆名），以及一篇連載小說（筆名洪芝）。其他尚有臺大外文系教授黃毓秀、臺大病理科醫師李豐、律師尤美女、淡江大學化學系教授吳嘉麗、以家庭主婦觀點寫作的徐慎恕和李素秋，從英、德等國投稿的成令方、郭美瑾，以及本書作者。

沙凡是王瑞香的筆名，她加入較晚，但鮮活地描述父權社會生活的所見，引起讀者共鳴：

> ……女人夜裡的哭叫之騷擾人心，不在於它發生於夜晚，而在於它往往涉及暴力，而且是最親密的人際關係之間暴力；同時也由於它發生在「甜蜜的家庭」裡，沒有人會插手於這樣的事，不管它是多麼可怕。它是我們所說的「隱匿的暴力」之一，這種暴力可以發生在夫妻或愛侶之間、父母與子女之間，但最尋常的是夫妻之間，受害者多為女人。隱匿的暴力其實是不隱匿的，幾乎沒有一個人不知道它的存在，只是因為我們視而不見、聽而不聞地任它存在；只是因為有「家庭」的維護，它得以不受干擾地進行。家庭在某種意義上是這種暴力的幫兇。（沙凡，1987：13）

創刊之初，婦女新知每月發行五百份，1985 年後增至一千五百份，其中不少是贈送或與其他刊物交換，對媒體工作者產生相當大影響力。當女性主義漸為社會所接受，其成員也開始在各媒體獲得發表園地，甚至在報紙開闢專欄。

議題設定

顧慮到社會接受度，婦女新知對於每年婦女節年度主題活動的議題選擇十分謹慎，從早期的自我成長、婦女保護和兩性對話，漸進到挑戰性別歧視，爭取女性工作權、教育權、人身安全等等。議題動員方式也由靜態的展覽、演講、座談，到演劇、街頭示威、國會遊說和國家機器之間發展出既競爭又合作的關係，此時期婦運逐漸集結壯大，為日後婦運的議題設定和動員方式奠立基礎。

自我成長與婦女保護

1983 年的活動主題是「婦女的潛力與發展」，同時舉辦展覽、茶會、演講、座談、女性主義電影欣賞，吸引了中產階級家庭主婦。1984「保護婦女年」，發布「婦女性騷擾問題」問卷調查結果，調查主要對象為臺北市及近郊的女學生與職業婦女，結果發現有 86.1% 的人曾被性騷擾，93% 主張強暴應

改為公訴罪（曹愛蘭，1984：19-20）。這份資料引起媒體熱烈討論，立法委員黃主文（1984：59）並在立法院質詢，支持婦女新知將強暴改為公訴罪的立場：

> ……但是，強姦不僅僅侵害了個人的法益，事實上也侵害了公共法益，造成了社會秩序的紊亂，被害婦女的容忍，正所以助長了強姦犯更盛的惡風，造成了其他婦女的安全無法獲得保障，所以強姦不是被害婦女個人的法益問題，而是關係到整個社會上婦女的法益問題，不應該為了一個被害婦女的名節，而影響到全社會婦女的安全。

> ……被害婦女經常和被告和解而撤回告訴，和解的條件均以金錢賠償……有錢人犯了強姦罪可以拿錢來和被害人和解，免被判刑，沒有錢的人無法拿錢和被害人和解，就要被判五年以上有期徒刑的重刑……幸與不幸是以金錢來決定，公平在那裏？「法律之前人人平等」安在哉？

時任內政部長的林洋港表示，法務部長李元簇曾告知，該部修改《民法》時會慎重考慮此事。1990年代，林洋港出任司法院長，李元簇則官至副總統，婦女團體仍在為強暴改為公訴罪奮鬥。由於傳統觀念將貞操視為女人的第二生命，而且必

須從一（男人）而終，被強暴的女人就如同受損的商品，身價大貶，終生蒙羞，甚至一位研究犯罪學的社會學家也承認，他雖同情強暴受害婦女，但若是自己的妻子被強暴，他也不知如何原諒她（尤美女，1984：35）。為保護受害者的名節，不使事件曝光，且避免在檢審過程中的二度傷害，強姦在《刑法》上屬告訴乃論罪，即使罪犯被逮捕，也往往以私下和解了事，不受法律制裁。但強姦的再犯率極高，危險性很大，且告訴乃論罪的追訴期僅有六個月，受害者的創傷尚未平復，即已失去告訴權，對可能受害的女性極為不利，所以婦女新知主張，改為公訴罪以後，以改善偵訊技巧、祕密審判等方式來保護被害人。

家庭主婦再出發

1985「家庭主婦年」以主婦成長為重點。最初新知打算鼓勵家庭主婦再就業，然而針對臺北市主婦們做的調查顯示，只有略過半數（52.9%）願意重回就業市場，於是重新設計活動，肯定家務勞動的經濟價值，同時鼓勵家庭主婦「再出發」，進入就業市場或者參與志願服務，成為社會的一份子。但新知並未檢討個別女性為特定男性操持家務的人際關係特質，或者家務勞動的工作性質，而只是鼓勵主婦們盡量吸取新知識、新觀念、發展溝通技巧、改進家事技術、建立自信、參與社會工作。例如：

主婦們一再告訴我們，她們不是不願成長，而是生活中沒有自己的時間。她們不是自甘封閉，而是沒有接觸新知識的機會。她們不是不明白，處理現代社會中的種種問題，許多老祖母時代的做法已經完全不適用，她們不是不想了解兒童的心理，丈夫的心理，與其他種種知識，但是社會只會提供她們插花、美容、健美操等課程，沒有人重視她們心靈的需求。她們要學習，要求知，要進步，要探索自己。（林美絢，1984：1）

或將家務專業化以肯定其經濟貢獻：

……舉凡一切家務的操持、丈夫的服侍、孩子的關愛教育、公婆的孝敬……全可算是一種工作，而工作是應該有金錢的報償的。我們的先生所以能在外面將事業做得成功，是我們實質上分擔了他們許多內在的工作。因此，他努力所得的一半，絕對是我們幫著賺來的。在我自己突破了主婦是不從事經濟生產的消費者這個傳統的錯誤看法之後，我正面肯定了自己經濟的價值，我再也不哀怨地以為自己只是丈夫的附屬品了。（徐慎恕，1983：13）

然而幫助家庭主婦肯定家務勞動的價值，雖可加強個人自

信，卻無法改變女性化勞動被邊緣化的社會現實，對家務工作的自我肯定，也未能增強主婦的社會權力，除非她們以女性的身分從事具有社會權力的工作。如同美國女性主義學者麥金能（MacKinnon, 1989: 80）所言，如果女人仍然避而不談或避而不求權力，「那麼她們不論從事任何活動都只會強化她們的沒有權力的處境，」而別人對她們的評價也僅取決於她們的功用而已。

為解決已婚女性再就業問題，薄慶容（1985：1）借鏡「導源於 1960 年代西德」的彈性工作制：

> 家庭牽制既是女性就業之最大困擾，雇主用以歧視女
> 性之主要藉口，自應致力於尋求解決。有識之士就此
> 曾提出若干解決方法，其中彈性工作時間制為近一、
> 二年來倡導最力者……

她接著介紹彈性工時的「三部分」：核心時間，在此時段內所有員工都必須在工作場所；彈性時間，在開始或結束工作的一段時間裡，員工可依其個別需要並配合工作量的波動，自由選擇上下班時間，或自由決定午餐休息之長短；借支與儲存時間，每一員工應做滿之工時，以週或月為計算單位，在工作量多時配合較長的工作時數，以儲存時間在工作少時用以處理私事或休假。

李元貞則從雇主的立場，試圖說服他們僱用家庭主婦輪班

兼職：

> 有些機械而單調的工作，若改成一天三、四小時一
> 班，反而好僱用適當的人員，如超級市場的收費
> 員……雇主可以不必付年終獎金、退休金、醫療保險
> 費用，同時工作人員因單調工作時間減少，服務品質
> 會提高，加上若僱用中年家庭主婦，她們本身是消費
> 品的購買者，又是家庭生活的服務者，對顧客的服務
> 態度一定比年輕無經驗的小姐好得很多，對雇主的利
> 益及業務一定會大有幫助。（李元貞，1985：3）

除了肯定家務工作的生產價值、鼓勵家庭主婦再發展、呼籲社會為其再就業提供管道，李元貞（1986b：5）發現「這個活動引起許多中產家庭主婦的注意，組織了不少『主婦成長團體』。她們在自我成長之後，以建立主婦聯絡網自期，進一步去參與婦女運動及消費者保護運動或環境保護運動，發揮主婦參與社會的影響力」。然而事後看來，以上種種做法仍是在父權家庭的性別結構之下，肯定男性是勞動市場的主力和家庭收入的主要來源，彈性或者部分時間工作都是利用婦女勞力來貼補家用。若女性集中於低職等、無福利的彈性或部分時間工作，那麼此類制度設計在提升婦女的經濟能力前，已經先強化了勞動力市場的性別分工，使得主婦在家庭和勞動市場受到雙重剝削。

1970 年代以來，婦運在公私領域面臨兩難困境：迎合眾意，協助婦女在現存的性別權力結構之內謀取較有利的位置；抑或採取激進立場，斷然與父權體制決裂。在實際情境中，因現實條件限制，立場不致於如此兩極化，但兩種方向卻背道而馳，不易在同一組織內運作。當婦運發展至擁有相當資源後，內部立場趨於分化，1985 年婦女新知為新加入的主婦們成立了「家庭主婦後援會」，舉辦個人成長活動，日後這部分人力與其他主婦團體結合，發展成以環保、消費者、教育為重點的「新環境主婦聯盟」，設於新環境基金會之下，但與新知就性別議題保持結盟關係。

從兩性對話反思性別角色

　　1986 年的「兩性對話」年，除了重新審視傳統性別角色，藉由溝通促進兩性間的了解，縮短雙方認知差距，也請心理學家楊國樞和李美枝暢談兩性化人格。二位心理學家所推崇的兩性化人格近似心理學家特里伯（Trebilcot, 1982: 162）所稱單一兩性化人格（monoandrogynism），或理想化兩性化人格，亦即不論男女，其理想的人格特質應是兼具傳統男女人格的優點，可剛可柔，隨需要轉換。楊國樞在演講中提倡個人的角色不受限於性別：

　　讓每個人同時具有兩性的特點，在穿著打扮和思想觀

念上同時具有兩套，根據不同的場合而有所轉換。
每個人在家庭中都變得女性化，都要照顧小孩，分擔
家務，家庭基本上是較軟性的場合。而到工作場合就
要男性化，男女都表現男性化特質，作主管就像主
管……就是一個人有的本事愈多愈好，伸縮性加大，
可以享受的事情很多……（楊國樞，1986：10）

李美枝與婦女團體的互動密切，以女性觀點引導婦女重新
檢視生活。與早年呂秀蓮相較，她對性別角色有更多反省，和
楊國樞同樣主張理想的人格特質應是剛柔並濟：

……現代社會中的女性可分成三類：一類婦女仍固守
傳統的女性角色，視家庭與婚姻為其生命中心；第二
類婦女認為家庭與事業同等重要，盡其所能的在二者
之間求得平衡的妥協；第三類婦女與多數男人一樣，
認為事業發展是個人的第二生命。愈關注個人事業
發展的婦女愈可能培育較多較強的陽剛特質。陽剛特
質的培育並不必然產生陰柔特質的捨棄。相信具剛柔
並濟性格的女性會愈來愈多。這種性格頗富於適應彈
性，就個人的事業發展，能訂定明確目標，表現衝刺
的毅力及果決、自主的能力，在人際關係上也能自然
流露關懷，了解，令人感到親切、溫暖的情懷，是適
應最良好的人格組型。（李美枝，1986：2）

兩位心理學家都沒有談到人格特質其他組合的可能性，例如多重兩性化人格（polyandrogynism），在單一的理想型態之外，尚可能有多種特質的組合，包括「純」「女性化」或「純」「男性化」，或者同時兼具二者的優缺點（Trebilcot, 1982: 163）。1970 年代西方女性主義心理學家曾經辯論，以一種單一的人格特質要求所有男女是否會陳義過高，引發強大的挫折感。不過，以策略而言，即使是單一的兩性化人格，也比傳統的男性化或女性化更符合兩性平等的精神，可做為改變個人和社會性別角色期望的一個起點，如同心理學家華倫（Warren, 1982: 182）所言：

> 如果我們打算說服人們放棄舊有的男女刻板印象，我們需要使用他們能夠理解的語言。大多數人至少可以了解具有男女兩種優點比只具備一種優點好。如果讓他們充分了解這些好處，並且了解同時接受其背後的理由，他們就會看清楚舊有的男女行為準則在當今社會已經沒有意義了。

　　為批判僵化的傳統性別角色，當年三月李元貞帶領一群年輕的戲劇工作者，於臺北和新竹演出戲劇《我愛張生》，模仿和反諷當時臺灣電視公司收視率極高的相親節目《我愛紅娘》，「來表達男女在交友、戀愛、工作、人格相互學習上的種種問題。」（婦女新知，1986c：4），該劇副導演黃奕壽

（1986：11）表示：

> 基於生理結構的不盡相同，及社會文化意識的刻意
> 區分，男女不但兩性有別，甚而時時被推向「兩極
> 化」，彷彿兩性人格的特質、行為、思考……在在都
> 不相同，甚至不相容，所有角色被歸入一個典型的模
> 子，套牢在每個人身上，似乎某些角色只能由某一性
> 別來扮演，其中沒有中介，沒有個別差異，也沒有協
> 調、轉換的可能。

他希望藉由該劇肯定「隨人、隨時、隨地在調整、轉換之
中」的角色類型。同時為了讓社會更能容忍角色的變換和差
異，黃奕壽創辦了一份討論男性角色的雜誌《赤子》，可惜在
第二期出刊前，他因突然感染腦膜炎而英年早逝，是婦運的損
失。

經由新知的年度活動，兩性對話成為大學校園內流行的活
動，形式上模仿婦女新知的設計，邀請數位男女，公開討論感
情、溝通和自我教育：

> 吳（女）：一般父母在教育孩子時，很少會把父母間
> 的衝突用比較理性的方式告訴孩子，讓孩子在這
> 個衝突中也能學到處理方法。一般都是儘量避開
> 不提，孩子從小沒有機會學習，書上也不教，只

有自己摸索了。

沈（男）：我們男孩子從小學到的就是追求成功，追
　　　　求成功。

石（男）：很多問題基本上是社會意識型態和制度所
　　　　造成的。譬如女孩子，一生下來，她的父母就
　　　　從不要求她考慮婚姻感情以外的問題，她自然不
　　　　會過問其他問題。……女人從小就喪失去跟她父
　　　　親、先生、兄弟爭取權利的能力，所以很多技巧
　　　　都不會……今天如果說男人在外面能跟他的同
　　　　事、事業伙伴處得很好，那可能是父親或什麼長
　　　　輩教他的。父親不會教他跟太太應如何相處，他
　　　　想問也問不到。太太那一邊也是如此，兩個人一
　　　　有點不對勁要溝通，兩句話就吵起來了。……
　　　　（婦女新知，1986a：7）

吳、杜（女）：女性比較容易把感情發洩出來，男性
　　　　都是壓抑。

張、史、石（男）：男人也有愛發洩的，但他開始一
　　　　這樣子，別人會笑他、排斥他、討厭他，連女人
　　　　也笑他，久了他就不講了。

杜：男性也會找女性講他感情的問題，但不是他的太
　　　　太或情人，而是知己。我的男同事會跟我談，我
　　　　的乾弟弟也是，在我面前哭，大醉一場……

史：這印證我說過的話：男性其實很脆弱，他需要媽
　　媽或大姊姊。

鄭（女）：還有一個比較卑鄙的說法，也許他們覺得
　　　　可以在弱者面前示弱。

史：我覺得在那種情況下，他沒有那麼壞。

杜：他比較不敢在同樣的男性面前顯露自己的情緒，
　　而毫不忌諱。

史：那是因為如果他在男性面前如此，人家會笑他，
　　他信不過。所以說，男性需要一個可以信賴，可
　　以傾吐的女性，那人應該就是她太太，結果不幸
　　都不是。（婦女新知，1986b：7）

　　以上對話讓人回想起人類學家藍（Olga Lang）於 1930 年
代在中國大陸，以及吳爾芙（Margery Wolf）於 1960 年代在
臺灣所做的田野工作，傳統婚姻中很少談情說愛，丈夫和父親
的角色通常嚴峻冷酷，妻子則情感內斂，在家庭中父子關係
往往重於夫妻關係，而父親是嚴厲、冷漠的權威人物（參閱
Lang, 1946: 201; Wolf, 1970: 61）。若家庭關係中嚴父的形象
不改變，個人的情感得不到抒發，則長久以來在家庭中培養的
性別角色恐怕也難以動搖。性別刻板印象改變緩慢，到二十一
世紀慈父的形象才受到肯定，成為年輕父親的典範。

女性工作權

婦女新知將 1987 年定為「職業婦女年」，企圖改善長久以來職場上的不公平待遇。1960 年代中期後，因發展成衣、電子等外銷工業，勞力市場需要大量廉價、溫順、補充性勞力，政府鼓勵婦女就業，包括在家從事按件計酬工作，也就是所謂「家庭即工廠」。然而鼓勵就業並不表示所有就業機會對婦女開放，或提供良好的就業環境，結果婦女就業集中於低薪、無酬、低職等工作，升遷和受訓機會較少，解僱機會較多（參閱俞慧君，1987：118），而同時照養家人的傳統職責亦未得稍卸。因此，成露茜和熊秉純（Cheng and Hsiung, 1990: 6）在研究臺灣經濟發展和女性勞力之後表示：

> 婦女勞力參與率和就業人口的增加並不必然表示婦女生活改善或地位提高。相反地，這個現象不過反映了婦女在原有的家務工作，加上低酬非家務勞動之後，被剝削的情況更加嚴重。婦女就業人口增加大有助於資本主義的存活，卻不必然是兩性平等的勝利。

1980 年代婦女的工作權不是沒有法律保障，《憲法》第七條保障女性法律地位平等，第十五條保障工作權，第一五二條保障人民工作機會（參閱尤美女等，1990：61）；《工廠法》第三十七條、第六十九條及《工廠法施行細則》

第二十三條、第二十四條對於產假、哺乳及托兒都有相當周全的規定（尤美女，1983：26）；1984 年通過的《勞動基準法》第二十五條明文規定同工同酬，第三十二條限制延長工時；第四十九至五十二條分別對女工夜間工作、產假、妊娠及哺乳有各項保護措施。但事實上，至 1989 年，女性勞動報酬率只占男性所得的 50% 至 70%；女性因結婚、育兒而被迫離職者，在兩百多萬就業總人數中分別占八十八萬九千人（約30%）和三十六萬八千人（約 12%）（參閱尤美女等，1990：61），《勞基法》所訂的最低勞動條件經常不被遵守：女工被強迫加班；薪資結構不合理；用各種方式或藉口遣散女工，逃避資遣費；女性因生產而被迫離職等事件層出不窮（參閱婦女新知 51、59、61、74、76 各期）。《勞基法》第四十九條禁止女工深夜加班，但雇主以經濟上的理由向主管機關申請就可通融，使這條規定形同虛設（婦女新知，1987：13）[23]。

鄭至慧與薄慶容（1987：2）整理有關婦女就業的法律及新聞事件，歸納出女性就業的不公待遇：

一、結婚、懷孕、生產、育兒期間常遭解僱。

二、僱用機會不平等，有性別差別待遇。

三、同工不同酬，女性待遇較低。

四、集中於為數有限的傳統行、職業。

五、從事「停滯性工作」的比例較大，影響其薪資所得與職位之調升。

六、高教育程度的女性失業問題較男性嚴重。

七、缺乏保障男女工作機會均等的法律。

八、工作環境未能提供職業婦女需要的設備與設施。

九、女性勞動參與率仍低於先進國家，有待提高。

十、職業婦女肩挑工作與家庭的雙重包袱，負擔過重。

女性在招募、聘僱、報酬、配置、陞遷、退職退休與解僱，均遭受歧視的現象並不限於民間企業，連考試院的公務人員特考也訂定限制性別的考試辦法，或限男性報考，或壓低女性錄取名額，或對兩性採用不同的錄取標準，即或女性被錄用，也常被列冊候用，或延遲分發，考選部雖亦曾昭示：「無論受教育、應考試、服公職，女性均和男性一樣擁有相同的權利。」（9）

信合社曾麗蓉

女性就業未受到法律應有的保障，本可尋求司法途徑解決，然而司法的本質具有被動性和消極性，必須當事人向司法機關提起訴訟，司法機關始有權力審判，但被害的女性勞動者往往因害怕失業、缺乏組織性支持、法律常識不足、財力和時

23　在工作權議題上，保護和平等常常成為難以兩全的困境，因為若嚴格禁止女性夜間工作，必然會限制女性在某些行業的就業機會，但夜間加班也的確加重了女工被剝削的可能。1990 年代末期婦女新知傾向於有條件開放女性夜間工作。

2011 年消歧公約國內法化之後，行政院性平會認定，限制女性夜間工作將剝奪其表現機會和發展升遷，而要求所有政府單位排班值夜不分性別。（參閱 308 頁）

間不夠，而且在投訴無門，與資方的威迫恐嚇下，多半選擇忍氣吞聲。從日本時代開始，銀行和信用合作社就強迫女職員婚後辭職，公營金融機構於 1960 年代廢除此制，財政部亦命令私營機構跟進，但業者將女職員改為一年一聘，且於發現她們結婚後口頭令其辭職。為保有工作，女職員只得選擇單身或者祕密結婚。

1984 年首先起而抗爭的是臺南第四信用合作社專員曾麗蓉。曾像許多女同事一樣不敢辦理結婚登記，但仍被社方發現而被迫辭職。她向市長蘇南城陳情，蘇市長強力介入，社方先以情商，後以調整職務，繼續迫其辭職，但在市長及各方壓力下，收回成命，此事件激勵了女性同業（鄭至慧、薄慶容，1987：48；呂榮海、劉志鵬，1986）。1985 年臺北市第十信用合作社會計課長楊麗君亦因結婚被迫辭職，且未能按約定取得退職金，向法院起訴請求十信支付，她雖經臺北地方法院判決勝訴，卻被臺灣高等法院二度判決敗訴，且因金額未達三十萬元，無法上訴到最高法院，最後楊麗君憑藉個人毅力，親自寫陳情書，遞交司法院、立法院、監察院、臺灣省財政廳與省議員，歷時兩年，才在議員支持下，得到全數退職金（婦女新知，1987：9）。

三重客運隨車服務員

1986 年 6 月三重客運公司為縮減人力成本，將公車改為一人服務車，二十二位女性隨車服務員因此調職，有的調至偏

遠路線，有的調成助理業務、助理稽查、甚至清潔工，以迫使她們自動辭職，不必支付資遣費。服務員不服，聯合向總公司爭取資遣費未果，再向臺北縣公共政策研究會及監察委員尤清服務處投訴，以期引起前三重客運董事長（當任董事長的丈夫）李炳盛監察委員的注意。尤清服務處將她們的案子交給「勞工法律支援會」（簡稱勞支會）處理，勞支會除了為她們向臺北縣政府勞工局申請調解外，也召開記者會。婦女新知得知消息後，主動參加記者會，事後發出信函給三重客運董事長，表示關切，並由李元貞及李燕芳拜訪副董事長江成濤及李炳盛監委，為服務員爭取到慰問金。抗爭代表陳淑玲說：

> 我們沒有堅持爭取例假與特別假的錢，非常可惜……
> 其實，我們所爭的，不是錢多錢少的問題，而是爭在
> 法律上、情理上該不該的問題……我們這次沒有堅持
> 原則到底，雖然拿到了公司掩人耳目的慰問金，我也
> 感到十分遺憾。（田奇，1986：5）

由於缺乏明確的法律條文，有關工作權的爭議往往需仰賴法官解釋。日本在 1986 年《男女僱用機會均等法》實施以前已建立判例，間接引用《憲法》的基本權利來否定結婚退職制的效力，並認定女性年輕退休制違反公序良俗而無效（參閱俞慧君，1987：35-69），我國卻缺乏類似判例。此外，國內一般法學者認為《憲法》是最高規範，目的在規範國家公權

力,不對私權行為發生規範力,因此受害者也不能直接以違憲為由請求救濟(陳惠馨,1990:101)。

職業婦女的共同願望

1987年婦女節前一天,為突顯工作權議題,婦女新知十餘位社務委員至臺灣塑膠工業公司(臺塑),向董事長王永慶遞交「職業婦女共同的期望」公開信,提出五點建議:

一、進用女性時,不要加以不公平的限制,如限未婚、限專科、限職種等,應給予與男性相同的機會。

二、女性員工之聘用方式,不得與男性有別,尤其不得因結婚生育,改成約聘(一年一聘),致喪失應有之工作權益如特假、年資累積、年終獎金、退休金。

三、提供員工托兒服務,而此項員工福利措施之支出,自應要求列入免稅範圍。

四、拔擢女性人才,使女性人員亦能與男性同事有同等的機會晉升至高階層職位。

五、以平等之任用、訓練、升遷激勵女性工作者之敬業精神,認同企業體為之效力。(婦女新知1987:3)

但此行動不幸未受到媒體報導,當時勞資關係仍是一個敏感而禁忌的話題,不僅工商業界不歡迎,顯然也受到媒體管理階層排斥。婦女節當天的兩場「職業婦女工作權座談會」請到曾爭取工作權的楊麗君(臺北十信)、陳淑玲(三重客運)做個案報告,由律師提供法律解析,消息卻遭到新聞媒體全

面封殺。婦女新知（1987：4）估計，經由其他管道得知消息的，至少有一千人，但出席的不到 5%，「可見職業婦女對自己的工作權益根本漠視，非要事到臨頭，才會急慌慌地找人幫忙。」不過新知仍持續婦女工作權的討論，並與勞支會、臺灣人權促進會、天主教團青年職工中心、山地勞工福音之家合作勞工權益問卷訪調，於 4 月底座談如何爭取勞工權益，8 月終於爆發了國父紀念館女服務員抗議被迫辭職事件，新知也成立「男女僱用均等法案小組」，以立法來保障女性工作權，成為 1990 年代婦運的重點行動，將於下章論及。

墮胎合法化

身體自主權在 1960 年代後成為西方婦運焦點，特別是墮胎合法化，直接促使女選民在投票行為上產生性別差距（gender gap）。女性主義者高舉「選擇權」，爭取「身體自主」，反對把女人當做生育工具。如此堅定的表態在立法和執行過程中都招致強力反彈。墮胎議題因直接挑戰國家和教會對女人身體的控制，導致贊成和反對立場嚴重兩極化，在多政黨體系的聯合政府中，甚至不乏造成政府垮臺的事例，如西德、比利時、荷蘭、義大利等國（參閱 Rendall, 1987: 229），但也因而產生了動員婦女和激化婦運的作用（參閱 Kawan and Weber, 1981: 429; Sauter-Bailiet, 1981: 417; Shtob, 1987）。

墮胎合法化以前，臺灣的非法墮胎事實上存在已久，且

發生率極高。根據家庭計劃研究所的調查，1972 年至 1984 年間，20 歲至 39 歲有偶婦女的墮胎發生率在 4.5% 至 5.5% 之間起落；總共有 32% 的有偶婦女有墮胎經驗（民生報，1986/7/31），但因於法不容，只得求助私人診所或密醫進行手術，不僅需付超額費用，還往往身心受挫，甚或危及生命，因此墮胎合法化絕對為婦女所需 [24]。1970 年代一再有民間團體、婦產科醫生、律師等在民《刑法》修訂期間呼籲墮胎合法化（參閱婦女新知，1982：9）。1980 年代婦女新知繼續推動，但衛生署（2013 年改為衛生福利部）1971 年即已草擬完成的《優生保健法》（簡稱《優保法》）草案卻遭到擱置。直到 1981 年，國民黨十二中全會上，蔣經國主席希望十年後把人口自然成長率降到千分之十二（當時為千分之十七到二十）（李聖隆，1987），該草案才得以於 1983 年 5 月送交立法院審議。

《優保法》的爭議

　　《優保法》審議期間，立法院和媒體都反應激烈。反對者從宗教、道德和社會的觀點主張，胎兒雖未出生但其法益應予保護；婦女應承受自己性行為的後果；性行為應受到法律約束，以免「色情氾濫，破壞善良風俗」（顧燕翎，1990b：194-203）。整體而言，反對者擔心會造成性氾濫。而贊成墮胎合法化最重要的理由有三：一、保障計劃生育的成果；二、以合法墮胎取代非法墮胎，避免女性身體危險；三、保障女性的身

體自主權。其中第三項最受官方及立法委員忽略（林秀英等，1983：27）。反對墮胎合法化的立委清一色為資深委員，反觀贊成者除張學鴻以外，全為增額委員，反映出世代差距[25]；持反對立場的民間團體則以宗教團體為主[26]，贊成的多屬婦女團體。在立法院三讀期間，因《優保法》已屬國家政策，反對者較少，爭論主要集中在草案第一章第三條主管機關部分，和第三章第九條懷孕婦女施行人工流產應具備之條件。草案規定，中央主管機關得設置優生保健諮詢委員會，但林棟等五十位委員則提議改為審議委員會，「審議人民申請人工流產之事項……不服前項審議委員會之決定，申請人、其配偶、其親族得向上一級委員會申請覆議……」，強調公權力和親族對婦女

24　根據 WHO（2019）的資料，2010 年至 2014 年間，全球十五歲至四十四歲女性的的墮胎率為 3.5%，較 1990 年至 1994 年的 4% 下降。其中已婚者墮胎率 3.5%，未婚者 2.6%，已開發國家呈下降之勢，開發中國家則是上升。下降的主要原因是避孕技術進步。嚴禁墮胎和完全開放墮胎的國家墮胎率接近，前者 3.7%，後者 3.4%。每年因不安全墮胎死亡的女性估計有 22,800 人，占母體死亡至少 8%。較 2003 年的 56,000 人和 2008 年的 47,000 人已經大幅降低。

25　反對者為王寒生、王德箴、韓同、林棟、汪秀瑞、胡秋原、富靜岩、唐國楨和董政之，贊成者為張學鴻、郭林勇、溫錦蘭、洪玉欽、鍾榮吉、洪文棟、林聯輝、林鈺祥和黃主文。（中國時報，1984）

26　包括中國天主教協進會、人生哲學研究會、中國家庭教育協進會、中國天主教女青年會、中華民國老莊學會，與中華民國道教會等。（毛振翔，1984）

身體具有管理權。至於人工流產的條件，有關優生和被強暴受孕部分，較無異議，唯有第六款「因懷孕或生產，將影響其心理健康或家庭生活者」。因條件過寬，形同無條件墮胎，招致激烈反對，林棟等人提案刪除（同上）。

《優保法》意見書的概念建構

當時婦女新知雜誌社成立甫一年，其他新興婦女團體尚未組成，倉促中新知利用私人關係網，發動臺北基督教女青年會、婦女雜誌、消費者文教基金會、黨外編輯作家聯誼會婦女委員會和一百五十四名婦女聯合致書立法院，要求保留行政院草案，並動員婦女到立法院旁聽，一時成為輿論焦點，原案終獲通過，而未橫生枝節。這是婦女團體第一次聯合行動實現制度化的目標，也自此奠立了以後婦運動員的模式。

處理墮胎議題時，本地婦運選用的策略與西方婦運大異其趣。若分析組成此意見書的社會關係中所隱涵的意識型態[27]，就其「事實」選取過程與排列，以及文字斟酌依據，來研判當時的婦運領袖是根據什麼樣的概念（schema）和策略來建構此文件，以便得到連署，並與立法院及社會大眾有效溝通。我們發現，意見書所列舉的「十大事實」，其背後的概念可歸納為對女性及青少年的行為控制、社會安定及社會生活品質維持、對女性及受精卵的生命保護、法律可行性、世界潮流以及民意等六類。其中民意和世界潮流雖負擔了將其他概念客觀化的重任，其所占比重卻最小，次序也最後。因當時立法院尚未

全面改選，三分之二以上立委沒有選票壓力，其投票行為因而不必考慮民意和世界潮流。比重最大和次序最優先的前三項，實際可進一步歸納為家長制的權威心態：對弱勢者控制和保護、追求社會安定、預防社會失序。當時的婦運領導人物預期在這樣的意識型態架構之下，墮胎合法化可以被接受，因此在摘選事實時也以此為標準。

其他重要因素，如墮胎的女性多數為已婚且育有子女者，以及婦運主張女人有權計劃自己的生活、享有人身自主權等等，都未列入，因這些事實或主張無法統合於父權的性別角色規範之內：諸如女性不應享受性交而不負生養之苦，女性的生活範圍應限於家庭之內，以及女性的身體和人格從屬於丈夫及其家族等等。意見書的發動者顯然接受了，或為了達到預期目標不得不屈從傳統意識型態，而在其縫隙之間檢選事實，特別標舉出少數未成年少女因為非主動、被強迫的性行為而懷孕

27　Smith（1986）曾指出，由於現代社會組織高度仰賴文字材料或文獻的中介作用，文字材料或文獻在把脫離地域歷史性（local historicity）的辭彙以明確形式固定下來並加以保存的過程中，所必經的事實篩選、排列、文字化等程序，在取捨之間反映的並非個人好惡，而是社會意識外化（externalized）的結果。換言之，文獻所呈現的推理、判斷、評價等具體形式，體現的往往是社會組織的特性，而非個人思想。文獻或文字材料形成的過程以及被理解的過程都受到社會關係組織，而文獻或文字材料本身復將成為社會關係的組成成分。但是當我們在閱讀文字材料時，往往只觸及其最表層的字義，而錯失其底層的，形成文獻主因的社會關係。

的事實，藉以規避父系規範對女性性行為的處罰。同時也指出若不允許她們墮胎，不僅會造成她們個人的不幸，更會導致嚴重的社會問題，如增添單親家庭、貧窮、少年犯罪、低生活品質等。這是社會大眾不願負擔的社會成本，也是家長心態的立委們不願見到或不能公開漠視的社會現實。

陳述此重大婦運議題時，意見書的撰寫者選擇不挑戰父權意識型態，而規避了女性基本權利。用於描述女性的文字為「無知少女」、「被迫」、「不幸」、「可憐」等。不合格人工流產所引起的疾病與傷害，也詳加列舉。在文字取用上，女性被塑造成年輕、純潔、無知、易受傷害，引導出「需要我們伸出溫暖的大手」，予以救助保護的結論。「我們」很可能是男性統治階層，或認同於此階層者（參閱顧燕翎，1990b）。

在保護生命的前提下，女性的生命法益和受精卵的生命法益面臨了無可避免的衝突，為解決二者不可兼顧的矛盾，「現代醫學」和「世界各國」立法先例被適時引用，說明三個月內的受精卵「只能算活細胞，還不能稱作生命體」。以證明墮胎合法化無悖於保護生命的原則。

此文件從頭至尾都避免使用《刑法》中採用和世俗通用的「墮胎」一詞，而堅守醫學名詞「人工流產」，以避免「胎」所造成的生命聯想和《刑法》所引發的犯罪感，並賦予此舉醫學上的正當性。「人工流產」和「優生保健」在修辭學上的美化作用，減輕了權威家長們保護受精卵的焦慮，相對增加了他們保護柔弱、無助女性和維繫社會安定的責任感，而將墮胎自

由或人身自主權對父系權威可能形成的挑戰，轉換成人工流產對此體系的依賴。

不論就意識型態結構、事實摘選與排列或文字取用來看，意見書都受到父系權威心態的統理，而這種心態為連署者（婦女）和立委（年老男性為主）共同默認。考量當時的政治機會結構，假設意見書中事實的摘選反映女性主義觀點，簽署人數很可能因其「過分激烈」而大幅減少；立委們也絕不可能因贊同女性主義或支持婦運而通過此法，卻極有可能為了表示反對而杯葛此法之通過。

這份意見書的事實摘選過程，具體而微地展現了當時婦運在權衡實質利益和理想之間的妥協性格，為爭取合法墮胎權，保障弱勢婦女的墮胎安全，婦運領導人士不惜屈從家長權威心態，以弱者的姿態向當權者懇求，這樣的姿態獲得了社會大眾的支持，也使得《優保法》順利通過。最受爭議的條文「因懷孕或生產，將影響其心理健康或家庭生活者」，得以保留，墮胎不必經過審議。一旦立法成功，法律本身在公共論域中獲得了一席之地，自有其生命，影響所及，所有的女性，不論是否年幼無知，都得到了合法墮胎權，也多掌握了一份身體自主權。個人實質權利的集體改變可能觸發的社會變遷，已超越了立法院所代表的原始意識型態圈的範圍，而成為新的社會關係的組成成分，是婦運的可貴資產。

然而，換個角度來看，以規避女性意識的迂迴方式，促使極為敏感的墮胎議題合法化，突顯了臺灣婦運獨特的處境和策

略。權宜之計固然避免了西方婦運兩極化的後果，但婦運者的表層需要和當權者的表層需要正巧一致，而達到預期效果，只能算是意外的和部分的成功。然而，卻由於策略性規避女性主體意識，女性集體自覺未能因此有所提升，本地婦運也錯失了像義大利 1970 年代婦運藉墮胎阻力，來動員和激進化大多數婦女的機會。

《優保法》之實施

完成立法只是婦運目標的部分達成，執行面的落實才是運動成敗最終的考驗。在意識型態上的讓步，容許了《優保法》第三章第九條規定，婦女墮胎需獲丈夫或法定代理人同意。醫院婦產科一般要求墮胎者（包括未婚但已成年者）由男性或監護人陪同（雖並不一定查明其身分），並填寫同意書（大部分私人診所則無此限制），此規定雖有助於開脫醫師執行墮胎的法律責任（《刑法》仍有墮胎罪），卻仍因箝制女性的身體自主權，不斷遭婦女團體抗議。曾有已婚婦人因丈夫迷信宗教，不事生產，家計由她獨力負擔，在懷第三胎時墮胎，結果因為涉嫌盜用配偶印章，填寫手術志願書，被檢察官以偽造文書及墮胎罪提起公訴（中國時報，1992/2/2：9）。

《優保法》規定，實施人工流產的六項事由中，前五項有關胎兒之健全、產婦之生命安全，或因強制性交或近親相姦而受孕，因涉及生命健康、社會倫理，較無爭議，健保也予以給付，但女性可發揮自主權的關鍵性第六項「因懷孕或生產，

將影響其心理健康或家庭生活」卻始終受到部分宗教團體質疑，健保也不給付。然而，貧窮婦女不想要的懷孕比和墮胎比是高收入者的五倍，近七成的墮胎者屬經濟弱勢。少女獨自在廁所、學生宿舍、浴室生產或產後立即丟棄，甚至殺嬰的新聞也時有所聞（江盛，2013）。再者，優生保健醫生需由衛生署指定，人數有限，且集中在都市[28]。而墮胎亦不納入公勞保給付範圍。根據 1990 年臺北市家庭計劃推廣中心的調查，《優保法》通過後，臺北市有偶婦女仍有約 90% 在私人診所墮胎。以「不幸」、「無知」少女博取同情的《優保法》，最終看來對底層女性的保護仍然不足。

從婦女史和統計數字來看，墮胎是全球女性為了彌補避孕失敗的最後手段，也是聯合國等國際組織共同維護的女性基本人權，因此要求各國政府提供安全、合法的墮胎，達到保障女性人權的目的（參閱 Center for Reproductive Rights, 2015）。然而父權社會普遍對墮胎採取嚴格控管的態度和懲罰的手

---

28 根據衛生署訂定《人工流產醫師指定辦法》：在教育部或行政院衛生署評鑑為準二級以上教學醫院從事婦產科專職工作滿兩年以上、三級及準三級以上教學醫院從事婦產科工作滿三年以上，公私立醫院從事婦產科工作滿四年以上的醫師，「就可以申請」而有被指定的資格。衛生署可依地區分布的需要指定優生保健醫院。1987 年大約有五百多位優生保健醫師，集中在都市，鄉下較少；資格符合而未被指定的醫師也不在少數。由於優生保健醫師人數有限，施行手術時又要有病人詳細資料，一般婦女不願透露身分，往往到私人診所解決問題（李聖隆 1987：116-117）。

段，視女性身體為人力資源再生產或傳宗接代的工具，以致校園提倡守貞卻不提供避孕觀念與器材；健保給付產檢和生產，卻不給付避孕器、避孕藥、結紮和自願墮胎。因此若僅解除墮胎禁忌，而未能改變性別權力結構，那麼在原有的不平等關係下，墮胎合法化可能讓男性更無顧忌發抒性慾，女性的身體更方便為男性所用，而未必有助於增加女性自身的情慾資源。

尤有甚者，當男性仍掌握社會上大部分的社經資源時，即使女性對自身的身體透過墮胎合法化有了較多的控制，她也可能為了討好父權家族或迎合社會期望而讓自己受到更多傷害。例如，以羊膜穿刺和超音波來檢測胎兒性別的進步科技，使得胎兒性別一度成為墮胎的新原因。1947 年至 1956 年間，本地初生兒的性比例為 105.6，亦即每生一百個女嬰，便同時有 105.6 個男嬰出生，趨近於世界平均值。但自 1970 年代中期開始發生變化，1990 年至 1991 年達到 110.3，胎次愈高，比例愈不均衡，1991 年第三胎的性比例增至 130（余漢儀、陳怡冰，1993：1），這個統計數字意味著許多女嬰在出生前即被消除，也被認為是女性人權的一項負面指標。若不能夠從意識型態層面上根本突破父權心態，則無論禁止、容許或者強迫墮胎，實際上都可能只是遂行管制的一種手段。若在某一歷史時刻，為了人力市場再生產或者國家安全的需求可以合法化墮胎，那麼在其他時刻，也可採取獎勵或強制措施，驅使婦女生育或者強迫墮胎，如二次大戰後的法國、納粹德國，及

曾推行一胎化政策的中國。臺灣的生育政策也從 1964 年「一個不嫌少」，到 1996 年調整為「三個不嫌多」。

強制諮商、思考

《優保法》施行十九年之後，民進黨執政時期的衛生署於 2003 年及 2006 年以「與時俱進」為理由，兩度向立法院提出修正案，其中「強制諮詢」及「三天思考期」的新規定最引發爭議，被婦女團體認為剝奪了女性身體自主權。2006 年，行政院不顧全體婦權會委員反對，仍將更改名稱的《生育保健法》逕送立法院，引發三位婦權會委員（蘇芊玲、黃長玲、李佳燕）請辭抗議（中國時報，2006/10/20：9）。該草案最後未獲立法院通過，但 2008 年國民黨執政後衛生署未放棄此案，而成為行政院歷屆婦權會（後改名性平會）的一個攻防焦點。2011 年婦權基金會主辦的《優生保健法修正案》溝通會議中，大多數民間與會者並不反對新名稱，但主張終止懷孕是女性個人權利，不應強制諮商、思考或必須取得配偶同意。江盛醫師表示，「女人在生育上受到許多不同但沉重的壓力，婦女來醫院要求人工流產前，大都經過冗長的思考才來，臨床上我還沒碰過所謂衝動決定的婦女……如果認為婦女不經思考就跑來醫院，而且就可以動手術，這是對醫師和婦女很大的侮辱。」但仍有宗教人士堅稱開放墮胎是「保障婦女的情欲氾濫權」，物化胎兒，並且不告知配偶的話，「家庭的意義就蕩然無存。」雙方無法達成共識（婦女聯合網站，2011）

《民法・親屬編》首次修訂

1930 年制定的《民法・親屬編》，在二十世紀初期可稱進步立法，但畢竟是高度妥協的產物，男女有別、父夫優先，以犧牲女性的權益，諸如居住、遷徙的自由，財產的管理權，子女監護權等，來成全父系家族。隨著時代演進，亟待修改。1974 年，在現代化的潮流中，法務部開始修訂《民法》，原打算依順序修改，但在各方敦促下，提前著手親屬編（立法院公報，1974a：107），1982 年行政院通過《民法親屬編部分條文修正草案》。1985 年 5 月，在立法院審查期間，婦女新知有意就其中對已婚婦女顯然不公之條款，如子女監護權、夫妻財產制、夫妻住所等表示意見。繼《優保法》立法的成功先例，再度獲得臺北市女青年會合作，決定由該會出面，邀請法界人士座談。然而因婦運仍在草創階段，搜集資料費時，座談會時間原定在二讀之後，然未及舉辦，立法院即三讀通過此案，當時報紙以「輕舟飛渡」，形容此案通過之速。與行政院草案相比，經立法院通過的修正案更偏離男女平等的精神。例如草案中規定，子女以從父姓為原則，但另有約定者從約定，林棟、趙石溪等委員提議修正為子女從父姓，若母無兄弟，方可約定從母姓，在立院經熱烈討論，費希平、江鵬堅、林聯輝、林鈺祥、黃主文、黃榮秋、梁許春菊、溫錦蘭等委員皆就男女平等、人口政策以及社會需要立論，力主維持原條文，但最後仍以 133 比 73 票通過林棟等人的修正動

議，維持了重男輕女的傳統（立法院公報，1974a：133-135；1974b：26-55），也顯示出資深立委與現實社會在觀念上的落差。與舊法相較，修正案可說在邁向兩性平等之途上進兩步退一步。以下將比較新舊《民法》中的重婚、離婚、法定住所，以及夫妻財產制。（參閱尤美女，1998a：3-98）

重婚

雖然《刑法》二三七條有重婚罪的規定，但在舊法中重婚並非無效，而是允許利害關係人在一定期限內請求撤銷，否則重婚可以成立。在男權獨大的時代，等於變相容許一夫多妻制。新法修正為重婚無效，更為落實一夫一妻制。

離婚

舊法雖允許無條件的兩願離婚，卻嚴格限制裁判離婚，加上法官秉持傳統「勸合不勸離」的心態，家庭暴力的受害婦女往往需要好幾張驗傷單才得以訴請離婚。且子女監護權通常判歸父親，法律沒有探視權的規定，以致離婚的父親即使不親自撫養兒女，也經常阻止母親探視以懲罰前妻。離婚困難，加上監護權及贍養費不易取得，許多女性寧可忍氣吞聲也不敢訴請離婚。新法放寬了離婚限制，有重大事由，難以維持婚姻者可訴請離婚，但未修改監護及贍養費部分，對離婚婦女仍有處罰性質。

住所

舊法規定妻以夫之住所為住所，以及夫妻有履行同居之義務，結果出現夫可以控告妻不履行同居義務，但妻無權告夫之現象，也因而變相給予夫單方面休妻的權利。新法雖增設但書，規定夫妻可約定住所，但前提是需夫同意，故而仍將妻置於從屬之位置。

夫妻財產制

《民法》中雖設有約定財產制，但一般民眾對法律不熟悉，且手續費時，在地方法院登記夫妻財產制契約的僅一萬對左右，占全國夫妻的 0.2 至 0.3%（陳惠馨，1993：39），絕大部分仍適用法定的聯合財產制。舊法中的聯合財產制可歸納出以下原則：除了妻的特有財產及原有財產，其他所有在婚姻關係中取得之財產，即使登記在妻名下，所有權仍歸夫，丈夫可以自由處分，夫的債權人亦可隨時聲請法院查封。甚至原本屬於妻的特有及原有財產，若無法證明為妻所有，亦推定為夫的，夫若先去世，妻尚需繳納遺產稅。而夫對妻之原有財產有使用、收益、處分權。因此當時大家用一句話來總括夫妻財產制：「妳的是我的，我的還是我的。」

新法做了以下修正：

一、不能證明為夫或妻的特有財產，推定為夫妻共有的原有財產，不再為夫所專有。

二、若夫同意，聯合財產可由妻管理、使用、收益、處

2002 年婦運團體與女立委合作要求修改夫妻財產制。

分。

三、聯合財產關係消滅時，雙方剩餘財產之差額應平均分配。在聯合財產中，新法給予妻較大的所有權，但除非丈夫同意，管理權仍屬於夫，且舊法中妻因勞力所得之報酬屬於其特有財產，所有權及管理權屬於妻；但新法將之改為原有財產，屬聯合財產之一部分，原則上由夫管理。所以若未經夫同意，實際上是架空了妻的財產所有權，且職業婦女更失去了原有的薪資所有及管理權。

總而言之，1985 年的《民法・親屬編》雖是朝向平等方向修訂，成功保護一夫一妻制，卻未走出父權陰影，男性家長的地位依舊屹立不搖，握有管理夫妻財產、決定住所、孩子監

護、傳宗接代的法定權力，除非丈夫同意，妻子在家庭中並無權做主，仍居於次要及附屬的地位。因此在婦女運動逐漸壯大後，從女性立場繼續推動修法，實屬必要。所以修法乃成為下一階段婦女運動的重要目標。而且除了制定法律以外，落實法的觀念和確保法的執行也是不可忽略的面向。

小結：理念、組織與發展策略

婦女新知早期成員認同激進女性主義，採納集體模式，不突顯個人領導和成就，即使因此使得組織效率較差或較為混亂，也力行共同決策。集體認同感和互相支援的情誼，支持新知度過了艱困的草創期，完成了婦運組織化，也奠定婦運基礎。1990 年代之後的重要議題，如身體自主權、工作權、教育權、家務勞動等等，在此時期都已具備雛形，而幾個主導性的婦女團體，如晚晴協會、主婦聯盟、婦女救援會、女性學學會也都與新知有組織上的淵源和人事上的重疊。

最初幾年，婦女新知雜誌社仰賴個人捐款和義務工作維持，訂戶很少。1984 年財務危機嚴重，社務委員們曾考慮停刊，解散組織，但基於婦運情感，不忍就此中止，乃決定縮小篇幅，將雜誌改版為小型報紙（八開）型式，每月出版一期，以節省成本，繼續提供女性主義發言管道，同時招募成員、擴大組織。至 1986 年，發現篇幅太少，不足以反映快速

累積的性別議題，再改版為十六開的雜誌型式。

1980 年代中，婦運的社會資源漸豐。有鑑於參與人數日增，目標趨於多元化，新知開始協助單一目標婦女團體成立，如婦女展業中心、婦女研究室、晚晴協會、彩虹專案以及主婦聯盟（吳嘉麗，1989：249）。新知本身也由於募款和舉辦活動的需要，由雜誌社改組為基金會，在董監事會以外，成立工作室，培養專業婦運工作者。董監事每兩年改選一次，最多三分之二董監事可以連任，其他三分之一保留給新人加入，目的在培養後起之秀。只是連任者的任期未加限制，以致個人任期有長有短，未能達成每六年更新全部董監事的初設目標。1990 年代初，為擴大組織招收會員，並實踐去除層級化的權力分配，於臺北、新竹、臺中、高雄四地分別籌組婦女新知協會，各協會平等、獨立運作，與基金會保持合作但不從屬的姐妹關係。

新的婦女團體成立之初，成員大量重疊，不過數年下來，便各自發展出特色和專長。而婦女新知則維持全方位運作，堅守女性主義立場，全面關注女性處境，對當下發生的事件立即反應，並且開發新議題、培育年輕人才。此一階段的辛勤耕耘，為婦運打下基礎，才有解嚴後婦女團體的百花齊放。

第四章

百花齊放——
新團體、新議題、新挑戰

政治解嚴婦運大集結

　　1987 年的解嚴，象徵社會禁忌削弱，釋放了新的運動能量，也開啟了百花齊放的新紀元。解嚴前後，臺灣的政治機會結構發生巨變，中央威權削減，社會運動活力大增，人民開始以公開抗爭和集會結社表達久被壓抑的不滿，尋求改變。根據警政署統計，1986 年「違常活動」有 1,210 次，出動警力 96,305 人；次年的「聚眾活動」增至 1,835 次，出動警力 273,026 人。另一份研究報告也顯示，這兩年經過報紙報導的「自力救濟」事件有 948 次，超過前三年的總和 568 次，在手段方面也是愈演愈烈（張茂桂，1989：12-13）。1986 年 9 月民主進步黨（簡稱民進黨）組黨成功，次年初成立社會運動部；1987 年 7 月政府廢除戒嚴、12 月解除報禁、1988 年修改

《人民團體組織法》，都使得社會運動獲得更大正當性，也得到更多媒體曝光的機會。

隨著社運蓬勃，原本位居邊緣的婦運也水漲船高，備受媒體矚目，不僅原有的婦女團體活動量倍增，新興團體也躍躍欲試，提出具有各自組織特色的新訴求，反映臺灣婦運的多元面貌。

老牌的基督教女青年會（簡稱女青）首先打破靜默，公開表達意見。1986 年臺美貿易順差增大，美國政府強迫臺幣升值，兩年內由 40：1 升到 25：1，但美國進口的化妝品和美商在臺開設的速食店麥當勞售價卻居高不下。女青兼任祕書長鄭佩芬乃於 1986 年底召開會議，聯合其他婦女團體拒買不降價的進口貨，理由是「婦女為掌握經濟大權之家庭主婦」[29]，雖引起媒體注意，卻無後續行動。籌備中的新環境主婦聯盟趁機舉起抗議牌「回家吃媽媽做的漢堡」，站在麥當勞門口要求青少年客人拒吃，廣為媒體報導，這次活動被公認為是主婦聯盟一炮而紅的「處女作」，接下來該會又發起站在街口抗議美國香菸免費試抽的促銷活動。

1987 年 1 月婦女新知、彩虹專案聯合其他團體，在臺北市華西街（雛妓集中區）發起「反對販賣人口——關懷雛妓大遊行」。因人數超過去年的抗議活動，且遊行示威在戒嚴時期屬於違法，更吸引媒體大幅報導，也在短期內催生了眾多單一議題或專業性婦女團體。新興團體互相聲援，積極提升女性議題至公共政治層面，並進而推動法律的修改與制定，影響政黨

及國家政策，次年1月的「救援雛妓大遊行」規模更大。女性自覺與體制改造雙頭並進，營造出有利於婦運的政治氣候，促使婦運激進化。在行動方面，由早期靜態、室內的活動，演變為動態、靜態，室內、街頭交互運用。新舊議題，如救援雛妓、爭取工作權、掃黃與反色情、修改《民法‧親屬編》等，成為聯合行動的焦點。女性主體意識抬頭，女性主義進入公共論述，1980年代初傾向於自我抑制的性欲討論，在此時期亦進入女性主義論辯。

「我不是女性主義者，但……」

1990年代以後，婦運快速擴張，婦女團體以臺北市為據點往其他縣市發展，設立分會。1990年9月，新知舉辦首屆大專女生姊妹營，培養年輕女性，網羅鄭美里、李金梅、張娟芬、孫瑞穗、柏蘭芝、曾惠敏、劉慧君、吳玲珠等大學女生，之後在各校成立女性主義研究社（簡稱女研社）。

曾被視為禁忌的女性主義此時已具有國際聲勢，自西方引進的婦女研究也開始引起注意。《婦女新知》以外，前衛刊物如《中外文學》、《當代》等都以專輯介紹女性主義。旅美的陳幼石教授甚至在1989年獨力創辦了理論取向的《女性人》

---

29 鄭佩芬致各界婦女領袖函。（1986年12月29日）

雜誌，於臺北、北京同步發行。但整體而言，女性意識在本地仍處於混沌未明的狀態，一般人和婦女團體對婦運、女性主義依舊戒慎恐懼，甚至主動劃清界線，我常聽到婦女團體的朋友自我表白：「我不是女性主義者，但是……」「女性」和「婦女」也受到女性主義連累而被汙名化，以致有些團體不願承認自己是婦女團體，而自稱環保或兒童保護團體。即使臺灣婦運尚未強大到足以引發反挫，許多論者仍有意無意用以下各種方式將女性主義淡化或扭曲：

　　一、在探究第二性的處境之前，便意圖「結束第二性，迎
　　　　接第三性」，創造出另一個模糊的性別主體；

　　二、試圖以意義含混的「新兩性主義」取代女性主義；

　　三、跳過女性主義去談「後女性主義」；或者

　　四、祭出階級和族群問題來削弱性別政治的正當性。

　　1988 年暢銷一時的《風起雲湧的女性主義批評》將女性主義、反女性主義及非女性主義的作品共冶一爐，書中不斷出現「婦女文學的困境」、「女作家的困境」、「女性主義文學批評的死胡同」等論述，頗能體現當時學術界和文化界對女性主義的曲解誤判，知名作家南方朔（1988：25）在該書中對「第三性」的詮釋頗具代表性：

　　　　一個新的「第三性」（The Third Sex）人種開始出
　　　　現。「第三性」逐漸失去傳統女性特質，而向男性特
　　　　質認同，具有反家庭情結、個人主義。「第三性」從

歷史角度言，將會是女性實質獲得解放前對各種可能性的揣摩型態之一。「第三性」將是個不穩定的組合。

新興婦女團體誕生

晚晴婦女知性協會（簡稱晚晴）

1970 至 1980 年代間離婚率年年上升，臺北、高雄二大都市尤甚。離婚的汙名化加上重男輕女的習俗和法律，迫使離婚婦女在承受心理挫折和親友、社會冷眼之餘，尚需面對生存的難題，若爭取到孩子的監護權，還得立即挑起家計。層層重擔往往壓得離婚的家庭主婦走投無路，投訴無門。1984 年，在李元貞和心理諮商專家林蕙瑛的牽引下，十幾位離婚婦女在臺北市組成互相扶持的「拉一把協會」。最初由於會員經濟條件太差、社會敵意太大，而難以為繼。在少數熱心會員如黃露惠等人堅持下，爭取到知名和有成就的施寄青、劉甜英入會，才稍解財務困境（顧燕翎、王瑞香，1987），1985 年拉一把協會引用李商隱詩句「天意憐幽草，人間重晚晴」改名晚晴，1988 年正式立案。施寄青是建國中學國文老師、著名的翻譯家，也是第一位在電視上公開承認和談論自己離婚身分的知名女性，1989 年出版自傳性暢銷書《走過婚姻》[30]，成為離婚婦

女的代言人，也為晚晴招募到更多會員，相繼在臺中、高雄成立分會。

　　早期的晚晴對婚姻尚存有憧憬，組織計劃中包括成立「男性部」，「期望終因男性的加入，發展出健康、和諧的兩性關係，而收『兩個半圓合成一個圓』的功效。」（同上）但在累積實務經驗後，晚晴體會到體制改革的重要，若法律和習俗皆對女人不利，個人很難向不合理的制度求取幸福，施寄青常在演講中痛陳女性在父權婚姻中沒有生路，告訴她的聽眾：「匈奴不滅，何以家為。」因此晚晴除提供婚姻諮商之外，也和婦女新知共同推動《民法・親屬編》的第二次修訂，兩個民間團體合作草擬的修正案稱為「新晴版」，於1995年婦女節送入立法院，2002年通過。許多重男輕女的法條都得到修正，妻可以保留本姓，不必冠夫姓，夫妻住所可以協議，夫妻共有聯合財產，未婚子女的監護權以子女利益為考量，未成年子女財產權由父母共管等。

主婦聯盟基金會（簡稱主婦聯盟）

　　主婦聯盟的原始成員來自1980年代初的主婦成長團體，發起人徐慎恕是家庭主婦，曾為婦女新知雜誌社社務委員，她認為新女性主義的目標是在挽救家庭，造就現代化的賢妻良母，不主張採取激烈手段與父權社會決裂。為鼓勵家庭主婦參與社會、尋求歸屬感與成就感，並藉由社會參與來提高其社會

地位，她選擇離開衝撞體制的婦女新知，而以中性的環境保護課題做為認同目標：

> 女性主義使她們害怕，她們不想跟離婚婦女掛鉤，她們也不願去沾遭逢家庭變故婦女的「霉氣」，女青年會因有許多進修課，她們覺得好像在當學生，沒有成就感，也不喜歡。

> 因此，我就想了一個最中性的課題——環保——來做為我們組團、致力的目標。這個問題較不敏感，而且是目前大家所最關心的，一定可以得到回響。這樣既能滿足主婦們的歸屬感與成就感，同時也不涉及令她們害怕的新女性思想，是最好的辦法。（顧燕翎、王瑞香，1987）

　　1987 年主婦聯盟因抗議美國進口香菸免費試抽促銷活動、麥當勞定價過高，以及提倡垃圾分類，而受到媒體重視，這種既不挑戰性別權力，媽媽們又自願服務社會和家人的做法得到喝采，進而吸收很多包括職業婦女和男性在內的成員（同上）。主婦聯盟當時附屬於環保團體新環境基金會，從事

30　此書至 2000 年在高雄師範大學成人教育研究中心主辦的「票選十大最具影響力之女性書籍」中，仍高居榜首。

公益活動，不挑戰父權意識型態，男女會員兼收。在這個女性可見度提高，但女性主義仍受到疑懼的年代，立刻得到社會認可，許為女性角色典範。1989 年婦女節，主婦聯盟自新環境基金會獨立，成為財團法人。

主婦聯盟雖自我定位為環保團體，致力於公害防治、生態維護和環境教育，不認同女性主義的批判精神，卻在行動和態度上實踐女性主義的力行哲學，實行生活環保。與男性為主的環保團體著眼於公共政策、採用政治抗爭手段，有所區隔。主婦聯盟的決策過程力求平等參與，組織型態採取平行的網狀結構，避免上下主從關係，也有別於傳統男性組織。對於主婦聯盟中的男性會員，曾任董事長的陳來紅有如下觀察：

> ……這中間偶爾會有男性介入，造成干擾、阻擋，使女性很快就想依賴，而某些較敏感的女性則會慢慢剝奪他的權威性，降低他的影響，最後也很可能把他驅逐出境，因為我們覺得那種影響是蠻父權的。（婦女新知，1991b：20）

然而，不論在社會或家庭生活中，主婦的身分使得婦女仍需扮演傳統的女性角色，主婦聯盟即使提供主婦跨出家門，參與公共生活的機會，環保與教育在社會分工中仍是屬於養護性的、「女性的」工作，在層級性的權力結構中居於次要、附屬的位置。而即使在環保或家長會等非抗議性活動中，主婦們發

揮能力、有所貢獻，仍常被排斥在決策核心外，僅被要求從旁配合，難以表現主體的力量。主婦們在體會到性別權力關係後，若能檢討現存體制，發展出女性意識，進而追求個人的解放和社會的變革，可成為婦運極大的動力。

婦女展業中心（簡稱婦展）

婦女展業中心成立於 1983 年，隸屬於基督教長老教會，為服務性機構，最初以協助家庭變故婦女為宗旨，除心理輔導與技能訓練外，尚提供文學欣賞、寫作、理財等課程，數年之間擴展很快，自 1987 年開始亦以職業婦女為服務對象，創辦人林勝美本身曾遭遇家庭變故，她希望幫助婦女自力自強，並參與社會，回饋人群。1990 年代後，婦展以輔助婦女二度就業為主。

進步婦女聯盟（簡稱進步婦盟）

進步婦盟於 1987 年 5 月由支持民進黨的婦女組成，做為該黨的側翼。進步婦盟第二任召集人蔡明華清楚揭示其特殊的政治功能「不是以女性意識，而是以政治認同來結合，」做為「關心政治的女性在進入更激烈的政治團體的中站。」她認為進步婦盟是以迂迴手段來從事婦運，「婦女要利用政治的力量，平常與男人並肩作戰；當我們有要求的時候，他們就不致

於不支持。」（婦女新知，1991b：21）換言之，進步婦盟的功能是在號召和動員婦女支持民進黨，一方面由女性出面來軟化民進黨的剛烈形象，替民進黨代言；另方面也試圖影響黨的婦女政策。該會成立之初，即在母親節發表「母親的十大願望」，力主國會不要設立「大陸代表制」、廢除大專聯考、停止興建核電廠等（觀察週刊，1987）。1990 年代後，其成員以民進黨員身分公開活動，進步婦盟不再以組織的形式出現。

婦女救援基金會（簡稱婦援會）

　　婦援會成立於 1987 年 8 月，婦女團體（婦女新知代表鄭至慧、沈美真，彩虹專案廖碧英，加上臺灣人權促進會郭吉仁）因救援雛妓不斷集結後，感到有必要成立專業團體，並結合律師的力量，長期專注於救援工作，乃成立「臺灣婦女救援協會」，沈美真出任首任會長。1988 年底改組為「臺北市婦女救援基金會」。該會在認同婦運上有所保留，甚至一度不以婦女團體自居，早期因救援對象為少女，特別是原住民少女，故自我定位為兒童福利團體。救援雛妓的目標明確，工作屬於慈善性質，加以兒童福利團體比婦運團體容易獲得社會認可，在 1991 年的一次婦女團體討論會上，婦援會的代表陳美鈴表示：

　　　婦援會在四年前由婦女團體所催生，所以對於婦女團

體所做的事我們也常支持或聯署而被認為是婦女團
體。但事實上，我們的方向愈來愈走向兒童福利，關
心兒童虐待，所以婦援會的定位很尷尬，與其說是婦
女運動團體，不如說是兒童運動團體。

與新知不同的是，我們訴求的目標明確，行動較被社
會認同，所以發展較容易。婦援會的成功在於它將存
在已百千年的雛妓問題提升為社會問題，以此爭取認
同就容易得多。（婦女新知，1991b：21）

1992 年，婦援會開始關懷臺籍慰安婦，並協助她們向日
本政府索賠，2016 年成立「阿嬤家：和平與女性人權館」，
收錄了臺灣五十九位「慰安婦」阿嬤們的生命故事，1996 年
開辦婚姻暴力受害婦女的諮詢和輔導服務。

現代婦女基金會（簡稱現代）

1987 年 4 月正式成立，臺北市議員潘維剛為首屆董事長，
最初以「維護婦女權益、協助婦女適應、幫助婦女發展」為宗
旨（暢曉燕，1988：17）。服務過程中，發現婦女基本的人身
安全未受重視，乃於 1988 年設立「婦女護衛中心」，協助被
強暴及性騷擾受害人，避免她們在偵訊與審理過程中遭到不合
理對待；另成立受暴婦女訴訟扶助委員會，為無財力的性侵

害受害者進行訴訟，成為全國第一個提供遭受性侵害、家庭暴力、性騷擾的婦女、兒童服務的公益團體。1997 年「性侵害犯罪防治法」以及 1998 年「家庭暴力防治法」的草擬及通過，乃至專業人員的訓練，現代都扮演關鍵角色。2017 年現代提出 "only YES means YES"（沒有同意就是性侵）的口號，主張沒有同意，就是性侵，強調性主動的一方有責任確認對方在「完全清醒」的狀態下「同意」性行為，而不是用「沒有說不就等於願意」的模糊態度侵犯他人，與 #MeToo 運動相呼應。

女工團結生產線（簡稱女線）

1980 年代後，勞力密集產業漸由臺灣移至東南亞和中國大陸，造成大量女工失業。1987 年興起的自主工會運動以男性工人為主體，勞動關係中的性別問題並未獲得重視。因此王芳萍、陳素香等人於 1991 年 6 月成立女工團結生產線，是第一個專門從事女性勞工運動的團體，協助女工發展組織和進行抗爭，並從事女工教育，提升女性勞工意識，提供勞動法令服務。在面臨工業轉型，勞力密集工業陸續關廠、遷廠之際，女線在 1991 年協助愛迪達鞋廠女工、1992 年 6 月協助嘉隆成衣廠女工進行關廠抗爭，1994 年、1995 年與新成立的女性上班族「粉領聯盟」聯合反對單身及禁孕條款，反抗階級與性別壓迫雙管齊下。1989 年臺北市陳水扁市長廢公娼時，成為協助

公娼爭取工作權的主力。

從關懷雛妓到掃黃

關懷雛妓

人口販運是全球性的婦女議題，凱斯琳·貝瑞（Kathleen Barry, 1996: 448-455）探討經濟、社會發展不同階段中的性交易面貌，有以下觀察：

在經濟最不發達、最貧窮的國家，婦女在公眾環境裡幾乎毫無地位，被排除在外，她們的勞動力侷限在非正式的經濟環境裡，性剝削遂有公眾／私人雙重面貌，或是在婚姻中委身，或是從娼，來伺候男人。女性在婚姻和家庭中有其私屬性，從娼大多是人口販子行使壓力和拐騙的結果。

……在發展中國家，急遽的經濟發展帶動人口由鄉村移到城市，生產由內銷改變為外銷。女性原是農村裡傳統的非正式勞動力，如今遷往城市，但被摒於發展中的勞動力之外，或只躋身於邊界，性工業就利用女性邊際人乘機發展……

早年臺灣雛妓多半來自經濟弱勢的原住民部落，1985 年聯合國第三屆世界婦女大會重視人口販運議題，當年 11 月，長老教會主辦「亞洲教會婦女大會（ACWC）」，主題即為「觀光與賣春」。籌備期間，李元貞提出建立中途公寓來輔助雛妓的構想。長老教會廖碧英到華西街調查，發現問題果然嚴重，在該區執業未滿十八歲的原住民婦女竟高達 63%，乃下定決心為雛妓奔走（自立晚報，1987；中國時報，1987a；顧燕翎、王瑞香，1987）。

　　會議中發現，1975 年以來，各國都有廢娼行動，獨臺灣從缺，長老教會乃於 1986 年 6 月設立「彩虹少女之家」，提供有限的生活住處與職業訓練，幫助初至臺北的少女適應都市生活，避免落入風塵；同時也到部落宣導，企圖改變販賣女兒的觀念，可惜成效不彰，而「人口販子、妓院老闆、嫖客、保鏢，加上警界的姑息」所形成的「企業連鎖」，以及《刑法》的漏洞，使得問題無法改善（婦女新知等，1987）。

　　1987 年 1 月，在原住民少女哭求下，廖碧英與婦女新知李元貞、鄭至慧等商議，決定聯合其他民間團體，共同發起「反對販賣人口——關懷雛妓」行動，包括 1 月 10 日華西街遊行、靜坐和 1 月 17 日在耕莘文教院舉辦座談會。遊行當天除團體代表外，尚有民眾自願加入，總共近三百人。當時《戒嚴法》尚未廢除，事先乃由臺灣人權促進會代表致函管區桂林分局，並商請市議員出面，請求警方保護安全。遊行解散前，由李元貞擔任代表向分局長遞交抗議書。這是臺灣首次婦女議題

的街頭行動，也是不同性質民間團體首度聯合示威，但當時僅有的三家電視臺均不予報導。多家報紙雖然圖文並列，大幅報導，卻略去遞抗議書一節，或僅表示「由一名女士代表遞交抗議書」（中國時報，1987b）。耕莘的座談會由李元貞主持，主講人為廖碧英、陳秀惠（勞工福音之家主任、山地傳教師）、李喬（小說家）、陳清秀（山地國小教師）、李亦園（中研院院士）、沈美真及郭吉仁律師、張政衡（臺北地檢處主任檢察官）、許金鈴（廣慈婦職所所長），並邀請性工作者現身說法（婦女新知，1987：2-5）。

　　為使抗議不流於形式，繼以萬人簽名致書立法院，要求法務部成立「人口販賣專案」、輔導雛妓就業、督促政府重訂山地政策，促成警政署成立「正風專案」，嚴令各縣市警察局加強檢肅販賣人口，徹底取締色情行業。隨後各參與團體聯合組成單一目標的「婦女救援會」，長期從事雛妓救援。

　　華西街大遊行以人權為訴求，得到三十一個婦女、原住民、人權與教會團體連署，是臺灣婦運首次大規模的街頭行動，不過由於亦具有挑戰《戒嚴法》的政治意義，此項活動相當借重政治反對力量及婦運以外的社運團體（參閱梁雙蓮、顧燕翎，1995：125）。且為擴大動員基礎，在共同聲明中引用《世界人權宣言》，以反對奴役原住民少女為主旨。

　　在策略上，此聲明與前章所述 1984 年婦女新知推動墮胎合法化有相似之處，都在訴諸父權社會的家長保護心態，揭露未成年少女無辜受害的境遇，以期引發惻隱之心。當時雛妓中

原住民少女占很大比例，而原住民的經濟處境極端劣勢，所以強調其人權受到剝奪。此際性別政治已比 1984 年更具有正當性，共同聲明得以理直氣壯地站在女性立場發言，公開指控「傳統的父系社會」將婦女「視作男性的附屬品和財產」，而近代婦女「就業情況仍比男性低落太多，」以致面臨經濟困境時，最後的出路仍無法脫離賣身一途。該聲明對於加害者也不再隱匿容忍，明白指出其身分為色情消費者（嫖客）、色情業者（人口販子、妓院老闆）、腐化的官僚（姑息且坐地分贓的警界）以及不合時宜的山地政策[31]。所以不僅要求政府禁止販賣人口、重新檢討原住民政策、懲處不肖員警外，也要求成立婦女庇護所，對想轉業的性工作者施以職技訓練，藉由提高其職業技能，彌補受害女性的性別劣勢，以求取經濟上的自足。

共同聲明主張，喜好雛妓是變態行為，應當「實施正常健康的性教育，對於變態性心理及行為，應送到醫院治療」。而最終目標則在廢除性交易：「最後，再輔以兩性平權社會的建立，逐漸廢娼。」廢娼之前應加強管理和保護娼妓，減少傷害。

救援雛妓及反雛妓

標榜兩性平等和遏止色情的關懷雛妓行動在短期策略上獲得成功，催生了「正風專案」和婦援會。1988 年 1 月 10 日，所有團體在華西街大遊行週年回到原地，結合教授與學生，增

加至五十四個團體，完成了近千人更大規模、策略上更積極的「救援雛妓」大遊行，次年共同監督《少年福利法》通過，延伸並落實救援雛妓的工作。被父母押賣的雛妓，法院可停止父母之監護權或終止收養關係，另外指定監護人，以免她們回到家庭後再度被賣。

　　事隔五年，具有基督教背景的勵馨社會福利事業基金會（簡稱勵馨）成立後，於1993年發起「反雛妓華西街慢跑」，邀請內政部長吳伯雄和法務部長馬英九帶頭，宣示政府掃除雛妓的決心，參加人數號稱萬人以上。之後各團體合力完成

31　根據侯燦堂在 1980 年的研究，當時臺灣山地行政的內涵為：1. 以扶植山胞為著眼，以促進山胞平地化而融合於臺灣社會為目標。2. 視山胞為「同胞」，並扶植參政，使山胞政治地位提高，行政機構「一般化」，增進行政效能，山胞有充分參與行政決策的機會，使政策合理化。3. 職業結構改變（非農業收入增加），生活水準提高，生活方式改進，教育程度提高，收支盈餘增加……顯示經濟發展獲致相當成果。4. 由於經濟成長與發展，導致社會轉換，以及社會變遷，而有助於社會生活的改進。5. 食、衣、住生活品質的大幅改進。

其存在問題包括：1. 鄉公所缺乏專業或技術人才，以及行政人員之工作態度不如理想，影響行政系統之效能。2. 省縣山地行政決策之參與不足。3. 山地鄉財政缺乏自主性，行政系統欠缺效能，有限參與決策等，使地方自治條件不足。4. 土地利用不佳，農業生產落後，經濟利益受剝削，經濟觀念落後。5. 經濟上未來的潛在問題：人才、資金、企業精神以及貧富之求均。6. 依賴人口眾多，職業結構變遷與職業訓練之不足，男性青年山胞結婚不易，現代生活適應問題等。7. 醫療保健仍待加強。

1993 年「反雛妓華西街慢跑」活動記者會。（授權自中央通訊社）

《雛妓防治法草案》（梁雙蓮、顧燕翎，1995：111-128）。
此法案經沈美真、立法委員謝啟大等人修改為《兒童及少年性
交易防治條例》，於 1995 年通過。明文規定應建立全國性救
援專線、通報制度、緊急收容中心和中途學校，並且懲處嫖客
及色情業者。數年之內，原住民少女被賣從娼的事件大為減
少。不過，四年間從「關懷」到「救援」到消滅（「反」）雛
妓，反映運動主導權轉換後，宗教性團體對於性活動加強約束
的立場。

　　為廣泛動員，救援雛妓的聯合行動結合了在性別議題上持
不同立場的團體。在當時的社會情境，性交易等同男性消費女

體，所以提倡女性自主與尊嚴的女性主義者，與對性採取禁制管束立場的保守人士產生交集，發展出合作關係，與雙方在墮胎議題上的相互對立大相逕庭。救援／反雛妓運動所標舉的管束性行為的立場，在往後數年帶動了反色情（反對性交易）運動，但也開啟了本地婦運反反色情立場的性欲政治論述。

反色情、反選美、要安全

1987 年至 1988 年間，婦運團體批判色情和批判選美雙線並進，主事者認為色情與選美本質相同，都在出賣色相，供男人品評、挑選，其差異只在賣者的階級屬性（劉曼肅，1987b：4；李元貞，1988：11）。這兩年陸續有多次聯合的大規模反色情活動：國際獅子會在臺北年會期間，進步婦女聯盟、婦女新知和彩虹專案在國際獅友遊行現場示威，表達歡迎外賓來訪，但拒絕男人在臺灣買春（劉曼肅，1987a：婦女新聞）；婦女新知於同年婦女節主辦「第一屆臺北先生選美」諷刺劇演出，由施寄青扮演選美大會主持人，以性別角色置換突顯選美活動的荒謬；1988 年婦女節，主婦聯盟、進步婦盟、婦女救援會、彩虹專案、婦女新知共同發起「消滅色情汙染、重建健康環境」掃黃行動，聯合宗教團體在國父紀念館前廣場集會，焚燒色情海報；同年婦女新知、進步婦盟等團體至各選美會現場進行示威抗議（參閱劉曼肅，1987b：1-6；婦女新知等，1987b；梁雙蓮、顧燕翎，1995：116-117）。

1987 年第一屆台北先生選美。（授權自婦女新知雜誌社）

1988 年焚燒色情海報。（授權自婦女新知雜誌社）

這些活動共同抵抗女性身體商品化，避免女性角色被窄化為男性欲望的對象，而加深性別歧視、貶低婦女地位；反對選美的理由還加上反對其虛偽性格及其對女體的規格化。為扭轉性別弱勢而提出的解決方案包括：實施兩性平等教育、爭取婦女工作權，教導女性發展創造力，成為美的主體，看見父權體制對女性的傷害，建立女人之間的連結（李元貞，1988：11；婦女新知編輯部，1991：6-7）。

1980 年代末期的反色情運動由新成立的婦女救援會主導，得到政府配合，1989 年至 1990 年間達到高潮。1989 年 6 月至 12 月，各縣市、警察、環保、教育、新聞單位展開兩階段取締行動，「以恢復市容觀瞻及社會善良風氣」（暢曉燕，1989：18）。同年 9 月，由於國中女生利用分類廣告找工作而被騙、被賣的不幸一再發生，主婦聯盟、婦女新知、婦援會、彩虹、晚晴、臺大女研社聯合調查報紙版面，公布「色情報紙排行榜」：專業版面色情度最高的是臺灣時報漫畫劇場（以注意分數法測量），商業廣告自由時報為首，分類廣告則屬自立晚報（以上二者以面積法測量）（婦女新知，1989：22-23）。

1990 年 7 月間，婦援會發起「色情海報大獵殺」，呼籲民眾檢舉色情海報。9 月，新聞局「淨化書刊，還我書香──反色情汙染出版品活動」，公開銷毀色情書刊 150 萬冊，並表揚掃黃有功的團體，但包括主婦聯盟在內的五個婦女團體認為色情書刊仍然猖獗，拒絕領獎。

12 月 22 日夜間，婦援會借臺灣大學校園一角，舉辦一場「還我們一個平安夜」活動。當晚在研究圖書館對面的「振興草坪」，四周由男警衛隔離守護，只限女性入內，以紙花、燭光、月光和輕柔的歌聲為媒介，進行女性聯誼。活動以女性人身安全為訴求，其形式卻象徵著唯有在經過人工切割、隔離男性的特定時空之內，女性才得以享有自由。以退縮至角落來避免成為男性欲望受害者的行動方式，其宣誓意義迥異於原始的 "Take Back the Night"「收回夜晚」活動。後者源自 1970 年代歐美城市和大學校園，以遊行、集會和演講等公共場所活動來爭取女性暗夜行走街頭的權利，目的在壯大女性的主體性和消除性暴力。臺灣改採退避的策略，想要表達意見，卻又怕行動過激引起不快，只得順應主流以取得些許保護。

反色情的內部檢討

反色情與反性僅一線之隔，對色情堅壁清野的背後往往是極度反性的保守立場。對於策略上無奈的妥協與價值觀的混淆，婦運內部也有自省。

1990 年婦女新知雜誌連續兩期刊出黃淑玲的文章。第一篇「反色情？反檢禁？——女性主義者對色情媒體的爭辯」，介紹美國 1970 年代末期反對色情的激進派女性主義者，和「反對檢查制度的自由主義女性主義者」之間的論辯，為本地的色情論述引進新觀點：色情媒體有多種類別，並非全充滿暴

力，有的平和浪漫，一味反性的結果，非但不能為女性爭取性平等及性自由，反而可能灌輸性壓抑的觀念，加深對性的恐懼。

而「娼妓問題與政策的探討」一文則指出臺灣婦運團體基於家長式高高在上的心態，認定性工作者的未來注定悲慘，而堅決反對女性從事性交易，卻忽略了自願的性交易涉及人權自由及個人隱私；當時自願從娼的少女人數已遠超過被販賣的雛妓，這些逃家少女多半是家庭學校教育不當的犧牲者，一波波掃黃解決不了問題。此文最後介紹世界各國的娼妓政策：禁止制、管理制和自由制，以為參考，但不特別推薦其中任何一種。

美國的反色情女性主義者不僅反對色情產品物化和商品化女性，尤其反對其中性與暴力的連結，在女性地位獲得全面改善前，她們甚至懷疑男女之間是否可能有平等的性關係。1990 年代初期的臺灣女性，也面對著一個充滿性暴力的父權文化，不只媒體，甚至「民主運動」內部也充斥引以為傲的性暴力圖騰和暗示 [32]，並引起大學生仿效，做為政治抗爭的手段（參閱顧燕翎，1990）。1991 年清華大學的「衛生棉論戰」，

---

32 1990 年 5 月 3 日《首都早報》在頭版印上斗大的「幹」字以表達對「軍人組閣」（李登輝總統任命郝伯村為行政院長）的強烈不滿，該報以「正反俱呈」的方式處理女性主義者的抗議（參閱成令方，1990；顧燕翎，1990），並刊出一篇文章表示，「《首都早報》的總編輯、副總編輯都是紳士，他們共同做成此決定，用『幹』字來表達批判，更顯出此事非『幹』不足以明志的緊迫性。」（楊憲宏，1990）

和臺灣大學學生會會長候選人以脫衣舞表演吸取選票，再度迫使女性主義者思考色情問題。在當年《婦女新知》（110：11）的專題中，編輯從女性主體的立場提出問題「女人需不需要色情？色情可能為女人所用嗎？」卻未予正面回答，而僅得出「色情從頭到尾就是父權社會機制一手導演的，只有從女性的立場思考、行動，才可能有所改變！」的結論。在一個愈益多元開放的社會中，性欲政治除了面臨被政治、商業力量收買、收編，也面對內部的檢討和詮釋權的爭奪，如何看待色情、該採行何種策略，成為 1993 年以後新的爭議焦點。

改造教育

婦運朋友檢討運動的挫折，常常歸結到社會上普遍存在的認知差距，當所有的道路都受到阻礙，教育下一代成了最後的希望。新知在各種議題上衝撞多年後，於 1988 年對國中、小人文教科書的性別角色展開統計分析，出版《兩性平等教育手冊》，開始檢討批判教科書傳遞的性別意識。

體檢教科書

新知發現，大部分教科書處理性別角色仍停留於階段理論中的無知期，漠視女性的存在或複製性別刻板印象。例如

在六年十二冊國小社會科教科書中，總計出現人名56人，次數102次，其中女性僅有4人，各出現一次，其行動只限於煮飯、洗衣、照料家人，而男性角色則分布於各行各業，因此敦促教育部改革教科書。教育部也因應輿情而略做修正，最具代表性的是國小一年級國語課本的課文「媽媽早起忙打掃，爸爸早起看書報」修改為「媽媽早起做早操」，由於未能完全突破性別角色刻板印象，繼續受到詬病。李元貞（1993）、羊憶蓉（1994）、魏惠娟（1994）、歐用生（1995）等分別檢視國中小教科書，發現性別歧視現象仍然充斥，不過已經受到重視，而且被問題化了。

國小教科書自1987年開放由民間編寫，國中課程也逐漸更新，兩性角色漸趨平衡。1998年後，兩性平等教科書紛紛出籠，包括施寄青的《女生愛男生：兩性平等教育》（1998）、何春蕤的《性／別校園──新世代的性別教育》（1998）、婦女新知基金會的《兩性平等教育專家人員及義工教材》（1999）等。

校園性別運動

1995年底，師範大學、中正大學連續爆發校園性騷擾事件，臺北市政府教育局率先成立「兩性平等教育暨性教育委員會」。1997年《性侵害犯罪防治法》通過後，各縣市政府須設立性侵害防治中心，推廣性侵害防治教育，中小學每年應

至少有四小時以上性侵害防治教育課程。同年教育部成立兩性平等教育委員會，培訓教師、設計教材和課程，成為推動性別平等教育的重要機制。2000 年教育部兩性平等教育委員會委託陳惠馨、沈美真、蘇芊玲、謝小岑研擬《兩性平等教育法草案》，不久發生國中生葉永鋕因舉止不符合性別刻板印象，而被同學霸凌致死。2004 年此法因而更名為《性別平等教育法》通過。

臺大女研社成立於 1988 年，早期關懷勞動婦女，1990 年 5 月，臺大校門口有女生遭不明歹徒刺傷，女研社回到校園發展，目的在「分享女生成長經驗」、「觀察並重塑女性文化」。其他大學的女研社相繼成立，舉辦讀書會、演講、電影欣賞等活動（陳明秀等，1990：18）。女研社在校內雖被視為異議性社團，卻往往因批評其他異議性社團中男性為主的沙文主義而受到孤立，所以各校女研社合組「全國大專女生行動聯盟」（全女聯），陸續舉辦了幾屆幹部訓練營。

1990 年底，多所大專校園發生性暴力事件，臺灣大學、臺北醫學院、輔仁大學、清華大學等校的女研社在各校發起「小紅帽活動」，包含演講、座談、展示等系列反性暴力行動。賦予小紅帽新的意象和行動力，翻轉其在童話故事裡天真無邪、易受傷害的形象。

1996 年婦女節，全女聯與臺大學生會、臺大城鄉所性別與空間研究室共同發起「搶攻男廁」和「尿尿比賽」，爭取女性在公共場所如廁的權利和行動自由，不僅影響公共政策，也

促成內政部營建署修改《建築技術規則》，對男女公廁的廁間比加以規範，至 2006 年，男女廁間比例定為 1：3；2013 年再做更詳細的分類規定，原則上是男女大便器 1：5 或者 1：2：5（男大便器：男小便斗：女大便器）。對公廁的標示也從以人為對象，出現朝向以器具為對象的轉變[33]。

另一個以女學生為主體的組織是由新知義工團體發展的「搖角度」，大部分時間用在讀書、看電影和討論，對於 1990 年代女性意識的發展有其貢獻，並將女性主義討論的重點由性別議題轉向性議題。

性欲論述多元化

1980 年代臺灣婦運團體受激進女性主義影響，多半站在女性主體的立場反對物化女性和販售女體，對色情和性採取禁制和監控的態度，與主流文化對身體的規訓和控制若合符節，因而「反對販賣人口」和救援雛妓受到政治人物支持，沒有黨派差異。掃黃（掃除色情）成為政治人物展現魄力的政治表演，每逢與性相關的重大案件後，以及競選期間，官方都會出動警力，公開清掃色情行業，只是總難免死灰復燃，周而復

33　廁所不按照使用者分男女廁，而僅標示內部的設備，如大便器或小便斗，以方便性別不明人士自由出入。

始。但婦運內部的檢討，也顯示出本地婦運力圖在性壓抑和性解放的對立論述外另闢蹊徑，爭取女性情欲自主，不受男性操控。

「我愛女人」

1992 年 3 月 8 日，婦女新知基金會舉辦了一場「我愛女人」園遊會，以「女人愛女人」為主題，首次公開展示女性情欲。但這個主題，不論屬於同性戀或異性戀的性愛選擇，仍是透過相當曖昧的手法呈現，而非性欲之大膽、直接的宣示。即使如此，「我愛女人」所宣誓的女性欲望主體性仍受到肯定，《婦女新知》雜誌開始重新檢視與女性切身相關的食、衣、住、行、性各方面，也記錄女人的同性、異性戀經驗，並描述自體及異體的性行為。

「我愛女人」園遊會是一個轉捩點，女性主義者自此加入了原本完全由男性性學家、醫師（泌尿科、婦產科）和作家主導的性論述，翻轉女性性欲病理化的負面觀點，正面看待女人的性欲望、性幻想、性需要和性經驗，並且讓女人自己說出對身體的細緻感覺，開發屬於女性的「另類情欲」，而不再一味由男性「專家」代言[34]。所謂另類情欲的定義，除了同性戀，最常被引用的是羅德（Audre Lorde, 1978/1984: 53-59）的情色論（李元貞，1993：12；賀照緹，1995；張娟芬，1995：103；張小虹，1996：225），認為女人自身的情欲（蘊涵性

愛、生理、情感、心靈與知識的內在動能）為欲望、創造力與
快感的來源：

> 二次大戰期間，人們會買一種用塑膠袋閉封，未經染
> 色的人造白奶油，裡頭附贈一個濃縮的小黃球。人們
> 把人造奶油放著變軟，然後將小黃球捏碎，讓濃烈的
> 黃汁浸透人造奶油，再小心搓揉，一遍又一遍，直到
> 徹底染黃整包奶油。

> 情欲就像人身體內的小黃球，濃汁一旦釋放出來，將
> 流遍浸染整個生命，使所有的經驗益發重要、益發敏
> 感，而且強而有力。

所以女性情欲（eros）並不局限於性欲望和性活動，而是
廣泛地包含個人內在能量、熱情、能力的無礙發揮，以及情感
的分享。1980 年代臺灣婦運將性、情欲與色情籠統看待的態
度，至此逐漸轉化為反色情，但不反性和情欲。

---

34 這一系列出版品屬於本土的包括：李元貞的《愛情私語》
（1992）、《婚姻私語》（1994）；《島嶼邊緣》第九期
（1993）；何春蕤的《豪爽女人》（1994）；莊慧秋的《臺灣情
色報告》（1995）以及 1994 年創刊的《女朋友》雙月刊。

情欲自主 VS 性解放

　　女性主義觀點的情欲自主不同於性解放，二者各有其歷史脈絡和理論承傳。性解放源自十九世紀的烏托邦社會主義，及稍後的性學與精神分析，旨在打破一切性禁忌（包括性交的方式、對象及場所）（參閱 Rubin, 1984/1993；張娟芬，1995；何春蕤，1995），去除以一夫一妻異性戀為常模的階層化性愛模式 [35]。二者都認同同性戀，也都重視女性性欲所蘊涵的愉悅和能量，但性解放所強調的是避免「強化反性或反情欲的保守力量對性本身的歧視與壓抑，」（何春蕤，1996：34）為「性變態者」爭取認同，並且反對性別二分，揚棄固定的性別身分。情欲自主則一方面企圖保留情欲多元的辯論和思考空間，另一方面謹守婦運傳承，避免性解放論述被媒體收納，將其等同於婦運，而轉移了對婦運長久耕耘的性別政治的關注（張小虹，1994：13），所以是以女性的性別身分來思考性。

　　兩種不同主體性的性欲思考，在競爭婦運主導權和詮釋權時引爆衝突 [36]。後起的性解放陣營利用《婦女新知》雜誌於1995 年連續出版四期專刊「內爆女性主義」（159-162 期），指控女性主義陣營並未看見內部的女同志主體，要求婦運「內部解嚴」。她們不接受新知只成立女同志議題小組，要求發展女同志婦運和性解放，與同女、越軌女人和各種性多元人士協力推倒性階層體制。無法達成共識下，魚玄阿璣（女同刊物《女朋友》主編）提出了各自做功課，暫時分離的主張

（參閱李元貞，2014b：18-20）。

從情欲開發到性批判

　　1990 年代，臺灣多起性騷擾事件被揭露，其中以 1994 年 4 月的師大教授性侵女學生案最引人注目。5 月 22 日婦女新知、女學會和各大專院校的女研社發動一場女人連線反性騷擾大遊行，要求將強暴改為公訴罪、各校設置兩性平等專責機構等。中央大學何春蕤教授站上指揮車發言時，高喊「我要性高潮，不要性騷擾」，立刻攫取了所有媒體的目光，性解放和婦運也自此被劃上等號。何春蕤（2005：53-54）日後表示：「性騷擾不是少數壞男人幹的壞事，而是一個情欲文化在很壓抑、很貧瘠的狀況下的徵兆……性騷擾的文化迫切需要打破處女情結 —— 打破那種對於情欲流向和愉悅的嚴格限制……才能有更開濶的、善意的情欲互動……才能真正消除我們文化裡面那些會導致性騷擾的敵意和惡意。」

35　魯冰（Gayle Rubin）首先提出「情欲少數」的說法，指出異性戀霸權獨尊異性戀婚姻、一夫一妻、陽具掛帥、生殖中心，排斥同性戀、性關係混亂、以金錢交易性等，而形成性愛階層化（the sex hierarchy）。（參閱張小虹，1996：218-225）

36　林芳玫（1998：58-61）指性解放派不自己開創組織、發展空間，卻利用婦運（婦女新知）的資源與正當性來倡議性解放，有如寄生蟲。

反性騷擾遊行中的何春蕤教授。（授權自光華雜誌社）

　　次年臺大女研社在宿舍辦 A 片（色情影片）影展，「臺
大女生看 A 片」又成為熱門新聞。根據羅燦英（1996：169）
的分析，因其連結「純潔的好女孩」與「流動的（男性）情
欲」兩個主流文化中互斥的概念，對父權體制的性（別）規範
尋釁，而引起軒然大波。此活動的最初目的是「為女生提供另
類愛情想像，了解男性觀點，及自主情欲對話」。但在主流性
論述的強力反對下，轉折進入「性批判」論述，將「情欲開
發」的初旨轉化為色情批判，將 A 片定義為「站在純男性觀
點拍攝的影片，其長期放映下來已迫使女性淪為『玩物』」。
強調看 A 片的目的是為了「檢視色情文化的物化女性，及追
尋男女平權的情欲文化」，既「反對貞操情結，又拒絕性解

放，」而自行定位為「非性壓抑」亦「非性解放」的另類論述。

不過，在A片事件後期，出現屬於性解放的「享用A片」論述，與「批判A片」形成微妙對立，性解放者「倡導女性發展強勢主體性，排斥認同受害角色，進而從A片中獲愉悅經驗」。並將「批判A片」的立場與「主流派性教育體制代表」一同歸類為「臺灣保守派性論述」。

性與暴力

1994年前後幾起重大案件，讓婦運獲得更大的動力和社會關注。除前述的幾起性騷擾外，最令人震驚的是1993年10月的鄧如雯殺夫案。鄧如雯十六歲時，在暴力要脅下嫁給長期性侵她及她母親的鄰人林阿棋，婚後全家人（包括鄧的父親、妹妹和兒子）繼續受其凌虐，卻無處求助，警方和法院皆不受理，因為法不入家門。結婚六年後，她終於在林熟睡中將其殺害。她的義務辯護律師王如玄[37]認為此案是臺灣社會正視家庭暴力的轉捩點，在此之前大家都認為家暴是私人的家務

---

37 王如玄表示，走進看守所時，鄧如雯對她說的第一句話是：「今天晚上終於可以安心睡覺了。」讓她覺得值得為受暴婦女的安全一戰。但當時社會輿論普遍並不支持，連看守所管理員都說：「這個社會就是你們這群女人，害我們男生半夜不太安穩。」（賴于榛，2015）

事，公權力不宜介入。但婦女新知等婦女團體主張，個人事即政治事，高度關切此案，不斷公開聲援，迫使媒體和大眾不得不正視家暴普遍存在、且十分嚴重的事實，同情鄧如雯是在毫無出路之下採取「正當防衛」。王如玄主張：鄧無時無刻都可能受到林暴力相向，所以才會在丈夫睡覺時動念殺人，「鄧如雯長期受虐的經驗，只有在那個當下，達到脫離暴力的處境。」最後鄧被判刑三年，一年半後假釋，婦團開始積極推動《性侵害犯罪防治法》、《家庭暴力防治法》的修訂。1996年發生彭婉如命案，婦運團體聯合發起「女權火照夜路」夜間大遊行；1997年又有白曉燕命案。立法院終於在1996年底通過「性侵害犯罪防治法」，1998年中通過《家庭暴力防治法》，中華民國成為亞洲首個具備家暴法與民事保護令的國家（賴于榛，2015）。

通姦除罪化

台灣是當前少數以《刑法》明定通姦罪的國家。1990年代，婦女新知等團體開始推動通姦除罪化，理由是國家不應介入私人的情感關係，而且在男性掌握家庭內外重要資源的社會情境中，通姦罪促使女人之間對立。根據法務部的「妨害婚姻與家庭罪案件性別統計分析」，歷年因通姦罪遭起訴和被判有罪的女性（往往是外遇的第三者）人數皆多於男性，因許多妻子為保護家庭通常僅對通姦兩造之一的丈夫撤銷告訴。如此一

來，也易於導致權勢性交的受害者（女性占多數）反而淪為被恐嚇的對象，而不敢聲張。但也有婦女團體持保留立場，認為通姦罪是保護原配的最後工具，不宜輕言廢除。

2002 年，法官葉啟洲曾聲請釋憲，從性自主權等觀點對通姦罪的適當性提出質疑，大法官以確保婚姻制度之存續與圓滿為理由，宣告通姦罪並無違憲（一起讀判決，2017）。

婦運的組織和路線 ── 新知家變

新知草創時期採用社務委員制，委員同時也是工作人員，所有工作大夥分擔。之後改組為基金會，並成立工作室，聘請專職人員做為婦運主體，董監事負責捐、募款。一度為了實現平等理想，打破層級關係，並且培養婦運專才，祕書長由工作人員輪流擔任，工作規則由工作室與董監事會協商。只是數年下來，特別是當外在環境快速改變，組織目標多元化後，這樣的實驗未能通過考驗。

組織內不同目標之間，以及各人欲望之間需要協調溝通，有效的溝通需以互信、共同價值以及對等的權利義務關係為基礎。新知為了追求平等、破除體制，不顧個人能力、專長和努力程度的差別，由工作室同仁輪流負責領導決策，在形式上做到了無差別對待，似乎人人平等，實質卻未必公平，也失去效能。而且一旦缺少權責對應和監督制衡，組織運作流於無

從節制的個人欲望實現和私人情感統治，以致無法有效討論和決定運動方向、議題發展及工作分配，董事會也完全失去功能。1995 年遭到「工作室內爆」，董事們對自己發行的刊物無從置喙，僅憑姐妹情誼維持組織運作。時日一久，問題叢生，情誼難以維繫，組織幾近癱瘓（參閱蘇芊玲，1998：9-12）。工作室批評「部分董監事受中產階級道德意識型態蒙蔽，成為一個優勢女性主體（而非大多數女人）的運動，」在路線上排斥同性戀、性工作權等議題（王蘋／倪家珍，1998：92）；也有同仁埋怨部分董監事站在社會的好位置上，輕蔑對待自己如家中女傭（隋炳珍，1998：92-93）。董監事則認為已仁至義盡，遺憾爭議性的議題在內部得不到充分辯論和說服的運動過程（參閱尤美女，1998b：2-6；蘇芊玲，1998：9-12；新知工作室，1998：18-19。當時尤為董事長、蘇為副董事長、倪為祕書長）。

此時政治反對運動開始進入體制，政治機會結構快速改變，某些性別議題已被操作成政治議題，如禁止明眼女性從事按摩、廢除公娼等。董事丁乃非（1998：96）認為，「夾在體制內收穫成果、政治資源卡位，或是在體制邊緣末稍持續衝出新運動主體、運動意識型態空間之間，」是新知面臨的兩難抉擇，也是衝突的主因，不幸董監事將運動的不同立場和看法，轉移成個人之間相處的問題。

可惜溝通完全失效[38]，延宕兩年至1997年情勢更為僵化，董事會決定調整人事，將工作室兩位成員改聘為董監事和委員

會委員，此舉被丁視為是趨向體制化、層級化，且違反運動倫理，因而辭去董事職，她表示：婦女團體在女同性戀及公娼議題上的集體沉默就是一種立場及表態，與號稱努力向善卻仍壓迫弱勢女性的父權體制共謀（95-96）。二位同仁拒絕接受新的職務安排（包括轉任國會助理），認為無異解僱，發動抗爭，並向臺北市政府勞工局申請調解勞資爭議，最後仍走進體制尋求支持。事件後原任董監事無人願意接任新一屆董事長，我以非董事的身分接下重擔，處理善後，也開始研究女性主義的組織與管理（參閱顧燕翎，1998a）。

事後王蘋、丁乃非、倪家珍和隋炳珍（1889：90-96）聯合在《當代》雜誌發表專文〈誰的基金會、什麼樣的運動？〉指婦女新知「部分董監事一味強調在運動領域中要優先『卡位』，不但自己積極卡位，還要求工作人員也加入卡位。這種做法一直都是我們抗拒的。」她們主張新知應「把握機會，在議題上不斷向外擴大並且多元化，以進一步催化運動的開展」。而非淡化抗爭性格以進入體制。

我要求《當代》給予同樣篇幅，發表〈婦運的策略、路線

---

38 李元貞在其回憶錄《眾女成城》（2014b：87-88）中，描述她（時任新知監事）與工作室王蘋溝通婦運路線，王總是強調工作室應有自主性，董監事只須負責募款即可；李表明這是不可行的事情，董監事尊重工作室的自主性但也要監督工作室；任何路線，工作室都要公開與董監事討論，不能私自進行；彼此僵持不下，溝通沒有結果。

與組織〉（1898a：97-103），談到新知一向支援弱勢群體的立場，以及以基金會推動婦運的局限性，主張發展不同型態的組織和非組織：

> 證諸目前委員會的運作型態，新知的發展方向仍是多元的⋯⋯我們邀請王蘋等人加入董監事會和委員會，是邀請她們參與決策和行動，也表示不排除邊緣路線⋯⋯邊緣路線並不因邊緣而必然具有道德優越性，路線的選擇應建立在女性主義者之間更坦誠的對話和更多的研究之上⋯⋯

我指出，運動的推展和基金會的存活有不同的需求，兩者間難免會有衝突，新知是否繼續以多方位的婦運團體存活下去，取決於董監事是否願意付出心力，否則可考慮轉型為多個單一目標團體或轉為會員制，只是體制內的組織仍受現行法律規範，也仍有生存和募款的壓力。

> 另一種可能性則是以非組織、無結構的方式從事運動，個人完全以理念和欲望結合，也隨時可憑自由意志來去，不必受到組織的束縛。這種種不同型態的組織和非組織，應當可以同時存在於婦運之內，彼此激盪，強化婦運的能量。

個人的即政治的

　　廣義而言，婦女運動即政治運動，其目標在於將父權社會視為女人的「貓狗小事」提升為公共論述，並進而改變公共政策。狹義而言，婦運對政治的影響反映在政黨的政綱、選舉提名、政見，與法律條文的修編制定等傳統政治運作範疇。在以選舉為重心的民主社會，當婦運開始集結壯大，女性意識愈益清晰，為爭取女性選票，各政黨愈來愈不敢對婦運的訴求掉以輕心，展開立法、修法，開放女性參政空間。

婦運政黨政治的衝擊

　　婦女運動是文化改造的大工程，難求立竿見影之效，但婦運的積極性格仍對久居正統的國民黨產生衝擊，1988 年 7 月，國民黨十三全大會通過的黨綱部分回應了婦運訴求，列入貫徹男女平等、消除性別偏見、培養人才、同工同酬、平等僱用升遷、取締逼良為娼、普設老人、幼兒福利機構等目標。但也同時推崇婦女美德、肯定女性家庭角色，鼓勵女性積極參與社會公益活動（臺灣婦女資訊網，2015）。一方面肯定婦運訴求，同時又力圖維繫舊秩序。1989 年 1 月至 5 月，救國團在二十一縣市相繼成立真善美聯誼會，以婦女為工作對象。同年 9 月，歷經內部鬥爭後[39]，國民黨中央委員會婦女工作會（以下簡稱婦工會）改組，李鍾桂接替錢劍秋出任主任，為了

改變過去的「老大、權威」形象，廣邀縣市幹部（而非如過去僅限於省級幹部）參加幹部會談，主動與婦運團體接觸（暢曉燕，1988b：17），並舉辦各種研討會。種種演變除了政治因素外，婦運所創造的社會需求，也迫使國民黨必須有所回應。

民進黨於 1986 年 11 月通過黨綱，後經多次修改，婦女部分未有重大變動，內容標舉福利社會，主張消除對女性的歧視、普設公立托兒所、保障女性工作權、同工同酬、建立兼職制度（臺灣婦女資訊網，2015）。兩黨在婦女工作與福利方面的主張大體相似，都著眼於減緩女性壓力，卻無意根本改變性別分工。對於婦運團體所主張的「修訂夫妻財產制」及「保障離婚婦女的親子權」，兩黨也都未予背書。

民進黨自黨外時代即與社運團體共同反對國民黨的一黨專政，建黨後設立社運部吸納民間團體，1991 年國民大會選舉，將參與婦運的陳秀惠列入不分區候選人安全名單（李元貞，2014a：232），1994 年黨主席施明德邀請李元貞擔任顧問（267）。1996 年新黨徵召紀欣參選第三屆國大代表，當選之後新黨立即成立婦女委員會。

婦女政見

1989 年婦女新知聯合民間婦女團體，在年底公職人員（立法委員、縣市長、省市議員）選舉前公布立委問政評

估，並發表「十大婦女聯合政見」（同上），主張普設公立托兒所及婦女庇護所、設立婦女勞工局、實施彈性上班制、修訂夫妻財產制及離婚法等，各團體並推派代表巡迴選區，在政見會場演講婦女政見，正式介入選舉活動[40]。同年 8 月，國民黨婦工會提出「八大婦女共同政見」（後改為十二大），與前述團體之「十大婦女聯合政見」大致雷同，增加的項目為：增設婦女福利專責單位、嚴懲色情、增設老人院、加強青少年輔導等。

在 1989 及 1992 年立法委員選舉期間，各地候選人或許未能深入了解婦女政見，但普遍予以肯定，甚至部分採用（梁雙蓮，1990：8-9）。1992 年立法院首次全面改選，各地婦女新知協會舉辦婦女政見聯合發表會[41]，部分候選人願意配合，預做準備，在政見會上就婦女議題侃侃而談，顯示性別政治意識在全國性選舉中開始受到重視。1994 年臺北市長選舉競爭

---

39 婦工會自 1954 年成立，至 1988 年未曾改組，在國民黨召開十三全會前，立委丑輝英提議改組婦工會，而受到二十一縣市婦女會圍剿。（黃玲娜，1988：8）

40 李元貞（婦女新知）、施寄青（晚晴）、陳秀惠（主婦聯盟）曾經替民進黨候選人謝長廷、尤清、余玲雅、貴馨儀等助講。

41 我曾參與規畫與執行新竹市的婦女政見聯合發表會，該會於 11 月 27 日晚間舉辦，是全臺首場，由筆者我主持。參加的有新黨候選人謝啟大和無黨籍候選人何南潛，國民黨兩位候選人許武勝及劉榮隆拒絕出席，民進黨候選人柯建銘則宣稱遭人綁架至新竹軍人公墓數小時而未現身，但他並未向警方報案，警方也未主動調查，整起事件最後不了了之。

激烈，新女性聯合會理事長王如玄邀集十九個婦女團體[42]，以有關家暴、色情、社福、性平教育、工作權、政治參與、都市規畫、原住民女性等議題，對三位候選人黃大洲、陳水扁、趙少康公開提問，但均未得到滿意答案，最後做出拒投父權市長，三人皆不推薦的結論（新女性聯合會，1994；梁玉芳，1994）。不過，李元貞與劉毓秀仍以個人身分推薦陳水扁（李元貞，2014a：303-304）。

修法與立法

除了對政黨和政府施壓，婦運團體也主動和從政者長期接觸，保持合作，特別是女性民意代表。1990 年代關係更為密切，婦女新知等團體利用國民大會修憲過程，聯合提出「婦女憲章」，強調國家應負消除歧視、促進平等的義務，得到跨黨派男女國代的支持。而《婦女平等權利條款》雖未通過初審，但修憲後的基本國策仍納入了平權條款：「國家應維護婦女的人格尊嚴、保障婦女人身安全，消除性別歧視，促進兩性地位實質平等。」（參閱陳昭如，2012：66-68）

1991 年，立委朱鳳芝在擔任內政委員會召集人期間，主動將《男女工作平等法草案》列入議程，婦女團體也多次與葉菊蘭、呂秀蓮、謝啟大、潘維剛、范巽綠等立委分別就防止性侵害、修改《民法・親屬編》、防治愛滋病、兩性平等教育等議題合辦公聽會。晚晴與婦女新知為了修改《民法・親屬

1990 年女律師們要求改《民法・親屬編》。

編》，組織婆婆媽媽立法院觀察團和法院觀察團，長期監督兩院運作。現代婦女基金會則主導和參與防治性侵害、家暴、性騷擾等立法，保障婦女的人身安全。即使民意代表和婦運團體對某些議題著眼點不盡相同，例如《民法・親屬編》第一〇八九條有關子女監護權的釋憲案，謝啟大主張體制內遊說，婦女新知偏向體制外抗爭，雙向並進的結果最終促成大法官會議做出了父權優先條款違憲的解釋。

42　參與團體包括新女性聯合會、臺北市女權促進會、婦女新知基金會、臺北市婦女新知協會、女性學學會、現代婦女基金會、勵馨、婦援會等。中央通訊社贊助。

保障名額及「女人選女人」

　　國家的權力與資源分配長期由男性主導，女性在考試、任用、升遷上均面對有形無形的障礙，須透過政治手段予以消除。民意代表選舉在法律上人人機會均等，但選舉文化、政黨提名方式，乃至社會資源配置、性別文化都不利於女性參選，需從制度上彌補，方能達成兩性共治的理想。1946 年制憲期間，由於進步男性胡適等人的反對及其他種種因素，憲法雖通過婦女保障名額，卻未能明定保障額度，而由各項選舉法規中分別訂定不同的辦法，總體而言名額在 10% 上下，雖保障婦女最起碼的代表性，卻不足以反映人口比例。不過，在婦女參選意願普遍低落的時代，仍發揮了鼓勵參政的功效，1955 年首次實施後，當選的女性鄉鎮民代表由前次不到 0.2% 躍升至 8.6%（馬心韻，1984：238）。

　　之後女性參政實力與日俱增，保障名額功效漸減。1970 年代以後，各級民意代表女性當選人數經常超過保障名額，而且不少人以最高票當選，此時保障名額反倒給予政黨藉口，將 10% 設為提名女性的上限，反而限制女性的提名，於是出現廢除保障之議。1990 年代初期，婦女新知等團體曾激烈討論保障名額的存廢，最後考慮到婦女權利尚未具體落實，男女平等的理想尚未實現，若自動放棄既有保障，不僅對不起曾經力爭保障名額的婦運前輩，也無益於當前婦運，最終在 1991 年提出「各種選舉應以進階方式，規定婦女當選名額，至婦女當

選名額達百分之四十時才取消，以達到男女平等目標」（婦女新知，1991：3）。

　　1994 年 4 月臺北市婦女新知協會成立，剛從美國返臺執業的律師紀欣出任首屆理事長，對婦運充滿熱情，各政黨關係良好，全心推動婦女參政。1995 年 9 月，我的友人美國婦運推手傅里曼（Jo Freeman，參閱顧燕翎，2015：147-151）赴北京參加聯合國第四屆世界婦女大會，會後我邀她順道來臺，安排她在臺北、高雄兩地演講。適逢紀欣在臺北主辦婦女參政生活營，便請傅里曼在「政壇傑出婦女之夜」主講美國婦女參政史，由我擔任翻譯。當時在座的二百多位女性來自各方各黨，其中許多成為日後政壇上的重量人物，包括余陳月瑛、呂秀蓮、許榮淑、施寄青、朱鳳芝、葉菊蘭、李慶安、陳菊、張富美、藍美津、范巽綠、秦慧珠、秦儷舫、陳玉梅、陳文茜、楊祖珺等，誠屬空前絕後的女界盛會。當時大家都關心婦女保障名額的存廢，在討論過程中，傅里曼提出了關鍵人數（critical mass）的概念，她指出，在一個組織中推動變革，有共同理念的成員至少應占四分之一，才有可能成功，大家也因而找到了將原有的十分之一推向任一性別不得少於四分之一的新目標。

　　在場的民進黨婦女部主任彭婉如開始在黨內推動四分之一代表制，得「彭四分之一」的綽號。國民黨婦工會則根據第四屆世界婦女大會的北京宣言，很快在 1995 年 9 月 20 日推出國內首份婦女政策白皮書（僑務電子報要聞典藏，2018），訂定

1994 年婦女團體主張女人選女人。

1994 年婦女團體在國民大會會場門前提出十大訴求。

各級公職人員任一性別不得低於 40% 的目標，逐漸增加女性提名。後來兩黨皆採取了四分之一代表制，但在執行上略有差異，民進黨是每滿四人，需有一名女性，國民黨則是女性不得低於四分之一。1997 年，國民大會修憲之際，婦女團體爭取四分之一保障名額入憲未果。1998 年葉金鳳擔任內政部長，在婦女團體要求下，於新修訂的《地方制度法》中，保障婦女在縣市、鄉鎮民意代表選舉中四分之一的當選率（每滿四人，應有一名女性）。1999 年，婦女團體再進一步提出三分之一性別比例的主張。

保障名額或性別比例原則固然可提高女性代表人數，但若個人未能實際掌握政治資源，單以性別因素獲得權位，仍可能淪為男性政治派系的傀儡，未必真能為女性代言。1999 年靠保障名額當選的臺北市議員顏聖冠便曾受到選民質疑而險遭罷免。因此爭取代表權之外，當務之急是普遍培養女性的參政能力和政治意識，才能有足夠的優秀女性參與政務，女選民才具有性別自主意識，婦女團體也才能實際催生政策、監督執政品質。而在制度層面，除性別比例原則外，爭取政黨比例代表制則可促使政黨在提名時必須考慮多元代表性，增加弱勢團體成員的提名機會（黃長玲，1999：3）。2005 年憲法增修，政黨比例代表制搭配性別比例原則（不分區立委保障女性二分之一當選名額）實施後，2008 年立委選舉女性當選人數達到總數 30.09%，較前屆（2004 年）20.89% 大幅增加。

爭取保障名額外，1994 年北高市長與議員選舉期間，紀欣

帶領的臺北新知協會提出「女人選女人」口號，以記者會等方式與婦女團體聯合催票。1998 年，在我擔任新知基金會董事長時，曾要求女性監察委員不得少於四分之一，並推薦尤美女、馬以工、張富美三位女性，而馬、張二人都成為第三屆監委。

女性不僅需要進入民意機關，參與法律、公共政策的制定，並監督施政，也需要入主各級行政單位和公私營機構，尤其是維護公共秩序的警察、司法體系，以確保在執行公權力的過程中性別正義不致流失。然而僅只女性的身分不足以保證個人具備性別敏感度，性別平等意識的普遍落實尤為重要。

爭取工作權

爭取女性工作權除了需要婦運的組織性行動，個別的、基層的抗爭更是功不可沒，如十信和三重客運事件均有賴受害者勇敢站出來，打破沉默（第三章 119-121 頁）。個別受害者採取行動不但需要勇氣，也可能承受傷害。隨著女性意識提升，愈來愈多女性勞動者願意公開陳述自身處境，也得到更多同情，但她們仍可能被媒體以「故事化」的方式處理，將工作權議題轉化成處境堪憐的個人適應問題 [43]，掩蓋了可能發展成公共意見的性別論述，因此更需要組織性的行動與團體的支援，以及長期耕耘，方能扭轉風尚。

國父紀念館服務員

　　1987 年，新知以工作權為主題的活動雖未立即引發回應，卻在秋後有了成果。8 月初，臺北國父紀念館 57 位女服務員委託呂榮海律師，要求館方取消懷孕或年屆 30 必須自動離職的規定，並且公開舉行記者會。因受害事實明確，抗議對象特定，得到輿論普遍支持。當時解嚴（7 月 15 日）未久，社會運動聲勢正盛，新興婦女團體活動頻仍。新環境主婦聯盟、婦女新知、婦女研究室、婦女展業中心、進步婦女聯盟、晚晴協會六個團體立刻至該館抗議。接著高雄市中正文化中心女服務員也發生同樣問題，《憲法》與人民私權的斷層現象嚴重暴露。在不斷力爭下，主管機構教育部出面協調，國父紀念館修正了約僱契約書，取消懷孕和三十歲離職的限制，但保留了一年一聘制，女服務員的工作權仍岌岌可危。8 月 31 日「爭取合理的工作保障」記者會中，婦女新知宣布成立「男女僱用均等法法案小組」（李瓊月，1987：5），決定以立法來填補斷層。

43　一位苗栗客運女售票員表示，雖然她的公司公然違背《勞基法》，但當她接受臺灣電視公司《熱線追蹤》節目採訪時，「播出來的都不是主要的重點，例如我說公司迫使我生產離職，配偶死亡的勞保給付不給我，年資無法繼續，這些都沒有報，只說我『生活困頓』……。」（阿珠，1988：8）有關「故事」和「論述」在媒體上的意義可參閱李丁讚（1992）。

新埔製衣廠彭菊英

在婦運之外，勞工運動是解嚴後另一股社會力和社會不滿的展現，然而參與工運的女性勞動者並未從男性主導的抗爭中獲得權力，進入決策核心，只是成為其運用的資源，在公私領域繼續忍受性別分工和性別歧視。一旦反抗，她們可能蒙受工會的父權體制和資方雙重打壓，而付出慘痛代價。

1990 年遠東紡織新埔製衣廠女工彭菊英因參與工會，擔任常務理事，遭到主管修理，最後被解僱，輾轉向新竹的婦女新知協會投訴。新知同仁發現此案不僅涉及工作權，男性主管和員工在工廠內對女工的性騷擾也是司空見慣。乃聯合晚晴、進步婦盟、婦女救援會、主婦聯盟等團體兩次公開抗議，並聲援彭菊英到新竹縣政府申請調解（婦女新知，1991：2）。不幸彭不但無法重回工作崗位，且因抗爭的紀錄，尋找新工作也屢屢碰壁，在此期間的生活仰賴新知部分貼補。但在和她接觸的過程中，我始終看到不懈的鬥志和令人欽佩的自重。問她廠內性騷擾狀況時，她表示，主管吃女工豆腐是日常 [44]，早已見怪不怪，反而是沒有工作機會和同工不同酬，讓她們更憂心生活現實。

竹東市政府陳瑞貞

1991 年 6 月，竹東市政府消費合作社的女員工陳瑞貞，

因控訴男主管性騷擾[45]，而被記過、解僱，經由桃竹苗勞工中心轉介給新竹婦女新知協會。協會聯合臺大、清大女研社以及女工團結生產線的代表，一同至新竹縣政府向范振宗縣長「請願」，爆發肢體衝突，幾天後「協調」成功[46]，合作社撤銷陳瑞貞的大過並恢復原職（吳玲珠，1991：23；楊明睿，1991）。但在歷經抗爭後，除非有制度性的保障，弱勢的勞工終究無法回到那個家族式管理、人際關係複雜的工作環境，陳瑞貞在抗爭之初已了然於胸，她告訴筆者我，她討的是一個公道。這些年輕、無資源的女性，曾不計個人得失，在劣勢中拒被滅口，勇敢發聲，令人敬佩，因著她們的努力，才奠定了婦女工作權的基礎。

---

44 我當時任教的國立大學中，性別歧視和性騷擾亦十分常見。

45 陳瑞貞的男主管要求她登上梯子去取貨架上層物品，自己站在下面評論她的內褲顏色。事後他堅持是關心員工，絕非性騷擾。

46 這是一場我親自參與的相當素樸的抗爭，各方都毫無經驗（包括縣長、警察局分局長和騷擾員工的主管），過程有點搞笑。事後檢討，事情後來急轉直下，可歸因於以下因素：一、那位主管對性騷擾的問題性毫無概念，他全然不否認自己的言行，僅堅持動機是出於「關心」，而他利用職權窺視並評論屬下內衣的行動已違反了一般禮俗，令他的上司無法公然予以包庇。二、當時婦女運動在臺北已有相當聲勢，有其政治影響力，也使得地方政治人物不敢輕忽。三、婦女新知的代表們因身為交大、清大教授和學生，在地方上受到媒體和政府重視。以後新竹婦女新知又處理了幾件工作權的案子，案情就複雜了許多，顯然當事人已經從媒體報導學到了經驗。也有男性利用女性親屬指控性騷擾，進行人事鬥爭，並打算操縱婦運團體打擊對手。

家務勞動者的工作權

　　1970 年代後臺灣經濟成長，婦女社經地位提高，但經濟成果分配不平均，貧富差距拉大，不僅加深下層婦女的困境，也突顯女人間的階級矛盾。1990 年代初期，現代婦女基金會、中華民國禮儀協會等九個婦女團體，要求政府開放外籍家務勞動者合法化，以低廉的薪資協助職業婦女處理家務，照顧老幼病患，減輕本地女性工作、家庭的雙重負擔。但婦女新知、晚晴協會等團體則認為，開放外籍勞工除可能引起社會問題和種族衝突，也可能延緩政府及社會尋求真正的解決之道，職業婦女所面臨的家庭照顧問題，應被視為社會整體共同承擔的責任，而不應在國際分工的架構下，轉嫁於經濟弱勢地區的婦女，延續傳統的性別分工。

　　本地家務勞動者感受到工資低廉的外勞正在競爭就業機會，向婦女新知投訴。新知等團體於是主張：

　　一、建立家務分工的觀念。

　　二、開發部分工時和彈性工時制度。

　　三、建立完善的托兒、托老措施，培養專業看護人員。

　　　　（婦女新知，1991）

　　只是這三項主張都不易落實，1990 年代以後，照顧業和製造業的缺工問題益形嚴重，臺灣引進的外勞人數持續增加。基層女性的勞動權變得更為複雜，尤其在涉及性、生育（性工作、代理孕母）的身體自主權，及面對外籍勞工（照顧

工作）、身心障礙者（按摩）的就業競爭時，如何論述及保障
本地女性的勞動權，形成婦運的新挑戰。

女按摩師的工作權

　　1997 年《身心障礙者保護法》修法期間，對於明眼按摩
人是否予以處罰，正反雙方攻防激烈。按摩行業年產值達數
十億，工時長且工作辛苦，以社會底層的女性和競爭力較弱
的視障者為主力。然而當時全國僅兩千多位盲人領有按摩執
照，其他數十萬從業者皆為明眼人，普遍非法營業，造成政府
管理和業者經營上的困難。坎坷的邊緣女子和視障者都需要工
作，當時婦運也因此分為兩派，婦女新知基金會常務董事王
如玄支持按摩女，她們多是婚姻受害者，需要賺錢養家。再
者，禁止明眼人按摩，並不能消滅市場需求，只會將之地下
化，造成更多社會問題。殘障聯盟理事曹愛蘭亦曾為婦女新知
成員，她問，單親中年婦女與視障者比較，誰轉行的可能性比
較大？誰能從事的行業比較多？且視障者中也有一半是弱勢婦
女。應加強明眼按摩女的職業訓練和就業輔導（類似主張也出
現在廢娼論述中，參閱第五章 204-205 頁），不要讓她們在色
情邊緣的按摩業中受到二次傷害。婦女新知的部分董事則號召
大家去立法院和國民黨部（執政黨）示威，保護盲人工作權。

　　儘管修法結果將按摩工作保留給視障者，但非法營業仍普
遍存在，甚至 2003 年 9 月主管此法的內政部長余政憲（民進

黨）也接受廠商招待，到理容院找明眼人按摩，並承認自己有此習慣，而成為頭條新聞[47]。我時任臺北市社會局長，因未立即懲處該理容院，而受到波及。媒體一陣撻伐後，一切回到原點，不但明眼人繼續按摩，更公然在電視節目中招攬觀光客。最後，經理容業者多年抗議與訴訟後，按摩工作權的爭議交到大法官手上，2008 年大法官根據《憲法》對人民工作權、平等權的保障及比例原則，宣告禁止明眼人從事按摩工作的法條違憲，三年後失效。政府應當促進視障者多元就業，並將按摩業的管理導入正軌（參閱顧燕翎，2016：213-224）。

性別平等工作法

《男女平等工作法草案》於 1989 年 3 月完成，1990 年 3 月獲得 39 位立委連署，由國民黨立委趙少康提送立法院，次年 10 月 19 日在立法院內政、司法聯席審查會上受到普遍的肯定與重視。這是立法史上首度由民間團體提出，獲得不同黨派委員支持，而行政部門未提相對法案的民生法案。草案的目的在落實《憲法》的兩性平等精神以及對母性的特殊保護，規定雇主及事業單位於招募、僱用、薪資報酬、配置、陞遷、職業訓練、福利措施、退休退職及解僱等，均不得因性別而有差別待遇，受害女性並得請求損害賠償，舉證責任由雇主擔；並明文規定女性勞工可請產假八週、男性陪產假十四天、男女皆可請育嬰休假一年、兒童照顧休假每年十天，政府應對再就業

婦女提供輔導（尤美女等，1990：63-65）。顧及社會的接受
程度，在第一版中並未納入性騷擾的相關規範與罰則。

當時正值 1991 年底國民大會代表改選前，政治資源分
配、統獨爭議是公共論述焦點，女性工作權並未引起注意，因
此沒有出現有組織的反對行動。消息披露後引起資方反彈，
執政黨也透過政策會要求黨籍立委緩議（婦女新知，1991e：
5）。1991 年 11 月，工商建設研究會更將此法案列為導致企
業外移的十大惡法之一。企業界否認歧視女性勞工，但不願
承擔勞工福利的大部分成本，尤其是帶薪陪產假、帶薪兒童
照顧休假和育嬰減少工時，認為此舉會破壞生產線運作，且
強制實施、連續處罰罰金會「影響勞資和諧」（臺灣立報，

47　余政憲事件後，臺北市商業管理處的調查研究，將按摩服務的行
　　業歸結為八類：視聽理容店、瘦身美容店、美容美髮店、三溫
　　暖、有 spa 設施之場所、健身房、觀光飯店及民俗療法場所（腳
　　底按摩、國術館、推拿、整脊等）。從業人員女多於男，單親媽
　　媽占相當大比例。在媒體報導中，常給人「按摩代表色情」的印
　　象，似有誤。客人多數對於按摩師的性別沒有特殊偏好，有
　　二成六偏好同性按摩師。在這年產值數十億的產業中（臺北市
　　二十億），全國有執照的盲人僅 2,400 多人，其他數十萬皆為明
　　眼人。設籍於臺北市的視障按摩師共 803 人，因此非法營業的方
　　式非常普遍，也造成政府和業者互不信任。
　　結論中提出了一些合理可行的建議，包括明眼人按摩合法化、建
　　立僱用比例制、課徵按摩服務特別保護捐提高視障者福利、建立
　　視障按摩師與業者媒合機制、宣傳按摩與色情脫勾之觀念、輔
　　導視障者從事其他類別之專業職訓。（參閱顧燕翎，2016：213-
　　224）

1999 年王如玄律師在立法院門口演講，要求制定《男女工作平等法》。

1992/1/23；臺灣區冷凍食品工業同業公會函，1992/1/17）。
在經濟發展的前提下，此法案遭到長期擱置[48]，至 2002 年方始通過，更名為《兩性工作平等法》，2008 年再改為《性別工作平等法》。

　　司法與行政體系所能保障的，仍屬於形式上的平等。根植於文化和習俗的性別歧視，加上勞方和資方／雇主和受僱者／上司和屬下之間的權力落差，使得在制度性的保障下，性別壓迫仍以各種方式存在，如一年一聘制；又如國父紀念館取消自動辭職的規定後，仍經常「修理」女服務員，比如把她們的座椅拆掉，迫使其整天站立，或休館期間不予她們帶薪進修機會

等（暢曉燕，1988b：15）。而媒體在報導勞資糾紛時，經常選擇性報導，不尊重勞方立場，或者把資方對女性勞工的非法榨取，扭曲為受害者的「生活困頓」（婦女新知，1988：8）。若不能改變集體認知和態度，婦運即使達成制度化的目標，如修法或設立性別平等機制，仍只能獲得形式上的平等，隱而不顯的、實質上的障礙仍有待克服。

小結：共識和差異

經過 1970 年代的摸索，1980 年代的激情反抗，1980 年代進入尾聲時，婦運蓬勃興盛，組成了許多新團體，進入制度化的階段。諸多涉及女性基本權利的議題，例如墮胎合法化、救援雛妓、防治性暴力、支援慰安婦、爭取參政、鞏固工作權和婚姻中的平等地位等，經一、二十年醞釀，在團體間形成共識，發展出創新策略。不少女性認同女性主義理念，不求回報地付出，增加了婦運的動力；而少數勇敢的、困境中的女性願意不計得失，挺身而出，讓社會聽到她們的心聲，產生共

48　Klein（1984: 11）認為，法案之獲得提送代表了婦女團體與國會議員有接觸，受到支持，然而婦女團體真正具有多少影響力則必須衡量其促使法案通過的能力。法案從提送到通過往往需要經年累月的遊說工作，以及努力避免中途被封殺。美國國會在 1979 至 1980 年第九十六會期中，法案通過的成功率少於 5%。

鳴，看見結構性的問題，也使得婦運的媒體能見度提升，議題發展更為多元，論述也更趨細緻。

　　然而，在此婦運高峰期，內部的意識型態差異甚至對立也開始顯現。婦運的政治改革動力來自性別身分認同，雖然女性的性和生殖長期受父權操控，是女性爭取自主權的重要場域，卻也是性解放運動的焦點。當兩者交集時，婦運需釐清女性主體的性別處境，選擇性運用性解放的論述來增強而非削弱女性能量。例如，當性解放忽視性別主義（sexism）而主張「好色男」的權利時，女性主義者是否附和？此外，婦運初期的超黨派立場也於此時受到考驗，看到新政黨或新政治人物快速崛起，是否要「押寶」，以利個人、組織和運動的發展？一旦婦運資源匯聚，各種立場競逐論述的主導權，議題變得更為多元、分化及複雜。有些因涉及深固的價值觀、群體或個人利益、政黨傾向，或對執行手段的認知，而引發爭執，例如女性工作權本是毫無疑義、共同追求的目標，一旦牽涉到階級、失能狀況的差異需求，甚至矛盾時，該如何權衡？新知家變的個案則涉及勞資的定義、工作自主權的範疇等。這些由實踐衍生的新議題，都需要從女性主義角度做長期、深入的探究。至於女性的性、身體與工作、婦女研究的意義和方向等，都曾是長久糾纏、論辯的主題，也在過程中達成了相當共識，以下將分章討論。

第五章

性、生殖與工作

女性的身體自主權

　　身體是構成一個人最核心的部分，歷來卻是女性最不由自主的部分。十九世紀美國婦運的領導人史坦登（Elizabeth Cady Stanton, 1815-1902）與安東尼（Susan B. Anthony, 1820-1906）在書信中互吐苦水，女人結了婚卻不能做自己的主人，使得所有的改革都顯得微不足道了：如果不能保有我的身體權，投票權和財產權又有何意義（Hasday, 2000: 1425）？然而以她們的聲望和地位，仍只能私下傾訴。好不容易到了二十世紀中葉，在年輕女性發起的婦女解放運動中，女性的身體和性才成為論述重點（參閱顧燕翎，2019：180）。

　　因著婦運議題的推展和醫療科技的進步，身體自主權的爭取在不同時期以不同議題呈現。全球而言，二十世紀初期是婚配自主、避孕權，二十世紀中則是生育權（生與不生的自由與安全的分娩、避孕及墮胎）和性自主權，到了晚近，性工作和

委託代孕不僅形成跨國產業，也引發婦運內部的論爭。同樣有關生育權，委託代孕比墮胎更為複雜，非僅攸關個別女人的生育行為，還牽涉到使用其他女人的身體來懷孕，更因生殖科技的發達，可跨國利用第三者、第四者的精卵在體外受精，影響多方之權利與人倫關係。生殖產業跨國經營的模式也考驗全民健康保險和社會福利制度的適用性。

性交易的禁制與除罪

十九世紀歐洲福音派女性主義（evangelical feminism）肯定女性的妻、母角色，主張婦女壯大自身力量、保護弱勢，包括兒童、貧窮人士和不幸婦女，此派女性主義者是禁酒、反娼運動的主力。二十世紀激進女性主義者則重視女性自身的主體性，而非男性的妻、母角色。她們認為，父權社會將女性身體建構成男性欲望（權力及性）的對象，女體不僅淪為男性欲望的客體和受害者，甚至女性的附屬地位與受害經驗也被性欲化，用來取悅男人，婦女運動應當揭露和消除女性受害的處境，因而強烈反對男權宰制下的性欲表現及其暴力本質，拒成為男性欲望的承載和受害者，而在反對色情和性交易的行動中，與保守勢力的社會淨化運動攜手（顧燕翎，1997：90-92）。然而並非所有女性在職業選擇上都有充足的能動性，經濟弱勢女性缺少了其他生存選項，反性交易運動很可能壓縮了她

們僅餘的生存空間，形成保護女性／拒絕受害的理論，與少數弱勢女性求生存的現實間難以兩全的困局。

1980 年代後，反色情的主張受到挑戰，反對性壓抑的反反色情立場及主張妓女公民權和性工作權的妓權運動興起，諸多女性主義學術討論也以性工作者的自主及能動性，取代從娼受害的論述，並於二十一世紀初在期刊中呈現壓倒性的趨勢（Jeffreys, 2009: 316）。對於性自由和身體自主權的差異理解，形成性實踐的不同立場，進而在公領域的法律及制度建構過程中交鋒。二十世紀劃上句點之前，歐洲的兩個政府對性交易分別採行了截然不同的政策：瑞典於 1999 年通過「禁止購買性服務法」，罰嫖不罰娼；荷蘭則於次年將性交易全面合法化，明文規定地方政府不得全面禁娼，只能以發放執照的方式進行地區性管理（顧燕翎，2005）。這兩種背道而馳的政策成為臺灣婦女團體討論性工作議題時的重要參考依據。

公娼制

日本統治臺灣期間，於 1898 年開始實施公娼制[49]，1945年國民政府一度全面禁娼，但因無法確切取締地下舞廳、酒家、娼館，乃於 1956 年通過《臺灣省娼妓管理辦法》，並訂有

---

49 根據日日春關懷互助協會製作的公娼歷史年表，臺灣公娼制度之始為設置 1898 年艋舺妓女戶，當年日籍妓女湧入臺灣，日本政府因此開始實施管理制度。（http://coswas.org/archives/1828）

落日條款，地方政府可以對個人核發經營娼館（妓女戶）的執照，也可以對個別女性核發公娼牌照，臺灣因而走回公娼制[50]。領取公娼牌的女性，每月必須接受健康檢查，以控制性病傳染。1962 年，通過《臺灣省特定營業管理規則》，沿襲日據法規，容許舞廳、酒家、特種茶室、特種咖啡室等四種特定營業僱用「女性陪侍」，但明定不許有賣淫和猥褻行為。1990 年修改特種行業管理辦法，再開放觀光理髮、視聽歌唱、舞廳、三溫暖浴室等特種行業（黃淑玲，1996：104-105）。二者相加，即俗稱八大特種行業。因此，合法的性交易在臺灣分為陪侍與賣淫兩大類別。

公娼制與特種行業之外，存在龐大的非法性交易市場，如應召女、流鶯等，稱為「私娼」。1991 年通過的《社會秩序維護法》認定賣淫妨害善良風俗，予以處罰，但只處罰賣方和仲介者，而不罰買方，即俗稱罰娼不罰嫖。不過，在此之前已獲得執照的公娼和娼館仍得以繼續營業，至營業牌照自然消失為止。

廢娼 VS 妓權運動

臺灣婦運的諸多議題中，與女體和性相關的論述一向吸引媒體，其受關注程度高過婦運團體長久耕耘的工作權、教育權、財產權等。1987 年以關懷雛妓為目標的臺北市華西街大遊行首次將婦女運動推上媒體焦點，也強化了部分婦女團體和

婦運人士反色情和廢娼的決心（顧燕翎，1997：99-111），其中有些人在1994年的臺北市長選舉中成為陳水扁的支持者。1997年陳水扁市長在其影響下，以為所有婦女團體都反對性交易（Li, 2010），驟然宣布廢娼，但此舉不僅剝奪了公娼生計，也違反《娼妓管理辦法》的落日條款，激起公娼反抗，引發妓權運動。

性交易的型態和內容包含甚廣，加以買方和賣方的背景、動機、社會階層都極為多元，牽涉到道德、經濟、法律、政治、公共衛生以及性別權力等面向，不易尋求共識，加上1994年後，部分婦運團體開始與政黨結盟，政黨政治的介入更將問題複雜化。從臺北市1997年廢娼至2009年大法官宣布罰娼不罰嫖違憲的十餘年間，性、色情、性工作的爭議，演變成對身體自主權的詮釋權爭奪，也分化了婦運。

主流社會一方面私下縱容男性的性需求，卻公開對性活動抱持規訓、管制的態度，以致性交易雖然以各種方式或明或暗存在，不同形式的「掃黃」也成為政治人物建立社會秩序、道德宣誓的必要手段。1990年代初國民黨行政院長郝柏村、臺北市長黃大洲都曾大力掃黃，民進黨臺北市長陳水扁也

50　1956年，國民政府頒布「臺灣省娼妓管理辦法」，實施公娼檢驗制度，並同時取締私娼，在劃定的特定區域內，對性交易業主及娼妓發放限量執照，劃定「落日條款」，規定營業牌照不得繼承、轉移，所有人死亡後，營業牌照自然消失。至1997年，興盛時期的上千名公娼只剩128名。（林瑞珠、王芳萍、張容哲，2009）

於 1996 年揚言要將色情行業趕出住宅區，並且於 9、10 月間大舉掃蕩特種行業，甚至商務旅館（詹三源，1996；黃哲斌，1996；社會組記者，1996），得到勵馨基金會、婦援會、世界展望會等團體支持（楊久瑩，1996；賴俞蓉，1996）。此舉掀起「色情」和「色情場所」認定問題，並因政治力介入，強化了反色情的立場。廢娼人士主張除惡務盡，色情不僅應趕出住宅區，也不應存於商業區，否則只是暫時轉移營業地點，終將死灰復燃。其中有人重提婦援會 1980 年代宣揚的情色二分論，主張將臺北發展成為「有情無色」的乾淨城市（陳秀惠，1996）。民進黨婦女部（1996）指出過去國民黨主導的掃黃雷聲大雨點小，期許陳水扁和黑道對抗，「解決色情行業中盤根錯節的黑道暴力控制與人口販賣的問題」。

1997 年 9 月 4 日，臺北市政府公告將於 48 小時內廢除公娼制度，引發公娼們恐慌，組織自救會，進行長期抗爭，性解放團體和支持陳水扁的婦運人士各持己見，性欲政治和政黨政治直接對撞。

臺北市婦權會委員沈美真從事雛妓救援，看到逼良為娼、利用公娼掩護私娼的黑暗面，認為「娼妓制度違反人性尊嚴與價值，危害婦女甚深，」政府應輔導公娼轉業（沈美真，1997；張娟芬，1997：11）。臺北市政府社會局局長陳菊（1997）期望公娼「振奮精神面對新生活……許多婦女的背後都有一段辛酸的故事……生命原本就不是事事盡如人意，該感嘆的很多，但是生命的尊嚴在於我們選擇什麼樣的出路，」她

表示執行廢娼是站在疼惜女性的立場。劉毓秀（1997）支持「動用公權力斬斷性產業的網路，」協助性工作者轉業。廢娼派的代表人物林芳玫（1998：60）則聲言廢娼派並不奢望立即消滅性產業與性工作，而是主張管理規範性產業、媒介者與嫖客，娼妓除罪化，懲罰加害者，也就是瑞典婦運人士所主張的罰嫖不罰娼。

　　女工團結生產線的王芳萍（1997）看到以性工作維持家庭生計的成年娼妓驟失所依，指責中產階級婦運偽善、自以為是，合法公娼有法律保障，私娼只能任憑剝削，「廢娼不代表禁絕娼妓，只是讓性交易全面地下化，同時放棄所有保護娼妓勞動權益的機會。」性解放論者何春蕤（1997：11）則力倡以身體換取生活資源、追求經濟獨立的正當性，肯定娼妓與父權抗爭的性經驗，並攻擊主張廢娼者替男政客拉票站臺，打擊異己，「用救援之名廢掉下層女人的生計……不能因為自己在性方面是弱者，就認為所有女人在這方面是弱者……婦女運動者需要做的是虛心求教……積極擴散娼妓們用身體累積的生命智慧，搞不好還能救救良家婦女呢！」

　　公娼們對驟然廢娼不服，並在各種場合不斷表示：「我們又不偷也不搶，也是正正當當地靠我們的身體勞力賺錢養家，為什麼硬是要剝奪我們工作的權利？」（陳柏偉，2000：140）她們知道自己擁有合法執照，應受法律保障，但衡量處境，考慮社會認同，選擇了只訴求緩衝一至兩年（顧玉玲，2000：150）。在「女工團結生產線」（女線）和「粉領聯

1997 年公娼在臺北市政府大門前的抗議活動。（授權自日日春關
懷互助協會）

1999 年爭取到緩衝兩年後，公娼自救會會長官秀琴（官姐）帶領
姊妹祭拜天公。（授權自日日春關懷互助協會）

盟」（粉領）協助下，她們發表心聲（婦女新知，183 期）：

一、我們的工作正正當當，為什麼要剝奪我們的工作。

二、我們是在為社會貢獻，不是製造社會犯罪。

三、廢除公娼決策過程粗糙，我們完全沒有時間面對準備
　　失業。

四、社會局救濟和轉業方案，根本不是一條生路。

女線和粉領也結合了一些團體[51]表達支持（婦女新知，
183 期）：

> 公娼數天來要求工作權、生存權的陳情，甚至退而求
> 其次提出暫緩廢娼或給予緩衝期的要求，市府完全
> 置之不理……今天午夜進行的「執行消滅公娼勤務計
> 畫」，更將列為被「消滅」對象……這是剝奪基本人
> 權的最獨裁做法。

娼、嫖罰或不罰？

大部分婦女團體困於色情與性愛的分際，一時難以取捨，
同時也可能感受到「女性主義霸權」（丁乃非，1998/2008：
124）的壓力，而選擇沉默。公開表示意見的以彭婉如基金會

51　與女線和粉領共同簽署者包括：婦女新知基金會、預防醫學學
　　會、綠黨女性支黨部、全國大專女生行動聯盟、希望職工中心、
　　中央大學性／別研究室、臺大城鄉所性別與空間研究室。

和婦女新知基金會為代表，彭婉如基金會支持陳水扁廢娼，同時主張罰嫖不罰娼、部分除罪化，以及輔導性工作者轉業，她們認為[52]：

> 含有性交易與色情買賣成分的活動，是臺灣男人的常態休閒娛樂與應酬方式。這是鞏固男性惡質性文化的主要社會機構，不僅對兩性和家庭關係有極大負面影響，而且造成性產業的持續擴張，一方面不斷製造更大的市場，誘惑婦女（包括愈來愈多的青少女）投入。另一方面，不斷生產更多不良的兩性關係與精神、經濟失依婦女……。

> 成年婦女從娼大部分係出於家庭經濟需要，罰金或拘留非但無法嚇阻這些婦女進入性產業，反而迫使她們投靠性產業網絡以尋求保護；處罰嫖客、皮條客與業者，則可賦予賣春婦女相對權力，可以幫助她們抵抗剝削。（公訓報導，84 期）

當時新知剛經過「家變」風暴，公娼議題被認為是導火線之一[53]。暴風雨後我接任下屆董事長，陳美華為祕書長。經過董監事會討論，新知對所有在父權社會中求生存的女性表示同情，支持公娼自救會，主張應依法緩衝兩年，並確立國家的性產業政策[54]：

婚姻與娼妓制度經常是資本主義父權社會用以交換女人的機制，因之衍生的性別壓迫與剝削也是婦女團體長久以來極力批判的對象。我們堅決反對任何形式的人口販賣，也反對任何基於性別的壓迫與剝削，但是在父權的婚姻與娼妓制度還無法被真正打垮之前，我們認為婦女團體也必須認真面對身處在這兩種不同體制中的女性處境，並為她們爭取更多的權利……

我們很高興看到這群弱勢主體的壯大，我們也看到公娼的抗爭其實是弱勢族群在面對基本生存權被剝奪時，不得不然的反擊……原來這些「賺吃查某」和我們主流社會鼓勵的「良家婦女」形象是如此一致──都是刻苦持家，犧牲自己照顧家人的形象……（同上）

52　支持廢娼的連署團體包括：彭婉如基金會、婦女救援基金會、勵馨基金會、臺北市女權會、主婦聯盟、社區婦女協會、終止童妓協會、彰化玉蘭花婦女權益促進會、高雄縣婦女發展協會。

53　1995 年至 1997 年間，婦女新知基金會董事會和工作室發生衝突，部分工作室同仁指責董事會與壓迫弱勢女性的父權體制共謀，也有董監事對工作室的處事方式不滿及質疑，而導致「家變」。（第四章 175 頁）

54　支持緩衝的連署團體包括：婦女新知基金會、臺北市晚晴婦女協會、粉領聯盟、女工團結生產線、天主教胚芽團體、高雄市晚晴婦女協會、臺北市婦女新知協會、政大女研社、長庚女研社、東吳女研社、高雄市女性行動協會、一葉蘭喪偶家庭成長協會、國際單親兒童文教基金會。

參與新知連署的女工團結生產線（後來協助公娼們組織「臺北市日日春關懷互助協會」，簡稱日日春）並引介「世界妓權憲章」，主張買賣雙方皆除罪，仲介等第三者應比照一般商業法規處理，性工作正常化。她們認為當下社會對性活動充滿歧視，應加以教育改造：

> 發展教育計畫，以協助大眾了解嫖客在賣淫行為中扮演著一向被忽視的關鍵角色。然而嫖客也和娼妓一樣，不應在道德上被譴責或犯罪化。（同上）

　　多年之後，婦運團體對性工作的立場和主張雖仍有差異，但逐漸形成了同情弱勢婦女、不應罰娼的共識。只是不罰娼卻罰她們的顧客，等於間接處罰了娼，也使得性工作者被迫曝露於危險、沒有警察保護的環境之下。

性工作除罪與選舉

　　日日春於 1999 年五一勞動節前夕成立，成為臺灣的主力妓權團體，長期關心性工作者的工作環境及權益，向內政部陳情、遊行示威，倡議性工作除罪化，舉辦國際行動論壇，推動「性產業」政策辯論，展現了底邊的運動團體強韌的創造力和生命力，也逐漸鬆動輿論對性工作公開排斥的立場（參閱林文義，2005；江慧真，2007；郭力昕，2007）。

回應日日春的訴求，馬英九主政的臺北市政府和陳水扁主政的行政院，分別委託侯崇文、楊文山等學者進行性產業研究[55]，結論都是建議除罪化和加強管理。多次民調也顯示，民眾普遍不反對性產業，卻反對性交易在自家附近進行，影響社區安寧和房價。以臺北市政府 2001 年的兩個委託研究案為例，市民認為色情業自古即有、永遠禁不了的分別為 77.3%（侯崇文）和 65%（楊文山），不相信只要政府全面禁止，色情業就會消失的占 74.9%（楊文山），主張完全取締的只有 14.5%（楊文山）。在當時完全禁娼的政策下，即使警察局全力掃黃，一半以上市民仍感到他們敷衍了事（楊文山），對執行公權力的負面影響不可謂不大。但基於依法行政，市政府仍繼續延用《社會秩序維護法》掃除流鶯。

55　包括以下研究案：侯崇文（2001）〈特種行業專區──色情專區設置的研究〉，臺北市政府研究發展考核委員會委託研究案。
楊文山（2001）〈臺北市市民對色情產業及性交易的認知與態度量化調查研究期末報告〉，臺北市政府委託研究案。
夏鑄九、顏厥安、王增勇、王卓脩（2002）〈我國性產業與性交易政策之研究之期末報告〉，財團法人婦女權益促進發展基金會委託研究案。
國立中正大學勞工關係學系（2002）〈超越二元對立的框架：論臺灣性交易管理制度及其規制政治〉，財團法人婦女權益促進發展基金會委託研究案。
中央研究院社會學研究所（2002）〈臺北市色情產業及性交易政策芻議研究期末報告〉，臺北市政府委託研究案。

2004 年 1 月 6 日，內政部宣布將朝向除罪化方向修法，婦援會等團體以「推動縮減性產業政策聯盟」[56] 名義提出五大主張：

一、制定縮減性產業之政策。

二、不處罰賣性者。

三、嫖客罰鍰。

四、懲罰性交易之得利第三者。

五、促進平等、非交易的性關係。

同年 2 月總統大選前，日日春舉辦了「國際娼妓文化節」與「性工作者除罪大遊行」，要求國民黨候選人連戰和民進黨候選人陳水扁簽署刪除《社會秩序維護法》第八十條罰娼條款，遭到兩黨拒絕。對政治人物而言，性工作從來不是討好的議題，也沒有選票，一般政客都避之唯恐不及，即使在荷蘭亦如此（Doorninck, 2001）。

2008 年 3 月再次大選前，日日春再結合民間團體要求候選人馬英九和謝長廷簽署「廢除罰娼條款」，馬總部初以時機不對，容易被抹黃，以及尚需進行公民會議，尋求共識為理由，拒絕簽署，最後由總部主任祕書背書表達：

一、對社會秩序維護法八○條，考量「在成年、自願的情形下，處罰性工作者（罰娼不罰嫖）」有違憲法所保障之基本人權，應盡速排入立法院議程，進行修法。

二、此公共政策涉及多元價值，宜同時進行公民會議
　　尋求共識；討論議題除「性交易工作除罪化」，
　　尚可加入「設立性產業特區」等議題。

　　謝長廷雖簽署承諾書，表達「廢除罰娼條款、並在兩年內制定配套措施法令」，但除書面簽字外，此項政見從未出現在候選人的口頭或書面政見，並拒絕繼續對話（日日春關懷互助協會，2008）。儘管社會上已逐步形成不罰娼的共識，性產業的道德爭議性仍使政治人物在精算選票時，不敢做出明確承諾。

修法與釋憲

　　2008 年 11 月，行政院舉辦「性交易應不應該被處罰」公民會議，十八位婦團代表、學者、性工作者及家庭主婦，經過四天會議，無異議通過「性工作者不應被法律處罰」結論，給了社會運動出身的國民黨不分區立法委員鄭麗文「給貓掛上鈴鐺」的勇氣。2009 年 4 月，她在立法院提案修正《社會秩序維護法》，刪除「罰娼不罰嫖」的規定，針對成年、雙方自願性交易之性工作者不罰，以保障性工作者的工作權（林新

56　成員包括婦女救援基金會、勵馨基金會、臺灣女人連線、彭婉如基金會、花蓮善牧中心、終止童妓協會。http://twl.ngo.org.tw/article/2004-02-06wo-xing-cedewu-qiu

輝，2009）。

2009 年 6 月，行政院研考會與警政署分別提出「性工作者除罪化」期終報告，一致主張「娼嫖除罰化」。研考會報告建議娼妓、嫖客、第三者（助娼者）皆不應處罰；警政署報告則主張娼妓與嫖客可以不罰，但助娼者應處罰（李順德、楊育欣，2009）。之後，行政院「人權保障推動小組」第十五次會議也作出結論（內政部，2009），包括：

一、推動修法，以性工作者除罪化作為目標；

二、責成內政部儘速研擬性工作者相關法令及配套措施；

三、關於設立專區部分，原則上不以公投方式辦理，較宜由各縣市政府及議會決定；

四、內政部應協調衛生署提供性工作者免費之傳染病篩檢；

五、加強對未成年性工作者、人口販子、媒介性工作者等的取締。

於此同時，原來的「推動縮減性產業政策聯盟」成員經過調整，改稱「反性剝削聯盟」[57]，政黨傾向減弱，以宗教團體為主，雖主張不罰娼，但強烈反對性交易（臺灣女人連線，2009）：

一、反對性交易是一種職業，更反對「性產業」。

二、政府應嚴禁與性交易相關之所有公開招攬的訊息與行為。

三、因性交易而從中獲利的第三者需被處罰。

四、我們了解多數賣性者皆因經濟匱乏選擇從事性交
　　易，所以我們主張不處罰賣性者，但不贊同其工作
　　權。

五、嫖客應上輔導課程及罰鍰，課程相關費用由嫖客支
　　付。

六、政府應提出友善婦女的福利及就業政策，避免婦女從
　　事性交易。

七、政府應檢討性別平等教育及人權教育，提出改善措
　　施。

　　相對的，日日春也結合更為底邊的身心障礙、失業者、同
志團體，組成「保障性工作勞動權聯盟」[58]，從社會底層的性
交易雙方的需求出發，重申不罰娼、不罰嫖，也不罰得利第三
人，亦即，性工作和性產業完全除罪化（苦勞網，2009）。

　　婦女新知基金會沒有加入任何一方，但主張娼嫖皆不罰，

---

57 「反性剝削聯盟」：勵馨基金會、婦女救援基金會、終止童妓協
　會、臺灣女人連線、彭婉如基金會、基督教門諾會花蓮善牧中
　心、中華民國基督教女青年協會、臺北市晚晴婦女協會、臺北市
　女性權益促進會、中華恩加樂國際善工協會、愛慈基金會、臺灣
　少年權益與福利促進聯盟、基督教臺灣信義會、基督教愛盟家庭
　文教基金會。

58 「保障性工作勞動權聯盟」包括日日春關懷互助協會、性別人權
　協會、臺灣同志諮詢熱線協會、工作傷害受害人協會、愛滋感染
　者權益促進會、中央大學性／別研究室、風信子精神障礙者權益
　促進協會、基隆市失業勞工保護協會、柳春春劇社劇團、角落關
　懷協會、慈芳關懷中心、人民火大行動聯盟。

由性工作者組成勞動合作社，以勞動權益、自主經營、利潤共享的模式，拒絕大型資本的剝削。

同年 11 月，經由兩名三十多歲的宜蘭地方法院法官林俊廷和楊坤樵的申請[59]，大法官作成 666 號釋憲（司法院，2009），認為性交易的本質須雙方共同完成，因此雙方的法律評價應屬一致；再者，法律應保障人民的實質平等，而非形式平等，女性從娼往往迫於經濟壓力，再被處罰，會陷入更窘困的處境。因此，「罰娼不罰嫖」的規定牴觸《憲法》第七條的平等原則，所以宣告《社會秩序維護法》第八十條違憲。儘管如此，大法官卻未論及人民是否應享有充分的性自主權，或者性交易本身是否應罰，而留下很大的社會控制空間：

> 為貫徹維護國民健康與善良風俗之立法目的，行政機關可依法對意圖得利而為性交易之人實施各種健康檢查或宣導安全性行為等管理或輔導措施；亦可採取職業訓練、輔導就業或其他教育方式，以提升其工作能力及經濟狀況，使無須再以性交易為謀生手段；或採行其他有效管理措施。而國家除對社會經濟弱勢之人民，盡可能予以保護扶助外，為防止性交易活動影響第三人之權益，或避免性交易活動侵害其他重要公益，而有限制性交易行為之必要時，得以法律或授權訂定法規命令，為合理明確之管制或處罰規定。

2011 年 3 月，立法院三讀通過《社會秩序維護法》修正案，在性交易專區內娼嫖皆不罰，專區外皆罰，「罰娼不罰嫖」正式走入歷史。然而至今（2020）仍無地方首長敢設立專區，性工作陷入「形式合法，實質非法」的政策矛盾。

母親、子宮和生殖市場化

委託代孕與性工作都因涉及租用女性身體，經常被相提並論，但性交易限於個人私下短時間的互動，而代孕過程卻長達一年以上，且產生了新的生命、新的家庭關係，更為冗長複雜。不過代孕議題出現的時程較晚，婦運累積了較多實力，婦女團體的性別分析能力增強，故議題討論較易在女性主義的基礎上產生共識，不致若性工作議題般輕易因政黨認同而被分化。

廢娼事件中，公娼們勇敢站出來爭取合法工作權，終於改變了公共政策，不罰娼成為無可爭議的共識。1990 年代後期，需求子女之已婚不孕女性開始呼籲政府將代理孕母合法化，以挽救她們的婚姻和人生，進而引發了另一波有關女性身體自主

---

59 兩名法官審理性交易案，許多被告是社會底層的高齡女性，她們除面對生活的煎熬，同時又要承受不公法律的催逼。兩位法官雖大權在握，卻覺得自己判不下去，七八個案子積在手邊，乃申請釋憲（聯合報黑白集，2009）。

權的爭論。建立在母子關係之上的「子宮家庭」[60] 文化,不僅期待女性生男孩來滿足夫家傳宗接代的需求,有自己的子嗣也是女人幸福的保障。只是此波爭議的主角:可能成為代理孕母的女人和可能出生的代孕子女都未能具體現身,最重要的利害關係人都沒有話語權,引起婦女和兒童保護團體關注。

衛生署於 1996 年成立「人工生殖技術諮詢委員會」,著手研議《人工生殖法草案》,雖多數委員對開放代理孕母持反對意見,1997 年衛生署長詹啟賢仍宣布將考慮開放代孕(中國時報,1997:7),自此爭議不息。

爭取代孕合法化

不孕婦女的發言人陳昭姿(1997:17)道出不孕女性的辛酸,爭取代孕合法化:

在我辦公室書桌的抽屜裡,躺著一封封來信。多數是來自不孕或因不孕而不婚或失婚的女人,也有媽媽為尚年幼的女兒執筆,也有婆婆問媳婦的病況,更有因此而感情被迫終結的實例。還有不少女子表示願意為他人嘗試懷孕,包括曾親身經歷不孕之苦的女人,包括慈悲的健康的媽媽,包括在醫院工作看盡不孕苦難的醫護人員。過去二十年來,我何等渴望認識這樣的女子,因為這件事不合法不公開……讓我為我不曾犯

錯的事實，終身蒙上陰影，這個陰影並且至少覆蓋在
兩個家庭兩代親人之間。

丁乃非、王蘋站在不孕女性的立場主張健保給付代孕，她
們認為：

> 如果女人在家庭中不孕（或生不出男／兒子），她個
> 人的幸福快樂、她對家庭的貢獻……她所有曾經與現
> 在的努力，都白費了。

> ……不一定是為了一輩子的保障，她們也可能是為了
> 追求個人需要的幸福快樂，但是至少這是她們自己
> 做的人生選擇，而代孕者有可能使得這個選擇成真。
> 如果我們擔心貧富差距有可能使帶〔代〕孕成為另一
> 種剝削或特權，那麼請健保給付帶〔代〕孕的花費，
> 避過一切買賣，不就可以嘉惠所有女人了嗎？（丁乃
> 非、王蘋，1997：19）

---

60 美國人類學家吳爾芙（Margery Wolf）在臺灣做鄉村婦女研究
時，提出此概念，女人在原生家庭中沒有地位、沒有歸屬，出嫁
後成為卑微的小媳婦，直到生了兒子，才真正建立了屬於自己血
緣關係的子宮家庭，在其中享受親密關係、受到珍重，這是屬於
她的天地，因此她會防範外來者入侵，把媳婦當作外人。（顧燕
翎，2015：118-119）

何春蕤（1997）則倡議商品化、普及化生殖工作與性工作：

> 難道這種新科技不能為動機各異的女人所用，而成為
> 顛覆傳統異性戀父權家庭的工具？再說，使用代理孕
> 母來「傳宗接代」，也可能成為某些女人與周遭男權
> 鬥爭的新武器……生殖工作和性工作原本就是家務工
> 作的一部分，從歷史上來看，像烹飪、照顧、整潔、
> 養育等家務工作的工具化或商品化，都帶來了更多女
> 人就業和在家庭領域之外實現自我的自主條件……

反對代孕合法化

反對代孕合法化的女權會理事長黃淑英認為：

> 如果這些婦女的痛苦是來自父權社會的壓力，代理孕
> 母的合法化未根本解決壓力本源，反而增加為尋找
> 代理孕母前往第三國或貧窮國家的問題。（蔡篤堅，
> 2011）

林芳玫（1996）則指出：

> 現代科技似乎替不孕的人解決問題，其實反而強化了

問題的社會文化根源——傳宗接代的觀念。不孕症的人本身並沒有問題，是醫學界做了父權制度的幫凶，以科學的權威給沒有子宮的女人貼上「殘障」的標籤。

兒童福利聯盟以兒童的觀點出發，認為給孩子幸福，比孩子是誰生的重要。親子關係是後天培養，而非血緣命定的。如果孩子為了父母的觀念來到世間，是把孩子工具化，忽視兒童的生命權益。有太多的兒童虐待個案，是出於親生父母之手，也有許多養父母把養子女視如己出，血緣關係對孩子的幸福並非是保證書（梁玉芳：1997）。他們呼籲不孕父母考慮領養需要家庭和愛的小孩。

保障代孕者

筆者（顧燕翎，1998）曾指出，若無法改變勞動市場現況和對血緣子女的需求，至少應保障代孕者權益：

> 倡議代理孕母合法化的人……一方面從父權家庭的需要、社會的管理、子女的利益來考量，另一方面則是性解放論者將之視為「顛覆傳統異性戀父權家庭的工具」，主張將身體工具化，使之可以為女性主體所用。雙方都相當忽略了勞動者兼勞動工具的出租子宮

女人本身的需要，及其相對於買方的社會位置和權力關係。然而，如果基於當前社會現實，我們一時無法消除對性工作和代孕的市場需求，也無力解決某些基層婦女迫切的經濟困境，致使她們必須以身體換取酬勞，至少我們應當給予從業女性公權力的保障，避免她們因為職場地下化而受到剝削和虐待。

爭議再起

由於未能建立社會共識，2007 年 3 月立法院三讀通過《人工生殖法》，但將代孕條款除外。2012 年媒體報導，藝人王芷蕾和連戰之女連惠心在美國透過代理孕母得到孩子，代孕制度再度引發討論，衛生署國民健康局（國健局）試圖藉公民審議會議推動代孕生殖草案，將代孕設定為無償、利他行為，委託者必須是妻無受孕能力之夫妻。在公布會議結論前夕，八個婦女、宗教及兒童團體[61] 共同召開記者會，質疑公民會議的代表性和客觀性，並提出三聲無奈：一、子宮工具化；二、子宮商品化，造成階級剝削；三、給不孕夫妻更大壓力；以及五大缺失：一、商業仲介形成代孕剝削；二、代孕者、委託者皆可決定墮胎；三、誰是母親；四、瑕疵品退貨爭議；五、代孕子女應有知悉身世權（臺灣女人健康網，2015）。制定新法受到阻擋，國健局改弦易張，修改《人工生殖法》，加入代孕條款，但在連續三屆的行政院婦權會（後改為性別平等會）

中，草案都遭委員們強烈質疑，至今未送出行政院。

代理孕母的全球化現象

　　在重視子嗣的傳統社會，即使未有體外受精的技術，以各種手段借腹生子仍時有所聞，但因數量有限，並未受到社會重視。1970 年代，代孕現象才從美國開始成為社會議題，緣自墮胎合法化後，可供領養的兒童數量明顯減少，代孕需求因而大量增加。早期的代孕以基因型（traditional surrogacy）為主，或稱傳統型，由代理孕母提供卵子及子宮，注入精子，於體內受孕。因方法簡單，可在醫院外自行處理，政府也不易規範。隨著體外受精技術進步，並為消除代孕者與新生子女的基因連結以減少糾紛，借腹型代孕（gestational surrogacy）成為主流。委託者只使用代孕者子宮，由醫師將體外受精的胚胎植入。因可以選擇精卵，不必擔心生下異類子女，所以許多委託者選擇到生活和醫療費用低廉、法律規範寬鬆的國家去租用子宮，甚至跨國另尋精卵來源，生下符合自己期待的孩子，致使生殖旅遊業（reproductive tourism）興起，利潤龐大，價碼也隨各地生活指數而層級化（參閱顧燕翎，2014）。

61　臺北市女性權益促進會、臺灣女人連線、臺灣展翅協會、臺灣婦女團體全國聯合會、兒童福利聯盟基金會、基督徒救世會、婦女救援基金會、勵馨基金會。

傳統家庭的建立由一男一女結合，自然受孕，生下子女，自行養育，所以懷孕、生育、養育都在家庭內進行，精卵來自夫妻自身，家人之間有親密的血緣關係。委託代孕打破了自然的連結，精、卵提供者、子宮提供者和子女養育者之間可以毫無婚姻和血緣關係，而形成了家庭的新面貌，也對立法構成了新挑戰。

　　借腹型代孕需要相當的醫療水準，因此並未在醫療技術相對落後地區構成社會議題。在醫療技術發達的國家，由於代孕制度涉及生命和家庭倫理，大部分均謹慎以對，德、法、義、瑞士、瑞典、芬蘭、挪威、日本、新加坡、匈牙利等都明白禁止。透過立法將代理孕母合法化的國家和地區為數很少，最著名的是允許商業代孕（commercial surrogacy）的印度（2018 年已修法禁止）和美國加州，孕母可以收取代孕費用。其他國家和地區即使法律允許或者不禁止，也僅限於利他型代孕（altruistic surrogacy），孕母必須無償付出，最多只能獲得損失補償和醫療費用，但她是孩子的法定母親，保有反悔權，如英、澳、荷蘭、丹麥、加拿大等。委託者必須通過領養或準領養手續才能成為父母。各政府對代孕也都嚴加管制，對施術機構從嚴指定，而非開放給所有醫院。仲介及廣告是代孕商業化的關鍵，也是利之所在，這些國家對於仲介、廣告都嚴加規範或根本禁止，以避免利他型代孕實質上轉變成商業代孕，而被指責為人口販賣（參閱陳銘雄，2010）。

　　然而在資本主義全球化的二十一世紀初期，嬰兒的製造儼

然成為方興未艾的跨國企業，且形成自然的分工。印度雖是商業代孕，其醫療費用加上旅費仍遠低於歐美的無償代孕，且政府管制鬆散，委託者可不經過領養手續就成為孩子的父母，孕母集中住宿管理、服從又便宜，以致發展成為世界的代孕工廠，年產值達美金 25 至 40 億。印度之外，烏克蘭、俄羅斯、泰國、墨西哥都因低價和手續簡便而吸引不少國外客源，雖其中僅烏克蘭的商業代孕是合法的。美國加州商業代孕合法，卻因收費高，即使本地人也寧可出國尋找代理孕母，但仍吸引了資金雄厚、希望子女取得美國籍的外國客戶（參閱顧燕翎，2014）。

　　因數量增加，近年來國際上因代孕而引發的糾紛時有所聞，包括親權的爭奪、缺陷兒的棄養、代孕者拒絕墮胎、新生兒國籍的認定、合約的爭執、單身男性大量委託代孕、代孕兒成為戀童症患者之性工具、貧窮地區年輕女性被綁架到國外去做代理孕母，以及代孕者因生產而死亡等問題叢生。印度乃於 2015 年立法禁止外籍人士僱用代理孕母，本國籍父母亦需結婚五年以上。2018 年再禁止商業代孕，只能採用利他型代孕，且代孕者必須是委託者之近親、已婚、已生育，一生只能代孕一次。泰國也於 2015 年立法禁止商業代孕，只能採用利他型代孕，夫妻之一為泰籍，結婚三年以上，代孕者必須是委託夫妻的姊妹，且需經其丈夫同意（Surrogate.com, 2019）。

誰的基本人權？

　　十餘年來，國內委託代孕的爭論以基本人權為基礎，衛生署（後改為衛福部）在許多場合，包括國健局（後改為國健署）主辦的公民審議會議，都主張委託他人代為生育是生育權，也是女性的基本人權。但仔細閱讀 1994 年開羅國際人口與發展會議，以及 1979 年聯合國的消歧公約所主張的生育權，指的都是生育者的基本人權，包括安全、可負擔、有效、合理的懷孕、分娩和產後的服務及營養，並未包含委託別人代為懷孕的權利。從任何角度思考，都很難得出使用他人身體代孕是個人基本權利的結論。

　　為避免人口販賣，大部分代孕合法化的國家僅允許無償的利他型代孕，然而代孕者需要承擔生命風險和長時間無休假、無喘息的身體負擔、犧牲生活品質，是巨大的付出。國健署之「立法說明」美化懷孕，表示有女性為了「助人」及「懷孕之快樂與自我實現」而樂於替人懷孕，或許真有人如此，也可能有人基於個人情誼而願意拔刀相助，但畢竟是非常少數，否則跨國的商業代孕就不致於如此盛行了。再者，既然要求代孕者無償服務，那麼其他相關人士，如醫事人員、仲介者與廣告商是否也應依據利他原則無償服務？否則豈不是以人權之名行剝削健康女體之實？

　　荷蘭及以色列對代孕規範都極為嚴謹，包括必須使用委託者自己的精卵（荷蘭）或精子（以色列）、禁止仲介及廣告

等，但對於代理孕母的酬勞卻未設上限（以色列有下限）。以酬勞而論，兩個國家都是保障代孕者的利益高於其他人的利益。

誰是母親？

大部分合法化代孕的國家都尊重《民法》對生母和血親的認定，視代孕者為生母（birth parent）及法律上的母親，澳洲甚至在法律上稱委託者為代理父母（substitute parent）或仲介父母（arranged parent）。英國的代孕者有六週猶豫期；以色列孩子出生後，監護權先給社工為臨時監護人，再交由委託夫妻領養；荷蘭則以生母為法律上的母親，再透過複雜的收養程序由委託者領養。委託者需通過收養或準收養手續，孕母有反悔權。反悔權雖甚少使用，但其存在可確保代孕者確實是在自由意志下放棄對子女的親權。再說，委託夫妻並未支付報酬，他們希望擁有子女的欲望，不應比代孕者具有優先性，畢竟與胎兒血肉相連、承受懷孕風險的是代孕者（參閱陳銘雄，2010）。

根據我國的《民法》，當生父不願認領其非婚生子女時，基於血統真實主義，可以請求強制認領，以確保非婚生子女之權益。但不宜因此推論，借腹型代理孕母因沒有提供卵子，沒有血統關係，所以不是母親。若此條件成立，精或卵來源為第三者時，則委託夫妻也不必然是父母，精卵提供者才是？

代孕子女之權利

　　即使在世界某些地區，代孕曾以量產方式進行，但代孕產出的是人而非物品，在滿足委託者的願望之前，子女的安全與福祉必須加以考量。大部分代孕合法國家都會先針對委託夫妻（或伴侶）之身心健康進行評估，調查有無犯罪（特別是性犯罪）或家暴紀錄。澳洲規定精卵捐贈者、委託者、代孕者及其配偶都需接受獨立的心理、生理及法律諮商，以確保各方都獲得完整、正確的資訊，再做決定。獨立是指提供諮商服務者必須和代孕的醫師及機構沒有任何關聯。西澳甚至規定，因年長而無法懷孕不能做為委託代孕之理由。荷蘭及以色列限制委託夫妻年齡，都是希望新生兒可在健全的環境成長，且委託者有能力照顧新生兒至成年（參閱顧燕翎，2014）。

　　此外，代孕子女應有權利知道自己的基因歷史和手足關係。英國健康部（The Department of Health）自 2004 年起規定精子捐贈者必須先在政府機構「人類生殖及胚胎技術管理局」（the Human Fertilisation and Embryology Authority）登記，資料保存五十年以上；人工生殖子女年滿十八歲之後，有權利獲知自己的身分和血統，並且與捐贈者保持聯絡。美國亦有專設網站，供人工生殖子女尋找捐贈者及來自相同捐贈者之手足。賈發（Dr. Vasanti Jadva）等（2010）的研究發現，人工生殖之子女亦有需要協助自己的後代了解其基因家族史和基因身分，而且這樣做並不會對自己和養父母的關係形成負面影

響。反而是隱瞞真實血統會對養母造成心理壓力，且真相也可能被子女意外發現。

小結：看見底層，減少剝削

性需求是人類的基本需求，有其跨文化的共同性；同時個人也因文化、社會、心理等因素而產生相當大的個別差異。不同的社會與文化，以不同的方式規範人們追求性滿足，亦賦予性以不同的社會意義。當前全球資本主義化的結果傾向於將所有的交換商品化，鼓勵開發市場、刺激需求；同時隨著市場的多元化、服務個人化，性解放的趨勢方興未艾，性產業不僅需求量持續增長，種類也愈來愈多，像按摩院、理容院、三溫暖，甚至電話、網路都可能成為性交易的場所／媒介。同時性交易的特色在於生產工具個人化，可以個別、私下交易。因此若全面禁絕，不僅難達效果，反而使其地下化而製造更多問題，諸如：性工作者因為被隔離、被歧視而必須單獨面對危險的工作環境、人際關係孤立、易受剝削、執法成本龐大、因無法根絕而形成處罰與氾濫的惡性循環、行政風紀受影響、黑道勢力滋生等等。

娼妓制度和婚姻制度都是父權社會的產物，歷史悠久，二者的源頭都是女性對男性提供性服務以交換經濟保障。早有論者以為，娼妓制度是婚姻制度的補充和支撐，良家婦女在婚姻

內提供性服務，非良家婦女在婚姻外提供服務，二者之差異在於婚姻內的服務尚包括為夫家傳宗接代、提供家務勞動，但也因此獲得法律承認，得到所謂名分，所以婚姻中的女人社會地位較高。在現實社會中，最常見的是經濟條件差、社會地位低的女人淪為娼妓；低所得地區的女性流動至高所得地區賺取皮肉錢，反向流動者極少。所以性產業地下化的受害者主要是邊緣、弱勢的女性。因為娼妓制度是結果，不是原因，若性別權力關係和商品化經濟無法根本改變，娼妓制度也不可能根除。

再者，性交易本身是一個爭議頗高的概念[62]，即使狹義的性交易內容也包含甚廣，不論買方或賣方的生活經驗、生存方式、交易動機、社會階層都極為多元，所擁有的社會資源也落差甚大，無法一以概之。過去的《社會秩序維護法》第八十條所處罰的對象包括：一、意圖得利與人姦、宿者。二、在公共場所或公眾得出入之場所，意圖賣淫或媒合賣淫而拉客者。但第一款執行難度太高，在許多情況下也很難認定；即使第二款，警方掃黃的對象也往往是站壁流鶯，而非高檔飯店的應召女郎。所以《社維法》為了維護「善良風俗」與「社會秩序」，而阻絕性交易，受罰的也不是所有意圖得利而與人姦、宿者，而最容易、最常受到處罰的只是小部分、最弱勢、最無所遁形的街頭拉客者。由她們來負載法律表象的「公序良俗」未免太過沉重，且缺乏實效。

在本地的論述中，荷蘭的正常化和瑞典的罰嫖不罰娼，經常被引用為兩個截然相反的例子，卻實際上忽略了性產業的歷

史和複雜性，也簡化了執行過程。荷蘭的性產業政策百年來歷經變遷：從消極容忍轉變為積極容忍，再經合法化，目前又走向限縮，在管理手段上不斷因應當前執行狀況和社會反應而調整。荷蘭自 1810 年便將娼妓合法化，但禁止經營娼館及媒介色情的營利行為，1911 年形之於法律，但不久發現無法執行，轉而對業者普遍採取消極容忍的態度，聽任其在不破壞公共秩序前提下，於特殊地點以小規模、隱密的方式營業。1970 年代的性革命及經濟起飛使得性產業規模成長、公開化，甚至由第三者非法經營。1980 年代性產業演變成不容忽視的龐大經濟活動，卻又無法可管，導致 1999 年修法予以合法化。法律以不得全盤禁止性產業為前提，授權各地方政府透過發放執照加以規範管理[63]，在某些城市產生以都市規劃來達到實質禁娼、限縮性產業的效果，或禁止某種形式的性工作，例如櫥窗妓女（顧燕翎，2005）。

---

62 性交易的定義可能十分寬廣，早在 1792 年吳爾史東（Mary Wollstonecraft, 51）就指出，女人為了提高自己的社經地位而往上嫁，無異於合法賣淫（legally prostituted）。

63 規範管理，包括：
一、都市規劃：例如不能靠近學校或教堂。
二、建築物檢查：例如面積大小以及是否符合安全衛生標準，如暖氣、廁所、防火設施等等。
三、經營方式：如不准強迫賣酒、業主不得有犯罪紀錄、不得僱用非法工作者及未成年者、必須提供保險套等等。
四、凍結執照數總數：如阿姆斯特丹市規定內城之櫥窗妓女總數不得超過 200，全市不得超過 300。

性工作合法化固然保護了合法的性工作者，卻也因其需具備合法的身分，也就是歐盟公民，而實質上排除了外籍娼妓，全然忽略了全球分工的實際運作狀況和性產業的供給面。既然荷蘭當地百分之六十的性工作者是外勞，除非大力鼓勵荷蘭公民從娼，或有意壓抑性產業，否則禁止外籍人士豈不意味著驅使性產業地下化，而失去保護娼妓的立法旨意？而在性工作合法化後，只有歐盟公民才能擁有工作權，加上逃避繳稅，及不願公開身分，半數以上的性工作者轉入地下，結果使得人口販運問題更形嚴重，大部分人口販子來自東歐。阿姆斯特丹雖有較為寬容的管理模式，也因犯罪增加，而不得不限縮性產業，甚至大量關閉合法業者（Farley, 2009: 314）。

　　瑞典政府自 1977 年組成娼妓委員會討論性交易，委員會認為，為避免性交易地下化，構成買賣雙方更高的風險，不建議買方、賣方被當成刑事犯罪。1993 年的委員會則主張買賣雙方皆應處罰，以遏止性產業。但此項提議後來在公聽會被否決，反對罰嫖的代表包括國家健康福利管理委員會、國家警政署、瑞典法院、大法官等。「罰嫖」由瑞典婦女運動倡議，理由是嫖客是「賣淫及人口販運問題」的根源。她們主張用金錢購買性服務是性歧視和性暴力的犯罪行為，應予以處罰，而妓女則是受害者，應得到政府協助，人口販賣和娼妓業不可能切割。因此性交易被當成是性別平等問題：只要男人可以透過買春，買賣、剝削女性及小孩，性別平等就不可能達成（臺北市政府公務人員訓練中心，2006：15）。

1999 年《禁止購買性服務法》通過後，雖不罰娼，但實際上藉由處罰客人，限制她們公開活動。處罰顧客等於間接處罰提供服務者，使得性工作者沒有時間挑選顧客或對顧客提出要求（例如戴保險套），或在受到暴力對待或剝削時不敢找警察保護，顧客因害怕被逮捕，發現性工作者受到暴力脅迫或有危險時，也不敢去報案。瑞典警察查獲嫖客多數是從性工作者管道取得，表示性工作者是查緝嫖客的主要目標來源。嫖客害怕被抓，交易減少或轉向找室內的性工作者，街頭的性工作者只好削價競爭，無異間接受到處罰。

　　瑞典政府對新制樂觀，認為是「徹底破壞賣淫和人口販賣的基礎步驟……假如有更多國家，採行瑞典模式的話，全球擴張的性產業將會真正感受到嚴重的威脅。」（23）挪威法務部的研究卻未表同樣樂觀，他們指出，「根據斯德哥爾摩的官方資料，警方並無法提出與性交易相關的犯罪率下降的數據……而且賣淫地下化，被攻擊、勒索，以及其他犯罪類型風險增加，犯罪化只會打擊那些最易受傷的街妓：價格下跌、恐懼上升，並且法律難以執行。」（23-24）

　　表面上兩國的娼妓政策南轅北轍，性工作者數量也大不相同，但都選擇將性工作除罪化，也就是不罰娼。瑞典認為娼妓（不用「性工作者」一詞）是受害者，政府應協助她們轉業，並處罰購買性服務的人（加害者），所以是罰嫖不罰娼。荷蘭則認可性工作，娼嫖皆不罰，但處罰人口販運和強迫賣淫，及以非法身分（未具歐盟國籍者）從事性工作。結果兩

國卻發生諸多相似結果：街妓減少了，轉入戶內和網站，而在網路上賣方曝光，買方隱形，反而提高了性工作者的風險（Hubbard, Matthews and Scoular, 2008）。似乎不論採取何種管理或禁制模式，最受衝擊的仍是最底層、最無助的街頭流鶯。不過，英國的《經濟學人》雜誌（*The Economist*, 2014）在廣泛研究多國的網路性交易後，發現對性工作者而言，網路有諸多優點：匿名、獨立行銷、獨立作業、不必街頭拉客、性工作者間可互通訊息，比街頭安全、隱密，因而吸引了兼職者加入，也部分取代了街妓。

透過網路性工作者可以獨立運作，像其他的自由業者一樣自己接案、安排工作時間、兼差或部分時間工作、決定提供什麼服務、了解市場行情、彼此交換情報、建立個人品牌。性工作者因此獲得更多自主性，更多原本不會進入這個行業的人現在選擇進入，也因而使得高端收入者增加。但也因為市場擴大，吸引了人口販子，低端的、未成年的女孩被迫從娼的人數也變多了（*The Guardian*, 2018）。

臺灣的大法官看到了底層性工作者的窘境，確認罰娼不罰嫖並不公平，卻仍留下爭議空間，包括：娼嫖皆罰或娼嫖皆不罰？若二者皆不罰的話，獲利第三者罰不罰？性工作、性產業應否正常化？是否劃定專區？還是採取負面表列？此外，性工作要如何管理，才能既保護買賣雙方身體和交易的安全，又能為社區接受，獲得營業空間？在政府方面，性工作管理是否由治安行政轉入公衛或社會行政體系？政府是否應早期介入，輔

導性工作者轉業？以上問題都需要成熟的公民社會平心靜氣討論，接納異見，才可能協調。

因此，臺灣的不罰娼共識只是一個起步，無論修法或訂立新的管理辦法，都應落實於當下的、在地的社會及文化。不論立場為何，參與討論的各方都需跨越自己所處的社會階層，將底層的性交易雙方的生活經驗納入考量、容忍差異，並更進一步了解性交易和人口販運的實際運作和二者之間的關聯，避免奠基於意識型態的極化對立。當下較為務實的態度應是：保護性工作者免受剝削和傷害，及避免性交易帶給社會生活負面影響。考慮只管理業者，不管理個別工作者；將管理權交給地方，由地方政府訂定合於當地民情的管理辦法；處理街頭性工作者時兼顧社會秩序與性工作者的健康與人權。

比起性交易，代理孕母的市場小了許多。不具有生育能力或生育意願，卻想擁有子女的人都是代理孕母的潛在需求者，如不孕、超過生育年齡、因病無法生育，或因各種原因不願懷胎的女人、單身男人、同性戀男人等。本地人工生殖法目的在鞏固傳統的一夫一妻家庭，設限於已婚夫妻，且其中至少一方需提供精卵。

十多年來衛福部／衛生署提出的代孕合法化草案存在著極大矛盾：表面上雖堅持代孕必須是利他、非商業行為，但這些原則卻僅用來限制代孕的女人，條文中充斥著保障委託夫妻和醫療業者的商業代孕操作方式，經歷屆行政院婦權會／性平會抗議卻仍維持不變：僅要求代孕者無償服務，卻不禁止相關業

者收費；保障委託者的權益高於代理孕母和代孕子女，例如不允許代孕者反悔，不限制委託夫妻的年齡、不考察其犯罪和家暴紀錄、不保障子女有權獲悉自己的基因史等。

從懷胎到分娩，不僅涉及醫療與保險，也影響工作和家庭。我國的全民健保制度為其他國家稱羨，基於保護產婦、鼓勵生育的人口政策，中央和地方政府對於生育有許多保護和獎勵措施，包括免費產檢、健保給付、生育津貼、產假、產檢假、陪產假、生育獎勵金、補助計程車資、減輕工作等，由雇主和全體社會共同承擔生育成本，減輕個別家庭的負擔，因此臺灣的生育費用遠低於其他使用商業保險的地區。在代孕全球市場化的今日，若我們缺乏利他型代孕國家，如荷蘭的嚴格規範，又比商業代孕的加州便宜，不限制業者營利，卻要求代理孕母愛心付出，那麼臺灣是否可能發展出印度之外另一種類型的代孕工廠？或取代修法之後的印度，成為發達國家的嬰兒工廠？誰會是受益者？

若純粹從女人幫助女人的角度出發，讓求子的女人可以有自己的骨肉，利他的女人可以發揮愛心，建議採取荷蘭模式，杜絕仲介、廣告等商業行為和精卵買賣或捐贈，但不限制代孕者收受金錢餽贈，並且主責機關應審慎評估委託方的家庭生活品質，以確保新生兒能夠在健全的家庭成長。

性交易者暫時出租陰道，代理孕母長時間出租（或無償出借）子宮，不論其最終效果是鞏固或是顛覆異性戀父權家庭，出租者是出於自主選擇或不得不然，被使用的大多仍是相

對經濟弱勢女性的身體。那麼，如何透過公共討論平臺和具體行動，檢討公共政策，建立免於異化勞動的人性化社會，消除各種形式的剝削和性暴力，應是婦運者不斷自省，並且努力追求的共同方向。

第六章

婦女／性別研究的興起和建制化

1970 年代發源於美國大學校園的婦女研究（簡稱婦研）／女性學，是第二波婦運獨特的產物。婦運激發了新的思考向度，產生了新的問題意識，但傳統學術領域卻無法提供答案，大學和研究所女生只好自行摸索，自組課程，推動女性主義觀點的研究與思辨。1980 年代形成有系統的課程、學程、學科、系所，最終受到認可，成為新的學術領域。2018 年，美國的婦女研究／性別研究／女性主義研究學程、學系和研究中心已達七百左右，臺灣也有將近三十個（周碧娥，2019）。

傳統學科之誕生多半源自統治者的需要或研究者的興趣，由上往下發展。例如：人類學源自於殖民政府需要了解殖民地以便於統治；二次大戰期間，為了洞悉敵情而訓練外語人才，語言學受到美國政府大力扶植。婦女研究卻是婦運的產物，其基礎奠立於女性共同的經驗和個人的需求，未刻意區分學院內外的差異，但強調女性立場、女性主義理論、突破傳統

學域彼此區隔之認知方法、重視研究者和被研究者互為主體的研究方法、女性主義的實踐與自省精神，以及與婦運的辯證關係（參閱 Bowels and Klein, 1983; Harding, 1987; Reinharz, 1992）。其由下往上的發展模式和學術建制過程與傳統學科大異其趣。

「學院翼」VS「婦運翼」？

　　婦女研究在 1980 年代中期引進臺灣，與學術機構內零星存在有關婦女的研究（研究婦女）結合，組成婦女研究會議、婦女研究機構與研究計畫和課程（參閱顧燕翎，1986：61-64），到 1990 年代蔚為「顯學」，成為學術機構內的建制，以及國家科學發展委員會（2014 年改制為科技部）的一個新的學科分類。

　　在婦研建制化的過程中，無論就知識論、方法論、學術理論或學術權力的角度而言，婦女研究以女性主義為基礎，標舉學術界的性別革命，挑戰原有的秩序和權威，必定遭遇抗拒和阻力。也如同其他革命事業，一旦累積了相當資源和社會影響力，勢必導致組織內部權力爭奪和個人利益衝突，以及意識型態的爭鋒。王雅各在其《臺灣婦女解放運動史》（1999：95-99）中，將 1980 年代本地婦女研究界長期的知識論與方法論爭議，看做「學院翼與婦運翼的不同的故事」，似乎過於簡

化和輕忽問題，反映了戴菲（Delphy, 1984）所言男性參與者
（masculine partisans of women's liberation）急於以觀察者身分
代女人發言的心態。

但這本書對後人的研究取徑影響深遠，婦研與婦運在臺灣
持續被放在於對立的位置[64]，而忽略了無論全球或在地，婦研
皆源起於婦運、源起於校園，在婦運中行動與研究的歷史脈絡
緊密交織。即使二者後來發展出不同的組織和建制歸屬，雙方
的成員仍高度重疊，也在許多議題上長期攜手合作，不宜逕以
「學院翼」與「婦運翼」的二分法加以區隔與對立。再說，
同一組織內部亦可能存在意識型態和路線之爭，加上時移勢
轉，個人或組織對女性主義的認知與立場也可能產生變化，其
演變軌跡值得探究。

1980 年代以前的研究

1980 年代以前，學術界即存在少量以女性為對象的研
究，卻因婦女研究或女性學尚未成形，而只得依附於其他領
域，鮮能發揮學術或社會影響力。婦女研究的獨特性在其女性
立場，對社會文化現象提出女性觀點的解釋，並且懷有改造性

---

64 例如：陳佩英 2004〈意識與行動 —— 臺灣婦女／性別研究建制
    化歷程之探討〉，《通識教育季刊》11（1、2）39-72；Chen,
    Ya-chen 2011 The Many Dimensions of Chinese Feminism, 58-60.
    Palgrave Macmillan.

別關係的終極政治（廣義的）目的。不過，即使研究者在無性別政治意識下所做的有關婦女的研究，亦不無被政治化的可能，任何呈現婦女在社會文化中真實處境的研究，都有可能因揭露性別權力差距，進而強化婦運論述，變得可為婦女所用。

研究婦女

　　1970 年代以前有關婦女的研究數量極少，根據婦女研究室（簡稱婦研室）1990 年出版的《臺灣婦女研究文獻目錄》，在包括書籍與論文共 1,669 則研究中，僅有 150 則發表於 1900 年至 1971 年之間，其中一半以上處理的是婚姻與家庭議題，及婦女的法律地位，其他則分散於人口、經濟與工作、心理和教育的領域，多半的研究都接受婦女的傳統性別角色，沒有疑義。特別的是，在 150 則研究中，至少有 18 則有關養女和童養媳，反映當時特殊的社會現象。

　　此時期有關婦女的研究只能在傳統學術領域內進行，人類學家吳爾芙（Margery Wolf）和歷史學者鮑家麟，都分別在其領域內研究本地農村婦女和中國歷史上男女平等思想，她們雖未標示女性主義，卻創先透過女性的視角分析資料，對後學者深具啟發，因此一再被引用。此外，1950 年代初期國民黨刊物《中華婦女》尚承襲民國以來的婦運傳統，刊載有關女權、婦運的論述，其後隨黨國政策轉向，肯定傳統性別分工、婦女在家庭內外的輔佐地位，而變得與其他婦女刊物無異。

女性主義和婦女研究

1970 年代有不少婦運先進引介女性主義思想，1972 年晨鐘出版社出版了歐陽子等人翻譯的女性主義巨著《第二性》（缺第一卷理論部分），1975 年再介紹《女太監》、《性別與氣質》等經典著作（第二章 60 頁）。呂秀蓮主持的拓荒者出版社也在 1976 年出版了十五本與婦女相關的著作和譯書，其中她在自己的《新女性主義》內明確表示並不認同西方的女性主義（參閱第二章 78-90 頁），可惜日後許多研究者並未詳查，直接將她的主張與女性主義畫上等號。

1970 年代後，婦研文獻的數量明顯增加，除了受惠於社會轉型，包括經濟成長、教育發達、研究風氣漸盛之外，國內外蓬勃的婦女運動亦激發了研究的興趣和需求。1985 年臺大人口研究中心編印的《臺灣光復後婦女研究文獻目錄》，在 1972 年至 1981 年的十年之內，就搜集了 558 則研究，其重點雖仍是在探討傳統性別角色規範之內的人口（92 則）、經濟與工作（70 則）以及婚姻與家庭（62 則）問題，也開始討論工作場所性別歧視，在家庭研究中加入親子關係。新添加的研究項目遍布婦女參政、語言、宗教、媒體等領域。歷史學家李又寧和張玉法於 1976 年主編的《近代中國女權運動史料》、1979 年鮑家麟主編的《中國婦女史論集》，和李又寧、張玉法在 1981 年合編的《中國婦女史論文集》，都提供了婦研豐富的史料。

婦女新知雜誌社初成立時，譯介西方女性主義、探討中國婦女史、檢視性別法律與政策，同時出版雜誌和書籍，為被主流媒體拒斥的女性主義提供了一個獨立的論述空間，也成為婦女研究的前哨站（參閱 101-104 頁）。聯合國「婦女十年」期間，全球女性意識提升，婦女研究興起。受惠於國際潮流，臺灣在美國亞洲協會（Asia Foundation，簡稱亞協）和其他國際組織贊助下，1985 年以後陸續出現跨領域的婦女研究會議和機構，奠立了婦研的基石。婦女研究建制化（institutionalization）的過程雖充滿衝突和爭議，包括需不需要婦運、婦研的定位以及和婦運的關係、婦研的知識論和方法論等，卻也因而刺激了臺灣社會的性別意識。

要婦研但不要婦運？

1985 年聯合國第三次世界婦女大會前後，「婦女研究」[65] 這個名詞傳入國內，經由亞協的建議（參閱張珏，1992：29）和贊助，臺大人口研究中心在其執行祕書姜蘭虹策劃下舉辦了國內第一場婦女研究會議「婦女在國家發展中的角色研討會」。在國際教會團體支援下，東吳大學（林蕙瑛教授）和基督教長老會（廖碧英女士），也分別主辦了國際性的「亞洲婦女之未來研討會」與「亞洲婦女大會：觀光與賣春」。

連續三場會議開啟了國內婦女研究的風氣，當時在聯合國

指引下，國際婦研會議的軸心大多以國家發展為導向，著重婦女的社會參與和對國家發展的貢獻，本地會議主辦方著眼於融入主流學界，特別強調學術性，因此大多數論文在理論、方法或視野上都受限於傳統學域框架，不容女性主義的批判和創新。

　　以臺大會議為例，十七篇論文有十篇是當時社會科學界盛行的高結構性問卷調查的量化研究，三篇以問卷為主，輔以觀察、訪談、座談，一篇人類學的參與觀察式研究，一篇總論式的報告（survey paper），一篇心得報告（position paper）。標榜客觀中立，不涉及女性觀點或女性主體意識，甚至以父親或家長的教育程度及職業來分類被研究者（《婦女在國家發展中的角色研討會論文集》1985：23；95；398）。

　　理論方面，多篇論文一方面抗拒女性主義分析架構，卻又缺乏有效的性別分析工具，因而顯得含混模糊，甚至複製父權心態。例如，有研究者因本身設計的問卷語意不夠清晰，以致出現受訪者半數以上贊成「女性運動」，研究者不僅指責受訪者誤解題意，並趁機貶抑婦運，稱美國婦運者「概念不清、用辭不當，動不動就說『婦女是被剝削的一群』……婦女解放者的批評和建議，是過激主義者和急進主義者……」，而「反觀我國自己，亦早已不適合『新女性運動』。眾多婦女問題，透

65　婦女研究早期的英文名稱有不同說法，如 woman study、women studies、women's research 等等，至 1980 年代中 women's studies 才普遍被採用。

過婦女會、媽媽之家、生命線、張老師、民眾服務社、《我愛紅娘》節目，都能給予適當的解決。」（578-579）另一篇調查報告則指出 60% 婦女認為不需要婦女運動。某位論文宣讀者根本輕視婦女研究，他公然抨擊：整個研討會「好像一個 women study 的討論會，所以扯得上跟婦女有關的研究就擺進去……」（221）這般心態在以後數年間主導了臺灣的婦女研究，導致心理學家楊國樞懷疑：臺灣有沒有婦女問題？婦女問題是否只是一小撮女人的心理問題？（李元貞，2014：62）

臺灣不需要婦運？

　　婦運在二十世紀末登堂入室，成為體制內的一環（參閱第七章），臺灣需不需要婦運不再是問題。回首 1980 年代末，婦女團體雖活力豐沛，卻害怕被「婦女」汙名化（參閱 144 頁），學界和媒體也對女性主義持有戒心，傾向用「兩性研究」或以婦女為對象的「研究婦女」，來模糊婦女研究的女性主義立場或女性主體性（參閱張老師月刊，1984）。1987 年，中國論壇主辦「女性知識份子與臺灣發展研討會」，當時我已離開共同創辦的婦女研究室（改名為臺大婦女研究室），受邀發表論文「女性意識與婦女運動的發展」，首次在學術會議公開提出女性主義觀點，探討臺灣婦運脈絡。在場諸多女性學者很不以為然，反對的意見包括：

一、臺灣並沒有所謂婦女運動，《憲法》已經保障男女平等，所以不需要婦運。

二、女性可參加社運團體來推動社會改革，沒有必要另組婦運團體。

三、女性應透過社會服務來贏取敬重，不應採取抗爭的手段。

她們不認同婦女新知對抗父權的立場，卻大為肯定受媒體青睞的「新環境主婦聯盟」，因該團體附屬於新環境基金會，男女會員兼收，從事社會公益，並非謀求女性權利，也不挑起男女對立，符合社會的女性形象和對婦女團體的期望。

什麼才是婦女研究？

1980 年代婦女團體對女性主義既期待又害怕被汙名化的心情，也反映在學術界對待婦女研究的態度上。婦研在 1980 年代後期蔚為潮流，研究數量大增，各校研究室相繼成立，相關的學術研討會也都大張旗鼓，登上媒體版面。然而大部分的研究雖以婦女為對象，在理論與方法上卻無法突破父權成規（顧燕翎，1996：241-250）。當時社會科學的守門人多半是1960、1970 年代留美的男性學者，習於傳統學術領域的區隔，及「科學」、量化的研究方法，看重師承輩份，而女性主義研究不僅以女人為對象，也挑戰傳統的知識論、方法論及學術理

論，難以見容於既有秩序，以致一再被譏諷為「婆婆媽媽」或只關心「貓狗小事」，也使得部分婦研者迴避女性主義和婦女運動（246-247），導致婦研與婦運之間關係緊張，而陸續爆發研究方法、歷史關係及社會定位的辯論。

邊緣挑戰中心

新成立的婦女或兩性研究機構雖居學界邊緣，卻因新興學科的光環和母機構的加持，比其他個人身分的女性學者更易近用學術、政府及媒體資源而受到矚目，在社會上也擁有較大的發言權，據有婦女研究的中心位置。所以附屬於機構的研究者願意與既存的權力機構保持良好關係，以便獲取經費，也不願挑戰父權秩序，小心翼翼與婦運保持距離，以維護個人形象。因此，挑起爭論、表示不滿的，必然是婦女研究界的異議份子，也就是女性主義學者（位於邊緣的邊緣）。她們主張婦研與婦運是理論與實踐的一體兩面，不可或分。然而在她們的挑戰形成輿論壓力之前，位居中心者並不在意，也未予回應，而僅視為偶發性的獨白或情緒的發洩[66]。

1990 年代左右出現轉機，國外婦女研究的茁壯濡沫了本地婦研，也強化其正當性，而麥金塔（Peggy McIntosh）、周顏玲及陳幼石等國外學者相繼來訪，也有助於本地學者接受女性主義。麥金塔在 1986 至 1992 年間數度來臺，做過幾次公開演講[67]，肯定婦研為婦運之延伸，白人知名學者的言論比本地

「運動者」更具說服力[68]。陳幼石 1989 年創辦的《女性人》雜誌，引介了更多女性主義經典，如吳爾芙的《暫緩革命》（*Revolution Postponed*）、吉力根（Carole Gilligan）的《不同的話音》（*In a Different Voice*）等。而之後年輕的女性主義學者，如張小虹、黃淑玲、丁乃非、何春蕤、簡瑛瑛、蘇芊玲與林芳玫等陸續學成歸國，也為婦運和婦研增添了新的活力和挑戰。

客觀中立 VS 女性主義觀點

因襲實證研究的學者堅持客觀中立的態度和方法，認為婦研與婦運之間沒有必然關聯，婦研是「純粹的」學術研究，至於什麼是學術，其標準為何，則是先於婦研存在，不容置

---

66 遲至 1991 年 11 月，《婦女研究通訊》主編胡幼慧方在「編者的話」中表示：
　　最近，論壇內出現有關於本土婦女運動者對婦女研究範疇與變遷之議。事實上，長久以來婦研界內亦有「偶發性」之獨白或討論，不過卻一直未成為研究者間之「關鍵性」議題。因此，藉此難得時機，研究室不但特將此議題擬為本季座談會的主要內容，並亦列為下期通訊專題的主題……

67 在臺北的兩場公開演講：1989 年 4 月 8 日在國立編譯館；1992 年 2 月 12 日在清大月涵堂。

68 部分婦研者刻意區分學者和運動者（activist），後者又被稱為女性主義者。從主流學界的角度來看，這樣的區分往往帶有排斥的意味。

疑。她們否認婦研機構為婦女團體，而強調其「學術」屬性，值得政府資助。周碧娥與姜蘭虹最早在清華大學的「臺灣新興社會運動研討會」（1988：6）上表示：

> 由於研究者傾向於以客觀且中立的態度討論婦女角色，其型式較易被接受。在此起步階段，很值得政府單位經費支持。臺灣婦女研究的範圍，尚未有很清楚的界定，而且在現階段未表現強烈的女性意識或兩性意識的特色……

她們將婦研從婦運抽離：

> 使得女性不平等的討論，不再停留在情緒化的爭執，而能進一步以客觀的態度和嚴謹的研究來深入探討其成因，作為提出改革措施的基礎。（13）

而嚴謹的研究則是：

> 分析性和高層次實證資料統計處理的「硬性」學術論文，而且其研究內涵也由以往單純地將性別當做一個分析變項來處理，進而將性別（gender）當做一個主題來討論，對以往忽視的兩性特殊的社會文化現象做分析和研究。（周碧娥，1987：18）

女性主義學者則主張婦女研究不僅為婦運的歷史產物，也是婦運的延伸，婦研、婦運與女性主義三者血肉相連，不可或分，不僅婦研有歷史、有立場、有目標，任何研究者在選擇研究主題、擬定問題，以及尋求答案的過程中，都無法脫離個人的學術背景、品味、思想信仰，與當時的學術流行，所以在性別議題上標榜客觀中立，只不過在掩飾其性別盲點，以及附和主流的立場。婦研應婦運而生，婦女研究者應回饋婦運，不應自外於婦女團體。1988 年，周顏玲在婦女研究室與清華大學社會人類學研究所合辦的「性別角色與社會發展學術研討會」專題演講中，表達與主辦單位相異的立場，倡言應先發展質性研究，糾正男性偏見，累積相當發現後再進行量化研究：

> 婦女社會學是，企圖暴露西方學術上對婦女認識的偏
> 見和排斥，與帶有「男尊女卑」之封建傳統觀念，其
> 大部分是用男性之價值觀念，來對婦女有關的資料進
> 行分析。為發展中國婦女學或性別研究，必先提高社
> 會學的學術地位，糾正男權制度下對婦女的成見與其
> 被視為次等的價值觀念。小心批判隱藏在西方社會學
> 理論背後的假設、前提及觀點……（周顏玲 1988：
> 26）

> 婦女研究者早已指出「統計」知識，是優勢團體對弱
> 勢團體之壓迫工具……重視質之研究是在女性學術開

端過程之必要階段。待婦女及性別研究在多方面之實質特徵上有所發現，數量之研究可擴大實質研究之廣泛性。（35）

1989 年在臺北崇她三社主辦的「當今婦女角色與定位研討會」上，李元貞公開指名臺大婦女研究室應放棄「客觀中立」的婦女研究態度：

至於臺大婦女研究室，因附屬於人口中心之下，不敢開放地發展婦女研究。希望她在三年來社會立足已穩的情形下，放棄「客觀中立」的婦女研究態度，才符合全球婦女研究性別研究的思潮，帶給學界新的刺激與功能，不要緊抱著已顯不足的實證研究（計量）的理論與方法，造成優勢團體對弱勢團體方便壓迫的現象。因為歐美的婦女研究，不止跨入性別研究，也在結合種族、階級之研究，來建立女性主義的理論與方法，而且對所謂科學的「客觀性」提出懷疑與批評，主張採用主體──客體交叉思考與辯論方法，雖目前尚在拓荒階段，但其所帶出的女性主體的思考角度，已對男性為主的傳統學術領域形成刺激與挑戰，增進學術領域的新見解。若非如此，婦研室如何建立系統化的婦女研究？又如何對政府提出有用的婦女政策？

婦研與婦運的分與合

婦女運動與婦女研究的歷史關係是另一爭議焦點，1991年7月高雄醫學院主辦「一九九一年現代生活適應與心理健康學術研討會」，有一場「婦女與兩性研究——昨日、今日、明日」專題介紹，李元貞雖未受邀，卻以觀眾身分質疑主講者有意抹除婦女新知對臺灣婦運與婦研的貢獻，並指出：

> 必先有社會上的男女不平等，才產生婦女運動，促成婦女研究的風氣。臺灣的婦女研究要關心社會背景，否則，所謂的學術研究，很可能走進象牙塔。（李元貞，255：7）

同年8月，《婦女新知》雜誌刊出了黃淑玲、顧燕翎及李元貞的三篇檢討本地婦研的文章。黃淑玲（1991：2-3）的「狸貓換太子——婦女研究在臺灣」，指婦研、婦運與女性主義三者骨肉髓的關係，被刻意區隔、漠視，一些零星的論文、課程、研究計畫張冠李戴，美其名成了婦女研究；顧燕翎（1991：4-6）的「羊頭如何變狗肉——婦女研究在臺灣的昨日、今日」，細陳婦研如何被一再漂白、澄清，變得附從主流學術的過程，並提出研究婦女並不等同婦女研究，要求婦研者誠懇面對自己的立場；以及李元貞（1991：7-9）的「一個憤怒與憂傷的心路歷程——臺灣婦運與婦女研究」，痛斥婦研界

排斥婦運，假學術之名信口胡說，不但使婦研擱淺，而且扯婦運後腿，使男性宰制女性的力量繼續強大。她呼籲婦研與婦運合作，共同為臺灣的婦女解決問題。這三篇文章後來被《民眾日報》及《自立早報》轉載，引起學術界議論。被批評的一方沒有回應，反倒是新竹清華大學社會人類學研究所所長徐正光（1991 年 9 月 2 日）在《民眾日報》為文，以家父長的高度安撫雙方，呼籲婦運、婦研「攜手並進」，因為二者關係可以有兩種：

> 第一種是將兩者視為運動的不同形式，作為婦運一環的學術研究在凸顯女性的主體性，以旗幟鮮明的觀點和方法揭露權力宰制關係的根源，為運動提供理論的基礎和實踐的策略。

> 但是婦運和婦研的關係也可以是平行的，各自為政的，兩者在許多方面可以沒有相關，但並不妨害其具備相輔相成的作用。

婦研的對話和重新定位

在女性主義者持續挑戰下，1991 年 11 月 29 日婦女研究室召集了一場名為「婦女研究、女性主義與婦女運動之範疇與

變遷」討論會，要求與會者分別自我定位，會議發言反映了當時頗為混淆的理念，一位學者 [69] 說：

> 女性主義並不等於女權運動，因為時代背景的因素，許多人誤解女性主義。現今婦女運動之手段，應有所改變，所走保護弱小手段是否妥當？應該將婦女運動的理念提升，不僅女性認同，男性也要認同，不然又是事倍功半。此外，在改革的過程中應考慮現階段的需求相配合；不要過於突顯「我是女人」的地位分際，以免造成男女兩性對立的關係；應站在平等的立場上，公平競爭……

張珏則以三個部分交集的圓圈來代表婦研、婦運、女性主義的關係，三者可以部分相交，亦可全不相交。一位與會者誠實地表達了自我定位與社會定位之間的矛盾：她曾與國中男、女教師談教育體系中性別意識的問題，結果有位女教師表示，他們本想了解如何發展和諧男女關係，「而對我所提出的男女教育機會不平等的論點表示太激烈了，讓我覺得自己倒變成個婦女運動者。」另一位研究者則自我期許，婦研為體制內之運動，藉個人學術地位推動「不入流的研究教學」，一方面固然阻力不小，另一方面仍形成一股力量（《婦女研究通

69　會議紀錄中未列發言者姓名。

訊》，1992：12-20）。

各自定位

　　亞協當時的駐臺代表高懿德女士（Edith S. Coliver）極度
關切婦女團體間之爭議，建議不同立場者對談。於是由婦女新
知主辦，亞協協辦，在 1991 年 12 月 22 日舉行「婦女研究在
臺灣的定位」座談會，討論婦女研究的定義、在臺灣學術界的
位置及物質基礎以及社會關係。座談會主持人為成露茜，引言
人顧燕翎、黃毓秀、丁乃非（婦女新知），張玨、胡幼慧（婦
研室正、副召集人）及謝小芩（清大兩研室召集人）。

　　在婦女新知方面，我先談婦研衍生於婦運之歷史、二者密
不可分的相關性，以及國外學術界歷經的論辯：一、究竟應在
傳統領域之內發展女性主義研究，抑或建構婦女研究為獨立自
主的學術領域？二、婦女研究特別強調的研究者之間，及研
究者與被研究者間「互為主體」的研究方法；三、婦女研究
「分享與尊重」的倫理。

　　黃毓秀談臺灣學術界的兩個現象：一、婦女研究受到其他
領域的侵蝕，如陳其南事件[70]等，研究者共同處在一個屈辱、
不受重視的地位。二、臺灣婦研者走離女性主義，和婦運劃清
界線的獨特現象，她歸因於：

　　（一）婦研由西方移植過來，歷史、社會因素被刪除，以
　　　　　致產生疏離。

（二）婦研者分散在各學科，獨自面對男尊女卑文化下男
性所控制的文化圈，而自我壓抑對男性中心觀的批
判，以致呈現混亂的觀念，甚至以傳統觀點來研究
女性。這種「忙著認父兄，卻嫌棄母（女性主義）
姊（婦運）」的做法，是認知上和策略上的雙重錯
誤，因為「如果婦研不能呈現女性的真實處境，不
能傳達女性的真實聲音，婦女研究做為一門學域，
就沒有自己的根柢、沒有力量、沒有影響力，也得
不到尊重。」她主張婦研者除了需要個別努力，尚
需互相支援。

丁乃非則引用羅德（Audre Lorde）的名言：「使用主人
的工具拆不了主人的房子。」（"The master's tools will never

---

70 1989 年張榮發基金會國家政策資料研究中心舉辦「民間國建
會」，文化倫理組僅有清大教授陳若璋一位女性受邀，報告〈從
臺灣婚姻暴力面貌談兩性、家庭倫理關係的再檢討〉，孰料她
的講評人香港中文大學教授陳其南在評論時，竟然話鋒一轉，
以「民間國建會大費功夫集合學者專家，本意在研討『國家建
設』大題，相形之下，論文『打老婆』這個問題就顯得『婆婆媽
媽』……」因而擅將該時段挪用為批評臺灣的學術界缺乏反省，
特別是國科會傑出人才獎頒發不當，當場竟無人對陳的不尊重議
程以及漠視家庭暴力提出異議（聯合報，1989/12/24）。這個現
象反映出當時學界對婦研的普遍忽視心態與婦研者的邊緣處境。
女性主義研究者必須克服身為女性和身為女性主義者的雙重障
礙：無論是尋求論文發表、經費支援或開課。在大型的學術會議
中，少有女性的聲音，即使有，也往往淪為點綴性質。

dismantle the master's house.")她以違建來比喻婦女研究,
婦研好比大樓(男性學術體系)旁的違建,是一個不被注意
的,女人偷偷活動的空間,她們以情欲為活動的基礎,把大房
子裡的廢物偷運、挪用,變成婦研的武器。她們研究婦女如
何被區隔,或如何因區隔而變成某種類型,區隔機制如何運
作,由誰主導等等。她主張重讀、重寫、重建主流論述,填補
遺漏,發出女聲。違建之間應有關聯性、對話和共謀。至於
婦研與男性的關係,她主張男人必須看到違建,進而認同女
人,愛女人,變成女人。

張玨認為婦女研究包含三個類別:以婦女為研究對象
(about women);為婦女做研究(for women),如研究家庭
暴力與被虐婦女;用女性眼光做研究(with women)。至於在
方法和理論上,她主張既有理論和新理論並用,而不必然採用
女性主義理論。她再提出上述的三個圓圈理論,她指出,不同
領域的研究成果都可以成為婦運的後盾,實務工作者和婦研者
也可以相輔相成。

胡幼慧從婦研在社會學的問題切入,社會問題被交由女性
承擔,卻甚少以女性觀點去看問題,在《中國社會學刊》的
一千篇文章中,只有十篇是以婦女為主題,卻不談婦女的福利
和地位,經濟學和人口學的情況更差。在個別學術領域內,婦
女研究和兩性研究一直居於弱勢,深受挫折,所以她主張跳
出傳統領域,集中人力做點事,如合力推動開課,建立合作網
路,「以免和老前輩鬥得死去活來。」不過當前婦研的困境是:

一、因為社會需求大，所以工作負荷過重。

二、社會科學界山頭林立，隔行如隔山，難以跨越，科際
　　整合困難。

三、資源取得不易，質的研究不被國科會接受，少有婦研
　　者進入決策核心。

所以她主張以民間力量成立方法學的工作坊，自力研
究；婦研者互通資訊；並且培養新生代，開發國際資源。

謝小芩提出的策略為：

一、進入主流學術圈，並伺機加以轉化，例如在主流課程
　　中加入女性觀點。

二、在主流之外建立據點。

她認為，在不同的戰略位置應有不同策略，不過並未詳加
分析，僅約略提及，婦研者可以用分別扮演黑臉、白臉的方式
去「大房子」裡「騙取」資源[71]。

持續對話雖未能立即建立共識，至少刺激了多元化的思
考和溝通，此後婦研室開闢了以「本土婦女運動面面觀」
及「婦女研究之本土化」為主題的系列午間座談（胡幼慧，
1992a：1），表現出極大的反省能力。胡幼慧（1992b：7）亦
在《婦女研究通訊》25 期中表示：

　　誠如婦運界的抨擊，國內社會科學的發展不乏以婦女

71　以上對話內容為作者筆記，1991 年 12 月 22 日。

為對象的研究……然而由於這些研究缺乏以女性經驗出發的理論及以女性福祉之提升為目標，因此淪為「父權控制」、「壓迫女性」的學術工具，故不應被視為婦女研究。

不過她也語重心長地提醒：「以『婦女心聲』、『女性福祉』為重心的婦女研究，應不是打倒傳統研究，而是在檢視修正傳統脫節、矛盾之處……」

蛻變與和解

衝突、檢討、反省終於帶來了盼望已久的蛻變與和解，1995年11月臺大婦女研究室主辦的「婦女研究十年──婦女人權的回顧與展望研討會」，看在中國婦聯學者劉伯紅（1996：21）的眼中，「所有發言者都明顯地帶有女性主義視角。」

張珏在報告時強調：

並非所有關於婦女（about women）的研究都叫婦女研究，若只是現象描述而不帶任何價值判斷，則只是一般研究。而符合婦女研究精神的應有：為婦女而做的研究（for women）；了解婦女而做的研究（of women）；和婦女一起探討和探究（with women）；女性自己從事的研究（by women）。（劉伯紅，

1996：21）

　　感性的表達方式當場引發了眾多與會者熱情的反應。事後
周碧娥（1996：11-13）在《婦女與兩性研究通訊》記錄此次
會議：

　　婦運和婦女團體的崛起和蓬勃，不但是婦女／性別學
　　術研究的泉源也是沃土，學術與運動可以有相輔相
　　成的關係，即使是兩者之間或有相斥責的情形，亦有
　　其互相刺激，批判自省的正面意識。臺灣的婦女運動
　　界的學術研究者和女權運動者終於能夠言和，將會給
　　婦女界的第二個十年帶來一個新的開始和美好的希
　　望……

　　……不論在學術界和文化體系內，它仍是個弱點，是
　　非主流，甚至不被承認（例如，在眾多學門中，國
　　科會和教育部的學門分類仍從未有此一個學門即可說
　　明）。要在這樣不友善的環境中，要聲明宣誓自己是
　　女性主義或認同婦女研究，其實是需要相當的勇氣。
　　這幾年，我曾親眼看到並體會到一些年輕學者在這幾
　　年參與這個行列的改變：看著她由避諱認同女權主義
　　到大聲宣示，表明立場……那種感動是如此真實，所
　　謂感同身受莫過於此吧！

婦女／兩性／性別研究機構

亞協在 1970 和 1980 年代對臺灣婦運極盡提攜之力，不僅贊助研討會與國際交流，也贊助成立研究機構，亞協駐臺代表謝孝同（Sheldon Severinghaus）並親自介紹新知董事長李元貞與臺大人口中心執行祕書姜蘭虹認識，希望發展出合作關係（李元貞，1991：7），而雙方也過從甚密，合作無間，直到婦女研究室成立後才關係生變，纏辯多年。

最早主張設立婦女研究機構的是旅居美國的姚李恕信（1985：675），她在「婦女在國家發展過程中的角色研討會」表示：

> 有系統的婦女學研究，只有靠政府的資助才能達到目標。沒有研究資料就無法確知問題、需要之所在。隨之，也就無法謀求解決之方法。所以，我願在此請求政府考慮設立一有關婦女人才訓練與研究婦女學之機構。

李元貞（689）也當場呼應，希望由政府成立婦女研究中心，「一方面做婦女的學術研究，一方面為婦女做諮詢服務，學術與社會服務配合，對整個臺灣婦女的進步才有基礎。」

婦女研究室（簡稱婦研室）

1985 年亞協贊助李素秋、鄭至慧、龍應台和我赴菲律賓出席亞洲婦女會議，與各國代表交換婦運經驗。會場內外我首次接觸到孟加拉和菲律賓的馬克斯女性主義者，她們的性別分析開啟了我的視野。在讀了我的會議報告後，謝孝同先生詢問我當下臺灣婦運最需要的是什麼，我答以婦女相關資訊，並在與李元貞、鄭至慧商議後，考量到臺大的學術聲望和地理位置，提出了借用臺灣大學人口研究中心的閒置空間設立「婦女研究中心」的構想，建議由姜蘭虹就近出任召集人，並期望中心將來發展成為一個獨立的、全國性婦女機構[72]，所以研究室原始的名稱並未冠上臺大，研究員也非全數來自臺大[73]。

理想禁不起現實考驗，既然借用臺大的空間和聲望，日後婦研室自然走上體制內路線，申請研究計畫、服務大專教師，最後掛上臺大的名號，研究員也變成全數來自臺大。研究最初的重點工作放在學術資料的流通，婦女研究的推廣方

---

72 詳細經過請參閱顧燕翎（1991：4-6）、李元貞（1991：7-9）。王雅各（1999：98）對於研究室的成立引用了不同的資料，做了不同的解讀。事實上陳艾妮（1985：39）在其主編的《婦女與家庭》中未經同意發表了婦研室的會議紀錄，是彌足珍貴的原始資料，因為這份紀錄日後遭到篡改，出現了不同的版本，新舊版本的差異不僅反映了認知的落差，也代表路線的爭議。

73 最初四位研究員為：姜蘭虹（台大）、崔伊蘭（台大）、周碧娥（中央研究院）、顧燕翎（交通大學）。

面，定期出版《婦女研究通訊》（後改版為《婦研縱橫》）、
《婦女與兩性學刊》（後更名為《女學學誌：婦女與性別研究》）以及補助年輕學者從事研究等等。1990 年出版《臺灣婦女研究文獻目錄》，1994 年出版《臺灣婦女與兩性研究學者名錄》，1995 年舉辦「婦女研究十年——婦女人權的回顧與展望研討會」，1997 年首先開設「婦女與性別研究」學程。婦研室曾是臺灣最有規模、工作最有持續性、產量最豐的婦女及性別研究機構。除了亞洲協會的贊助，婦女研究室也獲得最多的政府和民間機構資助，諸如林伯泰、徐元智基金會、教育部、衛生署、行政院勞委會等。1999 年「臺灣大學人口中心」正式更名為「臺灣大學人口與性別研究中心」，婦女研究室變身為其下的「婦女與性別研究組」。

清華大學人文社會學院兩性與社會研究室（簡稱兩研室）

清大兩研室於 1989 年在亞協贊助下成立，是人文社會學院的一個單位。由於標榜兩性，而非女性研究，兩研室於 1991 年 6 月舉辦的「兩性與社會研討會」就刻意呈現中立和中性的立場。1993 年在大專院校兩性教育通識課程研討會上，兩研室的宋文里和張維安教授在論文中表達了他們的省思：

在這個研究領域裡，男性是相對的不夠被重視的，如

264

果重視也是在相反的一面，兩性的問題，只從女性的觀點，或只從關心女性的觀點是明顯不夠的。「把男性擺回適當的地方」（bring the man back in），和「把人放回討論的重點」一樣，可能是相當重要的一步。直到目前為止，所謂的兩性研究，男性只作為對照的一面，參與的研究者也以女性學者居多，或以女性為「正統」，男性在那裡？

兩研室於 1992 年正式成為院級研究單位，2000 年改名為「性別與社會研究室」，2014 年升級為研究中心。

高雄醫學院兩性研究中心（簡稱兩研中心）

在亞洲協會資助下，高醫的兩研中心創立於 1992 年 9 月，曾主辦過各種與兩性有關之座談會與工作坊，也主持國科會的科技整合大型研究計畫。2000 年時，兩研中心主任謝臥龍教授接受高雄師範大學邀請，為該校籌畫性別教育研究所，在繼任者王秀紅教授奔走下，2001 年高雄醫學大學的研究中心轉型為性別研究所。

從女性學研究中心到女性學學會（簡稱女學會）

婦研界曾為了分析觀點的差異而爭議多年，新知為「開

拓一片不受性別主義（sexism）干擾、自由討論的空間」（顧燕翎，1990：1）1990 年成立女性學研究中心，由我擔任召集人，成令方為副召集人，進行女性主義討論和兩岸三地交流。1989 年我應邀出席香港中文大學「華人社會之性別研究研討會」，次年組團去鄭州大學「中國婦女社會參與和發展研討會」，這是最早的兩次集合各地華人研究者的婦研會議。鄭州會議中，我們接觸到江永山區女書的發現人宮哲兵教授，肯定女書的特殊女性文化價值。1991 年，新知出版部在艱困的物質條件下印行《女書：世界唯一的女性文字》，由鄭至慧負責漢文（男字）的編輯，首先向全球傳播這獨一無二的女性文字和書寫。

研究中心的命名曾經幾經波折。我們就日本的女性學、中國大陸的婦女學以及兩性學、兩性研究等名稱評估討論許久，為了減低社會阻力，決定採用男女兼顧的「兩性學」，但在中心第一次公開活動中即遭到與會者質疑，特別是美國華盛頓大學的周顏玲教授力表反對。新知董監事會議隨即再度討論命名問題。反對改名者認為：

一、婦運的長程目標是兩性合作，而且女性研究將觸發男性自省，兩性學標示了未來研究的方向，具有前瞻性。

二、不應以少數未經抽樣和統計的個人意見抹煞社會可能的反應。

三、女性學只包括單一性別，其排他性可能引起反感，不

1990 年鄭州大學研討會。右三為李小江教授，左二為鄉村工作者梁軍。

　　若兩性學具有號召力。

　　主張改名者則持以下理由：

一、女性學／婦女學貼切反映現階段研究內容和社會需
　　要。

二、以女性意識發展的階段理論來看，女性學正是女性中
　　心期的重要內容，雖然超越性別界線的兩性合作是未
　　來目標，但抗議期陣痛在所難免，女性中心期的辛苦
　　築基亦屬必要，否則兩性只能在既有的男性文化架構
　　之內合作，兩性學也不過只是在傳統研究中加入性別

2010 年江永與女書傳人及研究者座談會。（曲漢攝）

2010 年於家峒瑤族鄉拜訪僅存的女書自然傳人義漢淑。（曲漢攝）

變項而已。

　　眾聲紛紜中，王瑞香引用了陳幼石一針見血的名言：「做狗的時候不要說人話。」大家意識到建立女性主體性才是首要之務，立即達成了命名為女性學中心的共識（顧燕翎1990c：19）。

　　為吸收更多學者參加，拓展運動空間，中心於1993年從新知獨立，改組為「女性學學會」，由當時的召集人張小虹轉任首屆會長，其宗旨為：

　　一、建立女性學研究者彼此之間情感與資訊的支援網絡；

　　二、發展校園婦女運動；

　　三、積極尋求對社會議題的發言空間，落實臺灣婦女權益
　　　　之保障（張小虹，1995：10）。

　　這是臺灣第一個自我定位在婦女運動的婦女研究團體。2004年新增了一條宗旨：推動女性主義和性別研究。

　　女學會突破了過去大部分學者視街頭為禁忌的心態，展現了動員能量。其核心成員善用其學術地位帶來的良好媒體關係，經常接受訪問，幾乎所有活動都得到媒體報導，較其他婦運團體享有更大的媒體優勢。除舉辦研討會與出版《臺灣婦女處境白皮書：1995年》、《女性、國家與照顧工作》、《臺灣婦女處境白皮書：2014年》之外，也曾介入護理課程改革與校園反性騷擾運動，批判軍護課程複製刻板性別角色，要求修改課程內容，由必修改為選修；也因為揭發大學校園的性騷擾事件，引發反性騷擾運動。由於女學會雖倡導女性情欲自

主，卻並不贊同百無禁忌的性解放運動，也因而曾與以何春蕤為代表、主張性解放和性工作權的團體展開長期辯論。

不過，當何春蕤於 2003 年在中央大學性別研究室網站連結及張貼人獸交圖片，遭到社福與宗教團體聯合控告（張勵德，2004），被臺北地檢署依妨害風化罪名提起公訴時，女學會仍與婦女新知基金會發表聯合聲明支持何，表示公共議題應有學術或公開的討論空間，而非遽以司法對個人提起公訴。若罪名成立，以後針對公共言論中邊緣的性言論或議題，都可能援用這個案例來讓司法介入，將斲傷民主公共言論空間。

此外，在《優生保健法》修法、國會改造聯盟、抵制《蘋果日報》渲染性侵受害人之受暴過程、參與同志遊行，與催生行政院性別平等委員會等，女學會都積極參與。

臺灣大學建築與城鄉研究所性別與空間研究室

1995 年成立的性別與空間研究室，乃是由臺灣大學城鄉所女生的「女性與空間」讀書小組發展而來，以空間為出發點來探討性別在空間環境中所存在的面向，其宗旨為「打造無性別歧視」的城市：為改造一個能看見女人、研究女人及重視女性使用者的居住空間而努力」（臺灣大學建築與城鄉研究所，1995：1）。該室除了出版通訊外，也曾支援廣播節目，並且協助早期女學生的校園反性騷擾運動以及校園環境安全運動。自 1996 年展開，並造成制度性變革的新女廁運動便是由

該室負責相關論述與策略的供輸，進而聯絡與各大學女研社結盟的全國大專女生行動聯盟（全女聯），推動五四新女廁運動。2000 年以後則積極參與白絲帶運動，倡議男性投入反性（別）暴力的行動。

中央大學性／別研究室

中央大學的性／別研究室於 1995 年成立，行政上隸屬英文系，但對校內師生開放圖書資訊服務。與一般婦女研究或兩性研究不同，性／別室在思考框架及研究進路上，強調以階級、性別、族群、年齡等「社會差異」結合同性戀等「性」議題為研究焦點，於 1995 年出版《A 片事件與情欲拓荒資料彙編》，並在英文研究所發展出「女性主義與性／別理論核心教程」（「中央大學性／別研究室」簡介）。自 1996 年起，性／別室每年舉辦「性教育、性學、性別研究暨同性戀研究」學術研討會（四性研討會），是國內性解放的代表機構，何春蕤「和她的研究團隊，逐漸在性／別研究的學術領域居於主導地位⋯⋯同性戀運動、性／別研究、和後現代等論述在 90 年代下半段逐漸受到學院的重視。」（陳佩英：61）

成功大學婦女與兩性研究室

成大的婦女與兩性研究室成立於 1995 年 10 月，除成大教

師外，尚有臺南地區其他大專教師參與，以研究、活動與教學為重點，定期舉辦讀書會，共同開設「性別與社會」通識課程，並發行通訊，是南臺灣重要的婦研機構（參閱〈國立成功大學婦女與兩性研究室大事記〉）。2000 年改制為性別與婦女研究中心。

高雄師範大學性別教育研究所

高師大性別教育研究所於 2000 年成立，致力於培養從事性別平等教育專業師資與實務工作者，2011 年率先設立性別教育博士學位學程（國立高雄師範大學性別教育研究所，2019）。

婦女／兩性／性別研究課程

建構新的學術領域必須同時發展研究與課程，以便擴散研究成果，並培養繼往開來的專業人才。對於婦女／性別研究而言，為落實女性主義理念，貫徹實踐精神，課程開發更是必要手段。在婦研興起之前，如同早期的研究婦女，大學中的心理、社會、家政學系也曾零星開設婚姻與家庭、兩性關係等闡述傳統性別角色的課程，但並不特別採取女性主義的觀點。1980 年代雖有大學教師意欲在系內開設女性主義課程，卻遭

遇重重關卡，而往往胎死腹中；即便獲准開課，教師也往往必須在分配的時數之外開課，學術社群採取各種手段限制婦研課程，到了 90 年代仍甚為普遍（參閱嚴祥鸞，1997；謝小芩、王雅各，1997）。

1984 年教育部在大學增設通識必修課程，以修補專業教育造成的科技導向和知識片段化、培養整體思考和多元文化觀點，我掌握契機，在交通大學推出國內首創女性主義觀點課程「兩性社會關係」。通識教育與女性主義研究的精神有諸多相契之處，如：

一、強調科際整合，以及對傳統學術的批判、反省；

二、重視多元觀點與另類思考；

三、對傳統權力關係與權力結構反思與重組。

從現實觀點看，通識課程在系所的規訓之外，開啟了另類課程的需求和可能性，因此 1985 年後，各校婦女與性別課程幾乎都起始於通識，而後才發展成為系所課程。但也由於早期通識課程漫無標準，處於「戰國時代」，不僅內容與教材五花八門，兼容女性主義、非女性主義與反女性主義觀點，師資也頗為參差。在自由放任的氣氛下，婦女／性別研究學者終於獲得機會實驗女性主義的教學理想，包括：一、理論與實踐並重；二、師生互為主體，多向溝通；三、肯定個人經驗重要性，關照個別差異；四、培養獨立思考、批判與反省能力。落實在教學中，我們可以看到：一、課堂座位以圓圈方式排列，以便參與者互相看見；二、教師放棄權威指導者的角

色，以平等方式對話；三、小組討論，增加個人表達機會；四、容納個人成長史、家族史和生活經驗、社會事件的反省等等。

1990 年代後期，更多新血加入婦女／性別研究，各校紛紛開設相關課程及學程，影響及於主流學科。二十一世紀初，南部的高雄師範大學、高雄醫學大學、北部的世新大學相繼成立性別研究所，發展成為獨立的學術領域。除了臺大，各校原來的婦女或兩性研究機構也紛紛改名為性別研究。如同婦研曾是主流學術體系的違章建築，LGBTQ 以更為曖昧的形式成為性別研究的違建（或主建）。只是在高等教育的世界，婦女／性別研究只占據一個小角落，在經濟衰退，學校和學生減縮的當下，如何在愈益緊張的資源競逐中尋找定位和保持優勢，考驗著新系所和新學程。

小結：不忘初衷

婦女研究是十九世紀以來婦運的夢想，卻是二十世紀的新生之物，在男性主導的大傳統以外，追求符合女性經驗的理論、知識論和方法學，建構前所未有的新學術領域，需要跨越重重障礙。幸好不論是起於學院之內的美國婦研或學院之外的西歐女性主義，都有百年婦運為後盾，婦運經驗奠立了論述的基礎，也累積了實踐的範例。而婦女研究移植到臺灣時，本地

婦運仍處於艱困的開創時期，社會資源不足，婦研、婦運、女性主義血脈相連的歷史並不存於本地社會脈絡，以致研究者在擁抱婦研之際，仍對女性主義的學術正當性、女性的主體性感到懷疑，1985 年至 1992 年之間的幾次公開論辯，以婦女新知基金會和臺大婦女研究室為雙方代表，其他在場人士多半保持沉默或感到困惑；甚至婦女新知內部，也面臨命名的兩難。直到 1993 年以後，婦研的政治位置和政治用途才浮現共識，建制化也逐漸展開，不僅發展出獨立的學門，也多少將性別觀點注入了主流的人文社會學科。對本地婦研者而言，這是一段艱辛的奮鬥，在過程中，我們看到自己，寫下歷史。

然而不論是否與婦運劃清界線，婦女／性別研究在本地學術體系中始終立足不易，即使成立研究所，也面臨經費、人力、空間不足和招生困難的窘境。且因它是新學科，既面對傳統學科的競爭，又承受高等教育過度擴充的苦果，資源不足，招生困難。但另一方面，理論與實務間仍存有斷層，婦女團體和政府的性別平等方案急需的優秀專業人才難覓，而不易突破發展瓶頸。

回顧婦女研究建立學科之初衷，緣自於傳統學術領域壁壘分明，其論述無法轉化成日常、易解之語言，而失去了實用價值。婦女研究者想要整合跨領域的知識和經驗，從理論到實踐，將學術語言轉換成一般人能夠理解的知識，發展行動，進而達到改變父權體制和文化的目的。換言之，婦研始於跨領域學科之間的轉換和應用，企求建立性別新秩序，在發展過程

中形成獨立的學術領域，目的非僅在學術建制內取得一席之地，更為了找到施力點，來整合跨領域的知識和經驗，可以為更多婦女所用，建構性別平等的新社會。婦女／性別研究者必須不忘初衷，時時回到與婦女運動的最初連結，保持平等、互為主體的對話模式，看到和聽到不同位置、不同年齡、不同信仰、不同出生地……的女人／男人／跨性別者／無性別者／失能者……，結合女性主義理論與日常實務，才可能真正有效發揮改造社會的功能。

第七章

體制內婦女運動

　　具有國際性格的全球婦女運動，歷史悠久，生命週期綿長，兩百年來前仆後繼（只有兩次世界大戰期間將力量轉向抵抗侵略），影響力日增，二十世紀後期，性別平等終成普世價值。二戰後，聯合國（UN）、歐盟（EU）、世界銀行（World Bank）等國際組織和亞洲協會（Asia Foundation）、福特基金會（Ford Foundation）等美國機構各自配合婦運的進程和區域差異，以不同的言說和策略，給予各國政府壓力與誘因，將性別平等建制化，同時也提供資金及論述，協助在地婦運發展組織。

　　1946 年聯合國設立婦女地位委員會，先後以提升婦女地位或促進性別平等為目標，要求各國政府設立婦女地位委員會（commission on the status of women）、發展婦女參與國家發展方案（women in development）、設置婦女政策機制（women's policy machinery）或性別平等機制（gender equality machinery），由上而下推動婦女運動，至 2004 年已有 165 個

國家設有某種形式的提倡兩性平等的政府機制（Squires, 2007: 33）。1979 年聯合國通過《消除所有形式對婦女歧視公約》（消歧公約，'The Convention on the Elimination of all Forms of Discrimination Against Women, CEDAW'），1995 年於北京舉辦的第四屆世界婦女大會（簡稱世婦會）提出以性別主流化（gender mainstreaming）做為達到男女平等的策略，皆引導各國政府朝向體制內變革前進。

女性主義 VS 官僚體制

然而官僚體制的特點卻是追求穩定、抗拒改革，佛格森（Ferguson, 1984）在其經典著作《女性主義與官僚體制之難以兩立》（*The Feminist Case against Bureaucracy*）中，以男女的主從關係（主宰、附庸）分析官僚體制中的權力與控制，以及個人（包括管理、勞動階層和統治／救助對象）如何在其中為了生存而被第二性化。她認為官僚體制固然為政治目標服務，但其最高目標是自我保存，機構與員工的生存有賴組織持續運作及擴大，符合此目標之行為得到鼓勵，反之則受到處罰。為達到目標，組織嚴訂法條規範，要求人人遵守，而基層官員若缺乏其他明確目標，往往將規範視為目標和個人權力的基礎，而不明就裡緊抱「規定」，規則愈來愈多，組織也愈來愈複雜，再建立次級組織，以便運作。次級組織亦需維護自身

利益，高層組織乃以加強監督來回應，工作日益加重，只好再授權新的監督者，最終結果是管理體系日益龐大。

在官僚體系中，追求個人發展和組織改造難以兼顧，為了生存發展個人必須小心翼翼，不展現自我，敬服權威、爭功諉過、製造好印象，能力與績效都不如人際關係來得重要，這樣的系統無論在結構上、理念上或實務上都追求穩定，抗拒改革。

但女性主義理想的政治活動應有集體參與、平等論辯的過程，在互動中激發個人和團體的潛力，共同完成個人無法獨力完成之理想，這樣的過程違背官僚主義對上層絕對服從和效忠的要求，也使得女性主義和官僚體系格格不入。然而，婦運若不放棄將理念制度化的社運目標（導論 17 頁），便勢必不能自外於公權力。可是女性主義者一旦懷抱改革使命加入男權主導的官僚體系，便可能遭受抵制和反撲。

1970 年至 1980 年間，澳洲女性主義者曾選擇與勞工黨（Labor Party）攜手，以改革為訴求贏得大選，而大量進入政府，推動中央補助托兒、婦女庇護、婦女健康中心和就業補救措施（affirmative action），並且在各級政府設立婦女顧問。一旦有相當數量的女性主義官員在體制內互相支援，的確有助改革，而使得澳洲的性別政策成為全球典範。但婦運者大量進入政府也使得壓力團體減少，削弱運動能量（Eisenstein, 1995: 69-80）。1990 年代以後，世界經濟衰退，失業率上升，即使對女性較友善的勞工黨也將焦點轉向「養家的」男人身上，不再重視女性議題。之後的聯合政府更退回到 1950 年代的價值

觀，選擇保守團體做為婦女團體代表，寧願給已婚女性津貼留守家中照顧子女，也不補助托兒所。種種措施抹煞了過去的女性主義政績，也打擊了婦運（Donaghy, 2003）。事後檢討澳洲經驗，女性主義結合官僚體制雖曾改變了公眾態度與政策優先次序，效果卻不易持久，使得艾森斯坦（Eisenstein, 1995: 81）雖對佛格森存疑，亦不得不承認女性主義與官僚體制可能在本質上是對立的。

官僚體制的局限和僵化到了近世已深受詬病，新右派人士發動「政府再造」（government re-engineering），借鑑企業組織，試圖以公共管理取代公共行政，創造了新的施政可能。公共管理秉持以下原則：一、服務導向，快速回應顧客需求；二、雙向溝通，評估、修正政策；三、強調品質，追蹤分析成果，不斷精進；四、建立工作團隊，充分授權，擴大公務員自主性和自發性，提升工作滿意度；五、與民間團體發展夥伴關係（參閱丘昌泰，2000：62-70）。加以當前資訊科技發達，足以撼動傳統官僚體制的祕密性和權威性，政府有可能變得更透明、整合、開放、友善，而較能回應女性主義訴求。

我在世紀之交進入臺北市政府擔任政務官，有機會大膽推動政府再造與對女性友善的政治環境，發展多向溝通，建立共同願景，激發工作熱情，不只往下授權（delegate）、也增強（empower）基層同仁的能力和決策權，發展夥伴關係。克服初期障礙後，一再創造管理績效[74]，也建立對女性、單親、老人、同志友善的制度。感受到女性主義的公共管理更為人性化

和充滿創造力，但也必須準備面對週期性的起落和隨時的反
撲。

女性 VS 性別／女性 AND 性別

　　二十世紀中期以前，婦運的主體是女性人，婦運的目標在
爭取婦女權益、提高婦女地位；1970 年代中以後，女性主義
者看到男女在社會權力結構中的不對等位置，開始思考如何更
根本地從改變結構著手。1970 年代聯合國的發展方案（women
in development, WID）原本關注女性的經濟弱勢，特別給予補
助以求平衡。婦女十年（Decade for Women, 1976-85）期間，
政策執行者發現，若只是在既有的國際援助架構內加列婦女為
補助對象，卻不改變長久存在的性別偏見，縮短男女的權力落

74　我在公務人員訓練中心配合管理專家推動市政府的全面品質管
　　理，並且在中心創設臺北 e 大、GMBA 學程、休假進修學程、
　　女性領導班、制定《臺北市女性權益保障辦法》等，課程（免
　　費）比過去增加三倍多，歲入增加三十餘倍。社會局長任內建立
　　「全方位老人照顧政策」，將長照從低收入戶擴及一般戶、發行
　　愛心悠遊卡、推動自然葬法、接受單身與同志家庭擔任寄養家
　　庭、進行服務功能及中心整合、發展以家庭為中心的服務方案、
　　創辦《遊民平安報》等。在未增預算和編制的情況下，能夠不斷
　　創造績效，推動新政策，讓我對公務員的能力充滿信心，也體會
　　到好的理念能感動人們並且激發創意，造成改變。（參閱顧燕
　　翎，2015）

差，雖能幫助少數婦女得到較好發展，卻無法改善大部分婦女的處境，乃以性別與發展（Gender and Development, GAD）的概念取代婦女發展。在策略上不只協助個別婦女生存發展，還要根本改變男女不平等的結構性原因，每一計畫、每一方案自規劃階段即考量如何調整結構以補強女性個體的處境。與補助個別婦女相較，從根本改變資源分配與性別分工的模式和強化個人能力雙管齊下，才能更有效開發整體女性的潛能和提升其地位。這樣的政策理念從聯合國的發展部門擴散到其他部門（Charlesworth, 2005: 2-3），成為性別主流化的雛形。可惜移入臺灣後，性別主流化雖成為公部門雷厲風行的政策，卻被理解為進步的性別政策已經取代了落後的婦女政策，抽象的性別應取代實體的女性人，而一度要消滅「男女」，代之以「性別」。

什麼是「性別」？

社會性別／性別的激進特色

但什麼是性別？怎樣才算平等？看似簡單的名詞卻暗藏爭鋒。1970 年代激進女性主義者採用「社會性別」（gender）[75]一詞來指涉女性在社會生活中所受的制約和規範，與慣用的生理性別（sex）有所區隔，並且指出，社會性別是人所訂立的

規範和限制，自然也可以用人為的力量來加以改變或清除，以符合平等的原則。為了取代父權社會的陰陽二分，傅里曼（Jo Freeman）提出陰陽同體的主張，主張悍女可以同時具備男性和女性特質；魯冰（Gayle Rubin）認為互斥的性別非因自然差異造成，而是壓抑了許多共同點的結果，因此倡議無性別之分的社會；維蒂格（Monique Wittig）和許多女同志一樣，拒絕被稱做女人（顧燕翎，2019：194-198）。戴菲（Christine Delphy）則於 1981 年即指出，是先有男主女從的社會分工，才發展出區隔男女的生物性別。換言之，生理性別不是社會性別的基底（substrate），而是其結果（Disch, 2015: 827-828），即使生理性別也是社會建構的，而非天生的。

　　戴菲和其他法國唯物論女性主義者比美國的酷兒理論家巴特勒（Judith Butler）早十年提出社會性別先於生理性別的主張。雙方不同之處在於巴特勒專注於解構權威的心理分析文本，將異性戀常模當做壓迫的焦點，而努力將性別多元化，結果動搖了女人的主體性。而戴菲等人則重視性別在社會階層中的物質基礎，以「女性」一詞來彰顯女性人在父權體系中的相同位置和主體性，堅稱階層化社會的基本特質在於區隔差異，而其中父權體制特別著力於建構男女之別。戴菲等人的

75　在英文中，gender 與 sex 是兩個不同的單字，經常交換使用。中文的「社會性別」雖用於概念討論，卻很少用在指涉個人身分，gender 通常被譯為「性別」，例如「性別主流化」，而非「社會性別主流化」。

激進之處在於，不主張以性別差異（sex difference）訴求女性團結，而是以女性立場攻擊區隔男女、歧視女性的性別差異（839-840）。

性別／社會性別的模糊性

然而弔詭的是，「社會性別」這個激進、具有變革潛力的概念，在經過文字化並進入政策層面後有了新的生命，且迅速被各方接納，卻失去了激進色彩，變成了可以賦予不同意義、各自表述的中性名詞。從字面上看，「婦女政策」或「女性主義」女性立場鮮明，容易挑起男性反感或戒心；「性別」二字看起來中性，不致遭受男性排斥，甚至「性別平等」也可以用來爭取男性的權益。況且性別一詞本身不指涉任何個體、不隱含任何價值、也不挑戰既存觀念和秩序，應用時可主觀詮釋，填充任何內容，具有延展性。而性別不平等的社會成因也容許不同觀點的解釋，在國際政治場合有其權宜性，容易被各種政治和性別立場的當權者接受，因此「性別」很快成為政治正確的新名詞而被廣泛採用。但也正因為性別如同年齡，只是一個分類的抽象概念，可涵蓋所有和任何個體，並不指涉任何實體或共同經驗，以致很容易被籠統化、模糊化，或者挪用。在缺乏定義、各自解釋的狀況下，一旦進入政策，便極易被不同立場的人用來各自表述，進而產生衝突，成為權力鬥爭的所在。

國際社會如何定義性別和性別平等

由於性別只是分類指標，實際用來界定個人的權利義務時，缺乏對應的主體，意義模糊，因此聯合國、歐盟和許多國家都在指標性文件中明示性別意指男女。早在 1995 年北京世婦會上，「性別」（gender）曾引發激辯，各國代表協商北京宣言時，對此名詞充滿疑慮，而組織了六十國的聯絡小組討論其定義，決議採用聯合國過去會議中，對性別一般、通行的用法，不增加新的定義（北京宣言附件四）。1997 年聯合國經濟及社會理事會正式定義性別主流化時，也說明：

> 性別觀點主流化（mainstreaming a gender perspective）是指在各個領域和各個層面上評估所有計畫的行動（包括立法、政策、方案）對男性和女性的不同含義。這是一種策略，目的在使政治、經濟和社會領域內所有政策和計畫的設計、執行、監督與評估都包含女性和男性關心的事、女性和男性的經驗，從而使男女均等受益，不平等不再發生。主流化最終的目標是實現性別平等。（Report of the Economic and Social Council for 1997，聯合國中文網頁）

只是這份文獻經官方移植到臺灣後內容經過更動，添加了原文中沒有的多元性別的新字句，而使得性別的意義和政策內

容變得更複雜和不確定：「讓不同性別均能公平合理地取得與享有社會資源與參與公共事務的機會，以反映其多元的需求和意見。」誤導政策走向。

1988 年歐洲理事會（Council of Europe）的部長委員會（Committee of Ministers）發布「女男平等宣言」（Declaration on Equality of Women and Men），當時 gender 這個名詞尚未風行，通篇使用的文字都是女、男或女男，僅一處採用兩性（both sexes）。2009 年部長委員會在馬德里開會時，檢討該宣言在過去二十一年的執行成果，認為尚待改進之處甚多，於是再發表「實現性別平等宣言」（Declaration: Making gender equality a reality），特別指出性別平等的意思是：

> 女性與男性在公私生活中享有平等的可見度、獲得平等的權力、承擔平等的責任、得到公平的參與。

2019 年歐洲理事會官網再加上「女男獲得平等的資源分配和尊重」。同時也提醒不要忽略女性因位於不同位置或交叉位置而可能受到各種歧視：年輕或年長女人、失能女人、同性戀（L）／雙性戀（B）／跨性別（T）女人、暴力倖存的女人、移民女人、貧窮女人、單親媽媽、少數民族或宗教的女人以及各種不同處境和不同需求的女人，女性仍然是主體，不同位置女人的權力主體性應當獲得同等肯定。

檢視聯合國和歐盟的其他官方文件和統計資料，性別

（gender or sex）和兩性（both sexes）、女男（women and men）經常交替使用或並用（如 gender equality of women and men），意味這些名詞的實質意義相同。

多國政府亦是如此，日本於 1999 年通過的《性別平等社會基本法》定義「性別平等社會之組成」係指：

> 確保男女在社會上為對等的構成之成員，可以由自己
> 本身的意思，在社會各領域活動策劃之機會，因此男
> 女在政治上、經濟上及文化享受均等之利益，且共同
> 承擔責任之社會之形成。（林昀嫺，2012：239）

芬蘭於 2005 年修訂的《男女平等法》所指的性別也直指男女（267）。南韓 2008 年的《女性發展基本法》，目的也在培植女性能力，促進性別平等（239）。瑞典政府網站 2016 年對性別平等的定義是「確保女男在生活的各方面都享有相同的機會、權利和義務」。2018 年更強調量和質方面的完全平等：「性別平等不僅表示男女在社會生活各方面都得到平等的分配，男女的知識和經驗也獲得同等重視，用於促進社會各方面的進步。」（瑞典官網，2018）

整合的平等政策

2000 年後，性別平等在許多國家都已獲得重視，也都建

立了政策機制，瑞典、英國、挪威等國考慮到社會上各種歧視現象同時存在且相互作用（intersectionality），為了提高行政效能，花費多年整合各種反歧視和促進平等的法律及機制，制定反歧視法或平等法，同時處理性別、性傾向、性別認同和表現、年齡、信仰、族群、懷孕、育兒假、照顧假、個人重要特徵等各方面的歧視，亦稱平等主流化或多元主流化（equality or diversity mainstreaming）[76]。平等主流化因兼顧各種歧視，造成資源分散，而使得性別失去數十年來所占據的政策優勢（Jenson, 2015: 552）。歐盟也於近年改組後，削弱了性平政策的結構性改革力道，將性別轉移到人權事項，重點放在處理個案上（Hubert and Stratigaki, 2016: 28）。

性別主流化

1995 年北京世婦會後，「性別主流化」[77]，也就是在所有政策中加入性別觀點，成為聯合國、國際組織和各國的指導性政策：

> 在處理男女⋯⋯等問題時，各國政府和其他行動者應該推行一種積極鮮明的政策，將性別觀點納入所有政策和方案的主流，從而在做出決定之前分析對婦女和男子各有什麼影響。（Woodward, 2003: 66，聯合國中文官網）

其目的不只是讓女性獲得相同的機會，進入男性主導的體制，更意圖以女性觀點全面檢視性別權力制度性、結構性的不平等，從政策源頭上謀求翻轉。簡言之，性別主流化是婦運為了改變男女不平等的社會結構，達到性別平等的目標而採用的一種政策手段。

以策略的前瞻性而言，因個人坐落於既存的權力架構之內，從改善婦女個人處境發展到翻轉性別權力結構和改變男性行為，並不意味以性別取代婦女，而是同步進行個人和結構的全面改造。然而，主流化和被主流化可能僅一線之隔。查而沃（Charlesworth）於 2005 年檢視聯合國執行性別主流化十年的成效，發現表面上很成功，性別主流化無所不在，卻效果不彰。她指出，聯合國所設的定義：「在各個領域和各個層面上評估所有計畫的行動（包括立法、政策、方案）對男性和女性的不同含義，」（本章 285 頁）一方面太過廣泛，意思模糊，同時又過於單一狹隘，忽略了社會與權力關係的多樣與複雜，執行的方法最後簡化為數人頭（14-16）。此外，「主流」本身即代表大多數人傳統、保守的想法和態度，她認為採

---

76 在英國為平等法（Equality Act, 2010），瑞典為歧視法（Discrimination Act, 2009），挪威稱平等及反歧視法（Equality and Anti-discrimination Act, 2017）。英國及瑞典的法律稱性別為 sex，挪威則是用 gender，都沒有類似「多元性別」的用語。

77 主流化這個名詞最早出現在 1970 年代的教育文獻中，指的是將能力參差的學童混合編班，不再採用能力分班的做法（Charlesworth, 2005: 1）。

用「理性的」公共行政工具去實現「非理性的」、消除性別不平等的變革，可能注定會失敗，而建議尋找主流化以外的策略。

休伯特和斯特列亞奇（Hubert and Stratigaki, 2016）也指出，2008 年全球經濟危機後，女性和性別都從歐盟的政策文獻中消失了，就業政策以男性為優先，女性之間的貧富差距擴大，在會員國之內，性別不平等有上升的趨勢，歐盟的性別主流化似乎並不成功。但她們仍懷抱希望，歐洲各國二十年來推動性別平等的努力，在許多地方仍累積了寶貴的經驗和成功的案例，這些經驗應可對政策設計有所啟發，期望民間婦運和政府組織能攜手合作，讓性別主流化有機會浴火重生。

臺灣婦運看性別

禁言男女

2003 年性別主流化引入臺灣，性別，甚至多元性別，很快取代了婦女／女性／男女，一度在政府和學界成為唯一的政治正確名詞。我多次在政府和學術會議中，目睹有人因使用「男女平等」或「兩性平等」而被當場糾正，必須說「性別平等」方屬正確。有論文報告人因研究對象為女性，而被公開指責「沒有性別意識」；想要改變「傳統男性角色」也被認為用詞不當，觸犯了「性別二元化」的禁忌。2011 年婦女國是會

議中，官員們已被制約到以為臺灣已經「進步到揚棄女性權益，聚焦性別平等了。」

直到 2012 年消歧公約（CEDAW）國內法化後，因這項國際公約以女性為主體，若將「女」或「女性」從所有法條和政府文件中去除，消歧公約在臺灣將失去立足之地，自此禁忌才得以鬆綁，女性人也才不致於在「進步」浪潮中慘遭沒頂。

只是中央放鬆了禁忌，地方上剛起步的性別專家卻是才學會多元性別即進步、男女已落伍的概念，而全面禁止公務員使用「男女」或「兩性」[78]。此外，理念上雖不容男女，實務上男女卻在文化中根深柢固，一時難被性別取代，於是性別平等也被用來提升「男性權利」。例如某地方政府舉辦一場女性書展，性平委員便立刻要求也辦一場男性書展，做為平等的手段；也有縣市委員要求女性影展必須改成性別影展。

性別也意味新的權力和資源分配，2012 年（民國 101 年）行政院婦權會改名性平會時，公部門的人事行政總處和民間的婦女新知基金會[79] 分別做出一字不差的宣示：「一○一年為我國性平元年，不但象徵性別平等發展的一大躍進，也代表我

---

78 政策的貫徹由上往下分層進行，在時間上必然有所遞延。消歧公約國內法化後，中央開始放鬆對「男」、「女」和「兩性」的禁制，地方上新誕生的性別專家卻是才學會禁止官員使用「男女」和「兩性」，必須改為「性別」或「多元性別」，而樂此不疲。（2018 年我參與地方政府婦權會的親身觀察）

國性別平權與國際接軌。」（人事行政總處，2012；苦勞網，2011）官民雙方都認定性別是新起點，一切從頭開始，卻無形中與全球婦運的歷史告別，非但未接軌國際，反而與國際社會對性別平等的共識分道揚鑣[80]。

性別不定義

「性別」雖在官方詞語中取代了男女、女性，卻始終未經公開而正式討論，《性別工作平等法》和《性別平等教育法》也都沒有對基本名詞「性別」或「性別平等」加以定義。性別平等教育法將「性別平等教育」定義為：「以教育方式教導尊重多元性別差異，消除性別歧視，促進性別地位之實質平等。」卻未明言什麼是「性別」？「多元性別」？如何才算平等？重要名詞定義不明，不僅增加執行困難度，也使得政策內容缺少依循標準，落得讀者各自詮釋的局面，製造社會對立。政府的性平文件上同時出現「性別觀點」、「性別目標」、「任一性別」、「不同性別」、「所有性別」等名詞，例如要求政府人員在做施政滿意度調查和性別影響評估時，要注意「所有性別者」的意見，所有性別是哪些性別？被調查和被評估的對象是誰？性別專家也莫衷一是。2018 年消歧公約第三次國家報告國際審查委員會，在總結中也指出此名詞在臺灣使用不恰當，建議政府校正所有法律和政策文件用詞（行政院性平會，2018）。

體制內婦運

在全球婦運的進程中，我國雖未領先，卻並不落後。1946年力主聯合國應設立獨立的婦女地位委員會的四位女代表中，便有中華民國的吳貽芳（第一章44-45頁）。1968年在聯合國婦女地位委員會敦促下，內政部曾設立婦女地位委員會，1971年我國退出聯合國後才隨之撤銷（顧燕翎，1987）。此後菁英婦女持續以非政府組織（NGO）代表和婦女／性別研究學者身分參與跨國交流活動，並參加官方的「亞太經濟合作會議」

---

79 行政院婦權會改為性平會的前幾個月，我收到婦女新知基金會主旨為「告別婦權百年，走向性平元年」的通知，立刻回函表達不同意見：

「告別婦權百年，走向性平元年」的口號是否可再斟酌？

雖然百年，但真正男女平等了嗎？真正改造父權了嗎？縱觀婦運史和婦研史，不斷有些力量要去除女性。一定要去女性才能性平嗎？若要告別婦權，新知是否也要改名？『女人治國ABC』是否也改為性別治國？」

後來發表的宣言改為「告別父權千年，走向性平元年」。

80 聯合國婦女署（UN Women）於2014年發動的「男生挺女生」運動（HeForShe Campaign）得到了知名男性如歐巴馬總統和眾多明星的連署，臺灣卻沒有行動。2017年1月川普就任美國總統當天，他歧視女性的言行引發了美國和世界各大都市（包括亞洲的東京和馬尼拉，非洲的奈羅比）大規模的示威抗議「女性遊行」（Women's March），路透社估計有超過460萬人參加（Reuters, 2017）。此後每年都有全球性的女性遊行，臺灣卻相對安靜無聲，媒體也很少報導。

（Asia-Pacific Economic Cooperation, APEC）的「婦女與經濟論壇」，引進國際潮流以及運動論述。1996 年起推促各級政府設立婦女權益促進委員會（簡稱婦權會），2003 年起推動性別主流化，2011 年性別平等政策綱領及消歧公約。與先進國家相較，臺灣婦運起步雖晚，制度化的進程卻相對快速和完備，不只制定了超越其他國家的特別法，如家暴、性侵害、性騷擾等單獨立法，婦權／性平委員會和委員的數量也特別多，政府內的編制人數更超過瑞典、紐西蘭等有類似婦權／性平機制的國家（參閱顧燕翎、范情，2009）。

婦女權益促進委員會（婦權會）[81] ／ 女性權益促進委員會（女委會）

各級政府內的婦權／性平會是臺灣特有的性別平等機制，以跨部會／局處的任務編制，聚集了政府與民間人士，發揮政策規劃、諮詢、督導及橫向聯繫功能，推動婦女權益（余政憲，2003：2）。

臺北市首創婦權會

1990 年代中期，在臺北市長激烈選戰中，李元貞、劉毓秀放棄婦運的超越黨派立場，選擇為態度比較開放的民進黨候選人陳水扁[82] 助選（Li, 2000: 209；李元貞，2014a：303-304；黃淑玲、伍維婷，2016：9），喊出「不投阿扁就是不愛

臺灣」（Li, 2000: 208）的口號。陳當選後，在她們敦促下，臺北市政府於1996年1月設立婦權會，為體制內婦運之開端。

婦權機制雖由聯合國倡導，本地婦權會的組織型態和決策模式卻是臺灣的獨特產物，其理念來自封建時代的「挾天子以令諸侯」：婦權會的主任委員由市長擔任，民間代表的比例占至少六成，在會議現場借市長之力指揮市府官員，當場做決策，並追蹤考核。劉毓秀在訪談中表示，「以國家女性主義包圍家庭父權，藉女人在公部門集結累積的力量改變公私領域的性別權力邏輯……由陳水扁執政的臺北市政府，給國家女性主義這樣的實踐路線一個上場磨練、舞刀弄槍的機會。」（李清如、胡淑雯，1996：23-25）。不過丁乃非（1998/2008：128）指出，此處所說的女人已經過篩選，「是被標示為陰柔具母性的、而不太是女性主義者的家庭主婦們。」「有些女人是想都別想絕對被排除在可能的權力接管之外的。」（130）這些家庭主婦居於外圍，擔任先鋒，位於權力中心位置的則是充滿母性的女領袖，年輕的女性知識份子則被動員去支持以主婦為催化劑或先鋒的政治運動（129-130）。

臺北市第一屆民間委員包括婦女團體和學者專家。婦女團體依專業類別互選代表，學者專家則由市長遴聘（林秀琴，

81　2002 年《臺北市女性權益保障辦法》施行後，更名為「臺北市女性權益促進委員會」（簡稱臺北市女委會）。

82　劉毓秀和陳水扁的接觸較多，她先生是陳的臺大法律系同學。（Li, 2000: 209）

1998；傅立葉，1999）。但自第二屆起，則變成全部委員都由市長直接遴聘。最初婦權會定位為諮詢單位，但民間委員積極主導政策，演變成半決策單位（黃淑玲，2008）。民間委員提案、官員規劃執行、市府背書成為施政模式（傅立葉，1999）。因有資深婦運人士主導、市長背書，臺北市婦權會得以領先全國，有效推動婦女人身安全、公廁體檢、廢除公娼等新政，會場則經常上演民間委員指揮、揶揄和斥責政府官員，官員默然承命的場景，形成新的宰制和附從關係，雖翻轉了性別權力關係，卻喪失女性主義的平等尊重精神。

行政院婦權會／性平會

彭婉如及白曉燕遇害後，1997 年行政院（國民黨連戰任院長）應婦女團體要求，召開全國婦女治安會議，成立「行政院婦女權益促進委員會」（簡稱行政院婦權會），促進政府機關橫向聯繫，強化推動婦女權益。次年婦權會要求內政部捐資成立半官方的「財團法人婦女權益促進發展基金會」（簡稱婦權基金會），開啟民間與政府對話、資源與資訊交流。

1997 年至 2001 年行政院婦權會召集人最高層級為副院長 [83]，委員 17 人，民間人士占半數以上。2000 年陳水扁中央執政後，李元貞、劉毓秀進入婦權會，以臺北經驗加以改造。2002 年起，採三層級模式運作 [84]，由院長（民進黨游錫堃）擔任召集人。委員會成立後，步上官僚體制的後塵，委員

人數持續擴增（本章 278-279 頁），2018 年由最初的 17 人增加到 35 人。2012 年行政院婦權會改名為性別平等會（簡稱性平會），並增設執行單位性平處，直屬行政院，編制 40 位專責人力。

　　有些人對臺灣獨創的婦權會／性平會寄予高度期望，認為是參與式民主的體現，因為此會建立在三方合作的構想上：學者專家提供政策意見、婦運團體提出批判性觀點與社會需求、政府執行，足以彌補代議政治之不足（參閱黃長玲，2007）。黃淑玲、伍維婷（2016：47）研究第五、六屆婦權會委員的「合縱連橫策略」，極為肯定其效能：「婦運者集體進駐婦權會、打造婦權會成為婦運蹲點[85] 與婦權會成為女性主義的抗爭機構……監督當時的國家女性主義依循婦運者的策

83　雖然國民黨籍婦權會委員黃昭順最早在婦權會第三次委員會議（1998/5/22）中提出提高召集人層級為行政院院長之議，但未獲回應。歷任召集人為國民黨執政時期內政部長葉金鳳（1997）、文建會主委林澄枝（1998）、行政院副院長劉兆玄（1999-2000）、民進黨執政時的行政院副院長賴英照（2000-2001）。

84　第一層級為議題分工小組會議，研擬相關提案，以強化專業運作功能；第二層級為會前協商會議，針對委員會議議程及各分工小組所提議案協調整合；第三層級為委員會議，就已協調完成並具共識的重要議案做最後確認。

85　有些委員以為進入婦權會是「蹲點」，卻似乎蹲錯了地方。根據《漢語大詞典》，蹲點是指到基層單位參加實際工作，並不是到中央擔任指揮官。不過真正的蹲點，了解基層、解決問題，卻有其必要性。

略而發展，也比較能夠防堵保守勢力的滲入……」黃和伍主張，這兩屆婦權會的「成功」在於成員們有共同的生命傳記和自律規範，並且合作無間，換言之，她們有高度的紀律和同質性，以及相同的政黨認同。委員們在訪談中表示：

我們……基本價值觀都很接近……我印象中沒有立場不一致的或不一樣。（24）

因為 ×× 在婦運有一定的評價……雖然知道她跟藍的比較好，可是我們也知道她是可以信任的人，沒有對她防備……（24）

第五、六屆婦權會最初採取「強勢要求、不斷堅持」的「強悍」作風，令官員就範：
文官受訪者以「被指著鼻子罵」、「一話就被罵」、「罵到臭頭」來形容與第五屆婦權委員互動的不滿或震撼。（31）

後來有些委員改採懷柔手段：讚美與鼓勵、博感情、進行機會教育等，培養「女性主義官僚種子」（50），建立「婦權委員、婦運界與公務體系的社會資本」（49），「以與民進黨的人脈關係遊說政治高層，施壓公務體系積極執行……提高婦權會民主治理功能。」（42）快速推動了「性別主流化計畫」。

這兩屆婦權會擁有超乎行政官僚的權力（以及因此可以近用的行政資源），但大權卻集中在少數政治正確（或身分正確）人士手裡，委員中即使有人有異議，大約也會自我約束，以免越線。以我個人參與婦運的觀察，這種紀律森嚴的組織內通常層級鮮明，有人發號施令，也有人附從討好，少數人的意志乃得以貫徹，卻未必落實女性主義平等、互相尊重的理念。而委員會在制度上權責不對等，民間委員發言權凌駕官員，左右政府決策，卻不需肩負行政或政治責任，也不受檢驗，難以與民主治理畫上等號。陳美華和張晉芬（2009）便曾公開批評婦權會民間委員的代表性（representation）和究責性（accountability）：

> 就一個官僚組織而言，竟然會贊成由一群沒有民意基礎、不具有公務人員任用資格、也不用負擔政治責任的學者專家指揮行政體系的運作，讓人覺得不可思議。

彭渰雯（2008）也曾質疑委員會本身的運作方式：個別委員權力運用是否得當？議題是否獲得共識，是否符合婦女（哪些婦女）需要？同時，議題本身可能反映民間各方的多元訴求以及分歧路線，參與體制內政策運作的代表如何當場判斷？再者，委員提案雖有三層級會議把關，但若忽略議題的研究及政策形成的應有過程，如何確保決策品質？

誰有提案權？

為增加民間團體和個人的提案權，我曾屢次在政府相關會議中質疑少數女性和男性（婦權會保障男性委員不得少於三分之一）代表全體女性發聲的正當性，要求開放參與機會。以下為筆者在 2010 年底行政院主辦的婦女國是會議擔任權力、決策與影響力小組的（民間）回應人時所提的書面意見：

> 婦權會的運作模式建立在學者專家、政府官員、婦女團體共同運作的概念上：由學者專家提供技術性意見，婦運團體提出社會實際需求，政府執行，委員會中民間委員占六成以上，以確保其主導性。

> 但民間委員本身的專業背景、投入程度、關注重點皆不同，團體的代表性、婦運議題的多元性、運動路線的分歧，都影響會議決策品質，卻由官員負責執行，承擔行政責任，實違反平等相待和為決策負責任（accountability）的原則，也破壞公務系統文官獨立性。而委員會本身缺乏監督機制，更形成有權無責。

> 理論上民間委員代表民意，實際上卻由政府聘請，其中難免政治考量，同時也缺乏民意表達管道，未能向其宣稱代表的民意負責，為求透明起見，開會前應開

放公民或人民團體提案，若憂慮提案品質，可先加以
研究或審核；開會時開放旁聽，或透過網路或電視實
況轉播，避免黑箱作業。

2012 年性平處修改議事規則，開放了提案權，但並未宣
導，也始終未見提案，民間團體和個人普遍不習慣對公共政策
表示意見，個人或團體權益受損時也傾向於透過個別委員代為
提案。2016 年性平處公布「民間單位試行提案辦法」，草案
中提案人原包含個人，但正式文件中去掉個人，只允許團體提
案，而且嚴加規範。反映出權力仍然只是集中於政府指定的委
員，並無下放或分享之意[86]。然而，若未能建立平臺，開放公
開、深入的討論，鼓勵民眾關心公共政策，婦權會／性平會如
何稱得上參與式民主？

不過臺灣婦運數十年的耕耘仍累積了不少成果，在某些議
題上建立了堅強的共識。例如，2006 年衛生署（現稱衛福部）
打算修訂《生育保健法》，限縮女性的墮胎權，在婦權會引
發強烈抗辯，三位委員請辭抗議，成為頭條新聞（第三章 133
頁）。此後委員更迭，政黨輪替，每屆婦權會／性平會都堅守
墮胎合法化立場，成功阻止限制條款。此外，衛福部欲藉修改
《人工生殖法》來合法化代理孕母，也在許多屆婦權會／性平

86　委員可以逕自提案，民間單位提案則需要至少三位以上社團負責
　　人連署，且經層層篩選，並才得以進入最初階段的分工小組討論。
　　https://www.gec.ey.gov.tw/Content_List.aspx?n=52BDE7F6CFBF3BF5

會受到反對，激辯之後草案未能送出到行政院。

性別主流化和消歧公約的實施

2003 年婦權基金會舉辦「性別主流化國際婦女論壇」，揭開了性別主流化的序幕，民間團體利用與國際接軌的目標催生性別平等機制（參閱李元貞，2003），各部會都需設置性別聯絡人、性別平等專案小組，性別專家大量進入體制（參閱黃淑玲，2008；彭渰雯，2008）。2005 年 10 月，在尚未通過實施計畫（12 月）之前，婦權會便要求行政院提前全面展開性別主流化。2012 年，婦權會改制為性平會後，其首要任務為：
一、推動消歧公約（CEDAW）[87]；
二、落實性別平等政策綱領[88]（簡稱性平綱領）；
三、推動中央到地方政府之性別主流化工作。（行政院性平處，2012）

婦權會／性平會的三大任務貫穿中央及地方政府，周延密布為全球之冠。任務的考核根據各單位填寫的繁複表單，而性平綱領與性別主流化的表格在內容上高度重疊，所以實際上可視為兩大任務（性平綱領表格終於在 2019 年取消）。性別主流化的六大工具[89]包括：性別統計、性別意識培力、性別影響評估、性別預算、性別分析和性別機制，婦權會為之制定詳盡的表格和手冊，全國上下統一執行以便追蹤考核、統計比

87 2011 年 5 月 20 日立法院通過《消除對婦女一切形式歧視公約施
行法》，其中第八條規定各級政府機關檢討所主管之法規及行政
措施，有不符公約規定者，應於本法施行後三年內，完成法規之
制（訂）定、修正或廢止及行政措施之改進。

88 行政院婦權會自 2010 年邀集性別專家及民間婦女團體草擬「性
別平等政策綱領」（簡稱性平綱領），辦理三十八場座談會，
次年內政部召開「全國婦女國是會議」，函頒性平綱領，作為
性別平等政策指導方針。綱領包括三大理念：「性別平等是保
障社會公平正義的核心價值」、「婦女權益的提升是促進性別
平等的首要任務」、「性別主流化是實現施政以人為本的有
效途徑」；七大核心議題：「權力、決策與影響力」、「就
業、經濟與福利」、「教育、文化與媒體」、「人身安全與司
法」、「健康、醫療與照顧」、「人口、婚姻與家庭」及「環
境、能源與科技」。行政院性平會官網 http://www.gec.ey.gov.tw/
cp.aspx?n=363DC330E476B467

89 瑞典政府在 2014 年採用的管理工具有二十六種之多，大部分
都是行政管理常用的方法，包括 SMART（目標鑑定）、METS
（計畫與工作清單）、Equilibrium cycle（平衡週期法）、SWOT
（風險評估法）、4R method（代表性、資源、現狀分析以及新
目標和方法）、Fishbone diagrams（魚骨圖）、Focus group（焦
點團體）、Gender Budgeting（預算分配的性別角度）、Gender
coaching（性別觀點輔助）、Gender impact assessment（性別影
響評估）、Participant observation（參與式觀察）、Wage Pilot
Analysis（薪資調查時使用之工作價值評估法）、Gender Equality
Outcome Evaluation（性別平等成效追蹤）、Learning follow-up
（成果研究）、Open Space Technology（開放空間討論法）、
Roleplay（角色扮演）等。（http://includegender.org/how/gender-
mainstreaming-in-practice/）（2014/03/26）各工具視需求選用，其
中不少我們的行政部門也都熟悉。聯合國開發計劃署（United
Nations Development Program，UNDP）的工具則又不同，但也
都是視需求彈性選用，並未強制執行。

較。然而將工具當做目標推行，卻未能有效說明方向和理念，很可能亂槍打鳥，徒耗行政資源，公務員卻不知為何而戰。

六大工具

六大工具中最基礎的是性別意識培力和性別統計，也執行得最徹底。全員調訓本就是公務體系最常用的政策手段，卻因性別、平等的意義未經深入討論，共識不足，師資和教材的挑選也未有共信的準則，極易流於政治操作。也有人力推證照制度，冀望建立制式課程、集中考試和提供標準答案，結果塑造新的權威，卻忽略了性別平等需要的是態度、理念、心境上的改變和啟發，填鴨式教學恐難勝任。至於性別統計，雖以科學方法量測男女處境和權力落差，卻因對於女性主義理論、統計學以及實際業務的了解不足，便快速制定了規格化、統一化的操作模式，導致公務員只好「隨便給他做做，反正你上有政策我下有對策」（彭渰雯等，2015：114）。

彭渰雯等的研究指出，六大工具受到過度強調，當作重要目標，導致工具與目標混淆錯置（131）。而六大工具也有值得商榷之處，例如要求各國政府設立婦女政策機制／性平機制是 1975 年聯合國第一屆世婦會的決議，這是執行政策的單位，將之列為性別主流化（1995 年第四屆世婦會的決議）的政策工具，時空和功能都顯得混亂。

至於性別預算，大多數國家是隨同預算書發表性別平等

相關之政策聲明書或執行成果報告，或辦理研究分析及教育宣傳，並未於法定預算文件中作單獨分類表達（行政院主計處，2008），在我國卻是進入預算體系，並經過數度修訂，作業最完整。然而性別預算的重點不應是金額加總和比較，而是機關的預算應關照到男女不同的需求、性別相關的項目獲得合理的預算配置（參閱彭淯雯等，2015：137），所以重點是政策具備性別敏感度，而非金額多寡、年度增減。再說性別預算可謂隱藏於實質預算內的虛擬預算，並不單獨或實際存在。例如方便推嬰兒車的步道在預算書中實際上屬於步道預算，卻也可以同時由填表單位認定為性別預算（事先假設大部分推嬰兒車的都是母親）。既然已編列之預算可被重複認定為性別預算，填寫性別預算便有很大解釋空間。即使各單位各自設算出虛擬額度，亦無法據以測量或比較政策成效。換言之，同一機關內年度性別預算的增減，無法反映施政成效或性別平等的升降，也無法做為跨機關或跨國比較的依據。而按照規定，性別預算只計算業務費（占政府歲出不到 10%），卻不計算推動政務的最大成本人事費（占 20% 以上），所以性別預算的計算雖耗時費力，卻並不反映真實成本[90]。

不僅基層操作者對於六大工具感到陌生，婦權會核心委員也僅參考國外文獻，於短期內「自行發展本土詮釋」（彭淯文，2008：25），便匆促執行。有委員在公開講座坦言自己不懂工具如何操作，需要「大家一起學習」或「邊做邊學」（26）。政府需為政策負責，卻讓外部專家來邊做邊學，由全

民買單，不甚合理。

政治使命

　　對某些政治屬性較強的人而言，性別主流化尚肩負性別平等以外的政治使命。數十年來我國未能參與聯合國性別政策的發展過程，2003 年驟然引入性別主流化時，賦予了諸多想像和期待，將人權和性別平等視為達到政治目的的手段，用來爭取國際同情。陳瑤華（2003：60-61）在 2003 年的「性別主流化國際婦女論壇」中主張設立「性別平等部會」，結合民間婦女團體的力量，推動性別主流化，爭取國際支持：

> 如果臺灣單向要求國際承認，而不能有所作為的話，臺灣的處境其實更難得到國際的同情和協助。臺灣必須努力使人權、性別主流化等關鍵的基本政策和法律，帶入國際的公約和協定，接受國際標準的檢視。那麼，就算受到其他國家無理的杯葛時，至少還可以塑造出民主與正義受到蔑視的無辜形象，尋求國際公民社會的支持。

《消歧公約》國內法化

　　實施《消歧公約》是另一項被視為接軌國際的重大任

務。聯合國 1979 年制定此公約，為會員國搭建了婦女政策的討論、交流平臺，從制定、執行到定期檢討，每一過程都提供了各國平等對話的機會。各會員國在簽署合約時根據自己國內法律可以設立保留條款，其他國家也可對保留意見公開表達反對，假以時日原訂的保留條款尚可修正（參閱 UN Women, 2016）。我國卻是未經國內討論，所有條文照單全收，（但是自行變動了部分文字[91]）並自訂施行法，將之國內法化，要求所有政府機關於三年內檢討所有法規及行政措施，不符合公約者必須重新制定、廢止或改進。由於臺灣不是會員國，沒有機

---

90 性平會的說明是：「考量修正性別預算制度設計之理念，係引導公務同仁具有性別意識進而推動性平業務及編列預算，且人事成本相對不易計算（例如兼辦性平業務人力），故性別預算編列以業務費為主，未含人事費。」（性平會官網）https://gec.ey.gov.tw/Page/D8B706F7DD8453E7 (2019/4/5)
但人事費是推動政務的最大成本，根據《行政院主計總處中華民國 107 年度各直轄市及縣（市）總預算彙編》，人事費占歲出總額 20.12%，業務費占 9.07%。（主計總處官網）https://www.dgbas.gov.tw/public/Attachment/86151016483HCMH93O.pdf (2019/4/5)
而且直接加間接的人力成本必定超過預算書中所列的人事費。
91 聯合國官網中文版消歧公約第六條原文：
「締約各國應採取一切適當措施，包括制定法律，以禁止一切形式販賣婦女和強迫婦女賣淫對她們進行剝削的行為。」
臺灣版變成：「締約各國應採取一切適當措施，包括制定法律，以禁止一切形式販賣婦女及意圖營利使婦女賣淫的行為。」
「強迫」和「剝削」改成「意圖營利」，意思相去甚遠。若認為此條文不符合本國法律或風俗，可依公約予以保留，而不應擅自改變文字。

會參與聯合國公開、平等、反覆的討論，乃由行政院自行邀請外國專家來臺審查報告書，當場給予指令，要求五院遵行，其位階儼然高於《憲法》。

法規檢視

各級機關服從命令，自行檢討法規及行政措施徹底而有效率，根據性平會（官網，2018a）統計，總共檢視了 33,157 件法規及行政措施，共有 228 個項目違規，其中以行政措施為大宗。在許多單位重複出現的最常見違規項目是排除女性參與值夜，其次是排除女性參與夜間工作，而必須自行修改法規，排班和值夜都不得區分男女，因為：

> 法規明文限制或排除女性參與輪值、值日、值勤及值夜等工作，使女性無法領取加班費或津貼，也剝奪女性於職場展現其工作能力之機會，間接亦限制女性之發展與升遷。此外，傳統對於性別角色的分配，認為女性應負擔家庭照顧責任而分配較少之職場任務，無形中亦限制女性在職場之發展。再者，女性夜間工作如確有安全之顧慮，國家或雇主應提供安全無虞之工作環境，避免勞工受到危害，而非禁止女性於夜間工作。

許多單位雖然表面上修改了法令，私底下仍為了「人性化

需求」，而調整職位或私下調整班表，來減少或免除女性值夜班，並自許支持女性就業。

再其次的違規大項是許多單位規定女性員工哺乳每次以三十分鐘為限，限制女性員工哺乳時間，不符合「女性產後哺乳及保障生育機能之需求，且與性別工作平等法第十八條……雇主應每日另給哺乳時間二次，每次以三十分鐘為度之規定不符……」亦需修法，以符合規定。

性別統計

檢視法規及措施的同時，性平會要求做性別統計：「若未違法，但其性別統計落差超過 3%，應了解其原因考量改進，逐步提高弱勢者性別比。」[92] 為何是 3%，該如何計算[93]，則

92　CEDAW 法規檢視填報系統 Q&A 手冊 https://www.google.com. tw/?gfe_rd=cr&ei=h37wU9_qCuWJ8QexwYCoBg&gws_rd=cr#q= %E6%80%A7%E5%B9%B3cedaw+q+and+a&btnK=Google+Search

93　如何計算是否超過 3%？上注之 Q&A 手冊以身障人士領取租屋補助為例，領有手冊之總人數（母群體）145,896 人，其中男 84,757，女 61,139，男性占 58.09%、女性占 41.91%；領補助共 4,063 人，男 60.99%（2,478 人）、女 39.01%（1,585 人），計算方式：男（60.99% － 58.09%）＋女（41.91% － 39.01%）＝ 5.80%。結論是男女比率差距 5.80%，超過 3%，所以應調高女性比例。

這樣的性別統計有誤，此例以所有身障者為母數，但並非所有身障者都符合租屋的補助條件，僅其中成年、無屋、低收入、未領其他補助者符合，所以母數之設定有問題。再說，即使母數無誤，亦不應將 2.9% 之落差重複計算。

是由性別專家決定，不必說明理由。臺北市女委會更進一步要求，所有涉及「人」、「者」的法律和行政措施都必須一一做性別統計[94]。其實許多法規僅用於規範作業流程或行政程序，例如申請印鑑證明的程序，並無差別對待；也有的統計總數僅為個位數，例如無名屍，一人之差即遠超過3%，不具有統計意義，勉強去做只會浪費人力，打擊士氣。

性別統計實際影響公務人員的考試任用，為提升女性錄取率的統計數字，公務人員特種考試的體能測驗，男女分別訂立不同的項目和／或及格標準，例如一般警察（包括消防警察）人員考試，男性1,600公尺跑走，494秒以內及格，女性800公尺，280秒以內及格；立定跳遠男190公分以上，女130公分以上（考選部，2019）。各地方清潔隊員的體能測驗從原本男女一致的15公斤負重60公尺折返跑，女性的標準陸續降低，有的縣市降到12公斤，有的降到10或8公斤。不過，林務局的森林護管員（巡山員）則不分男女，負重跑走的及格標準是20公斤，於9分30秒內走完或跑完1,000公尺（林務局，2018）。以上各項考選的主辦單位不同（分別是考試院、地方政府和林務局），對性平的理解各異，但都將其措施列入性平成果。工作如何要求才合理、才算平等？需要依實際需求做精確的工作分析，而非任憑各方喊價，美化統計數字。

林務局對巡山員不分性別施以同樣的專業訓練，東勢林管處女巡山員賴秀芬因表現優異，被任命森林機動救火隊隊長。她表示，工作能否勝任，「最終關鍵還是熱不熱愛這個工

作，性別不是問題，有時女生反而更能勝任。完整及紮實的訓練，更能提升執行勤務的安全及效率。」（東勢林區管理處網站 2019）

總結

整體而言，臺灣婦運起步晚，制度化的進度卻位居世界前茅，不論是法律的修改制定、性平機制的設立、性別代表制的建立、性別主流化的推動、女性公廁、性別友善設施和哺集乳室等的增加也都居於領先。行政院主計處在《2016 年性別圖像》中，自行計算出，我國的性別不平等指數（Gender Inequality Index）[95] 於 2014 年位居全球第五，15 歲以上女性勞動力參與率達到 51.27%（勞動部官網，2019），二十五歲至四十九歲女性具高中職以上教育程度 91.4%，超越男性之

---

94 臺北市政府委員要求同仁統計二十年前公教購屋貸款人數的男女比（所檢視的法規早已停止適用，只是尚未廢止）。也有委員要求統計寵物飼主、無名屍、申請印鑑市民、申請使用場地者的性別比……所有涉及「人」、「者」的行政措施都必須做性別統計。委員從上往下命令，不必說明理由，公務員卻沒有平等討論的機會。

95 聯合國開發計畫署（UNDP）提出的指數，用以衡量各國兩性在生殖健康、賦權與勞動市場之平等情形。臺灣因非會員國，未被計入。

84.6%。2016 年我國不僅選出第一位女總統，立法委員也有 37.96% 是女性，超越了荷蘭（37.3%）、丹麥（37.4%）和德國（36.5%）。數十年來整體社會的進步、婦女運動者在各自崗位上的努力，以及政府的配合都功不可沒。

然而，性別不平等依然存在，性別歧視和性別偏見難消，女性在勞動市場上集中於低收入、低發展性的服務業，仍是性暴力和性騷擾的主要受害者，受害後依舊感到難以啟齒。法律雖已消除了許多明顯的差別待遇，如夫妻財產制、住所、子女監護權等，也保障了女性工作權、受教權和參政權，性別議題卻以更為隱諱、更為歧異的形式存在。即使在性別平等的前提下，制定政策時也因牽涉面向廣泛，而變得高度複雜，需要深刻思辨。例如代理孕母議題需要考量性別、階級、醫學、就業、法律、倫理、健保、國際市場等各方面；有關公共場所哺乳設施的規範已經不只涉及親餵母乳的母親，也涉及參加育兒和以配方奶哺育幼兒的父親、母親和其他成人。公職的工作內容和工作技能需做更詳實的分析，才能設定考試和用人的合理標準。因此性別議題的分析和性別政策的制定需要更尊重不同領域的專業知識、也需要體制內外的婦運者和政策把關者願意進行更多對話和更為謙虛的聆聽。

建議往後的性別政策加強以下三方面：

一、深化對婦運歷史及性別平等的認知

婦女運動自始即具有全球化性格，之後雖有階段性和地

域性的策略差異，其追求性別平等的基調始終未變。性平機制、性別主流化等都是西方婦運的階段性手段，奠基於婦運的歷史經驗與女性主義。因此，性別意識培力課程應以婦運歷史和女性主義理論為起點，吸取過去經驗，強化專業知識，了解平等精義，才能有助政策制定者及執行者把握明確的目標和方向，在各自的專業領域內發揮創造力，建造更為友善的社會。盲從權威、盲目接受指令、機械式操作工具，雖能量產漂亮的表格和數據，卻終因被動從令，沒有方向感，難以激發熱情和創新的能量，無法創造令人感動的質變。婦運知識的提升，有賴婦女／性別研究不斷精進，以及體制內外的女性主義者互相支援啟發。

二、提升婦女／性別政策的專業水準及專業倫理

大部分社會運動從發端、集結走向制度化，透過法律和公共政策來影響社會運作，婦運在制度化之外尚肩負改變社會文化和價值觀的重任，工程更為艱鉅。

婦女／性別政策同時涉及雙重專業：婦女／性別研究的專業，及業務／政策的專業。理想的方式應是培養專業工作者的性別意識，在政策每一步驟自然融入性平觀點，必要時尋求諮詢。其次則是引入婦女／性別研究專業人員在決策過程中與業務人員對話，共創具性平觀點的政策。目前大致二種方式同時進行。然而婦女／性別研究具備跨領域以及理論、實務並重的特色，為快速推動性別主流化，短時內產生大量專家，主導國

家政策轉型。可是若專家們缺乏女性主義基礎，沒有實務經驗，又無暇傾聽、反省，只緊抓簡單的教條，便獲得權力和權威，胡蘿蔔和棍子齊飛，而公務員缺乏授權、盲目相從，不敢與之平等對話，結果可能以盲領盲，徒然斲喪士氣。改造政權是大工程，求好比求快更重要。

既然性別平等已是國家重要政策，投入了龐大的人力物力，主責的官員們必須補強這方面的知識，方有足夠能力維護政策品質。重要業務和研究不應外包，平等的對話和溝通不可放棄，以免陷入聽任外部專家指揮，卻無法驗證真偽的窘境。因不重視性平業務，或盲目相信權威，官方文件、委外研究報告、政策會議中常出現立場強烈但專業水準和專業倫理不足的主張，或錯誤引用國外資訊來引導政策走向。如前述性別統計採用 3% 做為男女差異的檢視標準，缺乏理論和實務基礎，卻由上往下強力推動；又如翻譯和採用聯合國或其他國際文獻、法規，卻擅自添加文字[96]，誤導政策，不僅有傷專業倫理，也可能損害決策品質，有立委便曾在立法院引用錯譯之消歧公約法條質詢內政部的政策[97]。

女性主義的宗旨在解構父權意識型態，終結所有形式的壓迫和剝削，而非與男性競奪支配權，所以專業水準以外，專業倫理尤為重要。非洲女性主義者有鑑於此，於 2006 年通過《非洲女性主義憲章》（*African Feminist Charter*），分為五章，其中個人倫理和機構倫理就占了兩章。個人倫理包括堅信女性人權，改變父權體制，在團結和互相尊重的基礎上坦白、

96 除前引《消歧公約》的文字遭到竄改以外，尚有：

一、2012 年婦權基金會出版的 CEDAW（消歧公約）手冊開宗明義楬
 櫫公約的主要精神為：

 A、讓女性享有完整人權

 B、清楚界定歧視女性的定義

 C、政府要承擔消除歧視的責任

 D、鼓勵民間團體參與監督

 對比聯合國的原文只有三條：

 The Principle of Non-Discrimination（消除歧視）

 The Principle of Equality（平等）

 The Principle of State Obligation（政府承擔責任）

 編譯者不但添加己意，且自行增加條文四。

二、性平處在介紹性別主流化時引用了聯合國經濟暨社會理事會
 （ECOSOC）第 1997/2 號商定結論（本章 285 頁），卻將之改
 寫為：

 「性別主流化是一種過程

 讓性別意識／觀點融入思考、制定與執行政策。

 讓性別主流化工具成為執行業務常規。

 性別主流化是一種策略。

 將女性及男性所關心的事務與經驗同等納入考量，做為政策規
 劃、執行、評估管考的重要依據，確保不同性別同等受益。

 性別平等為最終目標。

 讓不同性別均能公平合理地取得與享有社會資源與參與公共事務
 的機會，以反映其多元的需求和意見」。」（行政院性平會，2013）
 其中性別主流化工具和多元性別（劃線部分）都為原文所無。但
 此版本卻廣為政府部門採用。非官方文件，如中文的維基百科，
 也曾出現類似的誤導。

97 立委黃淑英 2011 年引用《消歧公約》第六條（注 18）質問內政部對
成人性交易定調為「適度開放、有效管理」，並讓各縣市自行決定是
否在特定區域規劃「性交易專區」。要求內政部解釋「性交易專區」
內可不可以有「意圖營利使婦女賣淫」的行為？也就是可不可以有仲
介／第三者／經營娼館的存在？如果可以存在的話，是否有牴觸到
《消歧公約》？內政部又要如何處理？（公民監督國會聯盟，2018）

誠實、公開討論不同意見，互相照顧、支援，尊重非洲女性的主體性，承認失傳的非洲女性歷史具有女性主義能量等。機構倫理強調公開、透明、平等、專業、效率、紀律、承擔責任、分享權力、由女性領導、不以非洲女性名義謀私利、禁止貪腐、結合理論和行動、接受批評等（African Women's Development Fund 2019）。這樣的自我期許值得我們借鏡，有高品質的專業能力和專業倫理才可能產生高品質的政策。

三、建構平等對話平臺

民主參與是臺灣社會共同追求的價值，平等、共同決策也是婦運的重要守則，行政院婦權會的議事手冊便標舉：

> 婦權會設置有二項重大意義：一是透過多數婦女的參與，提高決策過程的透明度，進而降低缺乏信任所產生的社會成本；另一則是藉著吸納婦女參與體制內的決策制定，形塑一種嶄新的婦女參政模式。

然而多數參與的理想不敵現實考驗。即便形式上可以舉辦公聽會、做民意調查、發問卷，實際得以近用政治權力、有發言權的仍是少數人。婦權會改組為性平會後，上引段落中「多數」二字即遭刪除。然而鼓勵參與卻是民主和女性主義的根基，即使執行上有難度，也不應輕易在原則上放棄，改為支持少數決策。掌握決策權的人的確應當深入基層「蹲點」，

主動發掘和了解基層、邊緣女性的問題和需要，用心傾聽和溝通。婦權會也應主動搭建平等對話的平台，促進處於不同位置的女性交流，並且虛心接受各界的監督批評，才不致偏離婦運初始的理想，也才能讓以集體婦女之名取得的公權力有效發揮功能。

＊　＊　＊

全球婦運已經進行了兩百多年，臺灣婦運也累積了近半世紀的歷史，與他種社會運動相較，這是一條半數人類攜手同行的漫漫長路。許多人不免要問，婦運的盡頭在何處？婦運的終極目標是什麼？

回首過去，婦運是一個不斷摸索前進的過程，我們學習和自我、他人、體制對話。從早期要求個人的自由、平等，到思考資源分配、權力結構的公平正義；從反省自己和家人的關係擴大到人與人、人與組織以及人與萬物的關係。至今尚沒有一個國家可以宣稱已經完全實現性別平等這個初始的目標，然而在婦運這條路上，性別平等已不再是終點站。女性主義者早已拒絕追求形式的平等，無意占據和既得利益者相同的位置，享用相同的物資，以為經濟可以永遠成長，自然資源取之不竭；而是要取得重新思考和決策的機會，從根本上消除異化和剝削，讓人類在有限的生命、有限的時間裡，可以互相照顧，共同有效地經營有限的地球，使得萬物得以和平共生。在前人累積的基礎上，我們面對未來的長路，期待有你同行。

參考文獻

一起讀判決 2017〈通姦罪的憲法解釋：554號〉，casebf.com/2017/
　　05/21/554
人事行政總處 2012〈101年度行政院人事行政總處推動性別主流
　　化成果報告〉，https://www.gec.ey.gov.tw/Upload/RelFile/1699/
　　697773/6ede8d1e-b3db-4671-b430-ee8b71f1fb8.pdf (2016/02/24)
丁乃非
　　1998〈給婦運同志們的公開信〉，《當代》，127：94-96。
　　2008〈娼妓、寄生蟲、與國家女性主義之「家」〉，《批判的
　　　　性政治》，朱偉誠編，台灣社會研究雜誌社，115：132。
丁乃非、王蘋 1997〈優勢婦運與弱勢女性 —— 從公娼到代孕者〉，
　　《婦女新知通訊》184：18-19。
也寐 1983〈台灣第一個婦女團體〉，《中國時報》，3月7日。
子宛玉編 1988《風起雲湧的女性主義批評》。台北：谷風。
六個女傭 1991〈六個女傭的一封信〉，《婦女新知》，107：5。
內政部 2009〈秉持行政院人權小組結論內政部已朝向性工作者除罪
　　化、除罰化研究辦理中〉。http://www.moi.gov.tw/news_detail.
　　aspx?type_code=01&sn=3459 (2009/11/06)
日日春關懷互助協會 2008〈妓權看大選〉。http://coswas.org/
　　01coswas/05politicalact/350 (2008/3/21)
公民監督國會聯盟 2018〈黃淑英委員第七會期特殊事蹟〉，http://
　　www.ccw.org.tw/node/2138。
公訓報導 1999 性政策討論專刊（84）。
王中平 1976〈一個「名女人」的升起與隱落〉，《聯合報》，6月

26-28 日。

王芳萍 1997〈打破中產階級婦運的偽善〉，《中國時報》，10 月
　　22 日。

王寒生 1985《立法院公報》，73(39):12、73(40):18。

王瑞香（沙凡）1987〈夜裡的哭聲〉，《婦女新知》，61：13。

王爾敏

　　1981〈近代湖南女權思潮先驅〉，《中國婦女史論文集》，李
　　　　又寧、張玉法編，台北：商務，115-128。

　　1981〈湖南不纏足會會員名錄〉，《中國婦女史論文集》，李
　　　　又寧、張玉法編，台北：商務，413-417。

王蘋、丁乃非、倪家珍、隋炳珍 1889〈誰的基金會、什麼樣的
　　運動？夾在歷史和社會變革關口上的「婦女新知」〉，《當
　　代》，127：90-96。

尤美女

　　1983〈從法律觀點看職業婦女之產假、哺乳及托兒〉，《婦女
　　　　新知》，17：26。

　　1984〈法律對性騷擾的制裁〉，《婦女新知》，25：35。

　　1998a〈婚姻與法律〉，《現代社會與婦女權益》。吳嘉麗等
　　　　編著，台北：國立空中大學。

　　1998b〈情濃法退 情斷法進〉，《婦女新知通訊》，186：2-6。

尤美女、涂秀蕊、陳美玲、劉志鵬等 1990《男女工作平等法草案及
　　相關文獻彙編》。台北：婦女新知。

《中央日報》

　　1982〈錢劍秋報告婦工會努力方向〉，12 月 2 日。

　　1985a〈婦聯會為婦女做了什麼〉，3 月 8 日。

　　1985b〈婦女放棄家庭即是社會損失〉，3 月 8 日。

《中國時報》

　　1972〈留學生殺妻案有感〉，6 月 17 日：2。

　　1973〈崇她社區亞洲區域大會〉，3 月 21 日。

　　　1984〈優生保健法何去何從？立委審查時壁壘分明！〉，4 月
　　　　　21 日。

　　　1987〈抗議人口販賣〉，1 月 11 日。

　　　1992〈離婚官司未了　偽造文書又起〉，2 月 2 日：9。

　　　1997〈開放代理孕母　擋不住潮流〉，9 月 17 日：7。

　　　2006〈抗議生育保健法　激烈反彈　婦權會多人跟進請辭〉，10
　　　　　月 20 日：A13。

毛振翔 1984〈對「優生保健法草案」陳情書〉，《憲政論壇》，4
　　　月 25 日。

丘昌泰 2000《公共管理──理論與實務手冊》，台北：元照。

立法院

　　　1974a《立法院公報》38 期。

　　　1974b《立法院公報》41 期。

　　　1984《立法院公報》73 期。

　　　1985《立法院公報》38；41；42 期。

司法院 2009〈大法官釋字第六六六號解釋（98.11.6）〉。

台灣女人健康網 2015

　　　http://www.twh.org.tw/policy_law_word.asp?lawid=00222&lawcat
　　　id=00006&lawcatnm=%A5N%B2z%A5%A5%A5%C0&lawcat2id
　　　=00016&nouse=424 (2015/11/21)

《台灣立報》1992，1 月 23 日。

台灣區冷凍食品工業同業公會致會員函 1992，1 月 17 日。

台灣婦女資訊網 2015〈婦女參政──體制外的運動～附錄〉http://
　　　taiwan.yam.org.tw/womenweb/outmov_7.htm (2015/10/25)

田奇 1986〈向三重客運公司廿二名隨車服務員致敬〉，《婦女新
　　　知》，51：4-5。

江盛 2013〈阻礙墮胎的城牆和磚瓦〉，《台灣女科技人電子報》，
　　　國科會性別與科技研究計畫。http://www2.tku.edu.tw/~tfst/
　　　063FST/forum/063forum1.pdf (2015/05/10)

《民生報》1986〈一年超過十萬次‧有偶婦女 1/3 有此經驗 省家
　　計研究所全面調查國內婦女墮胎情形發現 墮胎是為了補救避
　　孕失敗〉，7 月 31 日。

《民進週刊》1987〈母親的十大願望〉，12：64。

民進黨中央黨部婦女部 1996〈掃黃，挑戰男性色情文化的開始〉，
　　《自由時報》，10 月 11 日。

江慧真 2007〈日日春籲娼妓除罪化 侯孝賢聲援〉，《中國時報》，
　　11 月 28 日：A8。

朱恩伶 1985〈 曾麗君為已婚婦女的工作權戰到底〉，《婦女雜
　　誌》，196：32-37。

朱婉琪 1987〈「職業婦女工作權」座談記錄（二）〉，《婦女新
　　知》，60：12-14。

行政院主計處 2008 性別預算規劃報告。

行政院性平會

　　2012 性別主流化

　　　　http://www.gec.ey.gov.tw/News_Content.aspx?n=4F80950EF
　　　　52341B3&sms=4ABB9A64AF5D421F&s=E8D4070A89897
　　　　FC6

　　2019 性別不平等指數

　　　　https://www.gender.ey.gov.tw/gecdb/Stat_International_
　　　　Node0.aspx?s=F3FDhlObyRpCfF%2fGNWBwHA%3d%3d

　　2013 行政院所屬各機關推動 性別主流化實施計畫（103 至 106
　　　　年度）

　　　　https://www.google.com.tw/url?sa=t&rct=j&q=&esrc=s&s
　　　　ource=web&cd=&ved=0ahUKEwjl94rcrtXRAhXHKZQK
　　　　HRZLCgcQFgggMAE&url=http%3A%2F%2Fwww.gec.
　　　　ey.gov.tw%2FDL.ashx%3Fu%3D%252FUpload%252FRelF
　　　　ile%252F1120%252F2831%252Fcb39fa93-24c2-497f-bbe7-
　　　　b807fa4b4bc5.pdf&usg=AFQjCNHeEaVC-5c-_fPbPuoCqu

FisOv6EQ&sig2=3JIApAQSwJYPOYm_cCjjPQ&cad=rja
(2017/01/22)

2018a CEDAW 法規檢視清冊 https://www.gec.ey.gov.tw/Advanced_
Search.aspx?q=%E5%80%BC%E5%A4%9C (2018/07/22)

2018b 結論性意見 https://gec.ey.gov.tw/Page/4F2BE0B7EB4FD7A9

考選部 2019《108 年公務人員特種考試一般警察人員考試應考須
知》。

《自立晚報》1987〈不教山花飄零凋落〉，1 月 10 日。

伊慶春 1982〈已婚職業婦女的雙重角色：期望、衝突與調適〉，
《中央研究院三民主義研究所叢刊》，9：405-430。

羊憶蓉 1994 教育與國家發展：台灣的經驗，台北：遠流。

李丁讚 1992〈日常實踐與媒體論述：兩岸關係為例〉，台灣民主化
過程中的國家與社會研討會。

李又寧 1981〈中國新女界雜誌的創刊及內涵〉，《中國婦女史論文
集》，李又寧、張玉法編，台北：商務，197-276。

李元貞

1982〈中國婦女大事紀要 —— 向前輩奮鬥的婦女們致敬〉，
《婦女新知》，21-24。

1984〈重新開花，繼續結果〉，《婦女新知》，29：社論。

1985〈僱用家庭主婦的好處〉，《婦女新知》，36：3。

1986a〈什麼是女性主義？〉，《婦女新知》，51：99-11。

1986b〈婦女運動的回顧與展望〉，《婦女新知》，53：4-6。

1987a〈雛妓問題步步艱難〉，《婦女新知》，57：0-1。

1987b〈我為什麼投入婦女運動〉，《文星》，105：111-114。

1988〈反對選美活動的評估與展望〉，《婦女新知》，73：11。

1989〈從婦女組織的功能論婦女的社會參與〉，當今婦女角色
與定位研討會論文，台北。

1991〈一個憤怒與憂傷的心路歷程 —— 台灣婦運與婦女研
究〉，《婦女新知》，111：7-9。

　　1993〈體檢小學教科書 —— 主題體檢：兩性觀〉，台北：台灣教授協會。

　　1995〈台灣婦運如何在大眾傳播煤介上爭取發言權 —— 一個實務工作者的經驗〉，美國加大聖巴巴拉分校：中國大陸、台灣、香港的大眾傳播煤介與性別議題研討會。

　　2014a《眾女成城 —— 台灣婦運回憶錄》（上），台北：女書文化。

　　2014b《眾女成城 —— 台灣婦運回憶錄》（下），台北：女書文化。

李拙 1977〈廿世紀文學發展的動向〉，《中國論壇》，4(3)：11-14。

李美枝

　　1984《女性心理學》，台北：大洋。

　　1986〈陽剛陰柔之辨〉，《婦女新知》，46：2。

李清如、胡淑雯 1996〈從女人治國到性別解放 —— 以國家女性主義翻覆家庭父權：劉毓秀專訪〉，《騷動》2：20-26。

李筱峰 1986〈知識分子與政治革新運動〉，《中國論壇》，23(1)：68-92。

李順德、楊育欣 2009〈研考會、警政署主張 娼嫖都不罰 修法除罪化有望〉，《聯合報》，6月9日：A7。

李聖隆 1987〈優生保健法帶給醫生的困擾〉，《婦女雜誌》，220：116-117。

李瓊月 1987〈還她們合理的工作保障〉，《婦女新知》，64：1-5。

余漢儀、陳怡冰

　　1993〈讓數字說話：我國嬰兒出生胎次與性別比（1987-1991）〉，《婦女與兩性研究通訊》，29：1。

呂秀蓮

　　1971〈傳統的男女角色〉，《聯合報》，10月23-30日。

　　1972〈兩性社會的風嚮〉，《聯合報》，1月7日。

　　1973〈從鍾肇滿殺妻事件談起〉，《中國時報》，9月24-25

日。

1974a《新女性主義》（初版），台北：幼獅。

1974b《尋找另一扇窗》，台北：書評書目。

1976a《數一數拓荒的腳步》，台北：拓荒者。

1976b《幫他爭取陽光》，台北：拓荒者。

1977a《新女性主義》（修訂版），台北：拓荒者。

1977b《新女性何去何從》，台北：拓荒者。

呂芳上

1979〈抗戰時期中國的婦運工作〉，《中國婦女史論文集》，
李又寧、張玉法編，台北：商務，378-412。

1992〈婦女相關研究計劃摘要：近代中國婦女史研究計劃〉，
《婦女研究通訊》，28：60。

呂玉瑕 1980〈社會變遷中台灣婦女的事業觀：婦女角色意識與就業
態度之探討〉，《中央研究院民族學研究所集刊》50：25-66。

呂榮海、劉志鵬 1986《她們為何不能結婚》，台北：為理法律事務
所。

何春蕤

1995〈婦女運動・女同性戀・性解放〉，《婦女新知》，
159：14-18。

1996〈色情與女／性能動主體〉，《中外文學》，25(4)：6-37。

1997a〈身體的新抗爭──回應顧燕翎〈出租身體的新舊行業〉
罪〉，《中國時報》，9月17日。

1997b〈少來那套道德老調吧！──從女性身體的物化與商品
化談起〉，《婦女新知》，184：10-11。

何春蕤、甯應斌、丁乃非主講 2005〈近年台灣重大性／別事件〉，
《性政治入門：台灣性運演講集》，中央大學性／別研究室
55-56。

何懷碩 1976〈言論的道德責任〉，《聯合報》，7月 29-31 日。

宋文里、張維安 1993〈男性意識型態的社會文化分析課程的構想

與設計〉，大專院校兩性教育通識課程教學研討會論文。

沈美真 1997〈採取廢娼政策 維護人性尊嚴〉，《中國時報》，9月4日。

社會組記者 1996〈市長點到名 中山大安松山三分局大力掃黃〉，《自由時報》，9月25日。

余政憲 2003〈序文〉，《台灣婦女權益報告書》，婦權基金會：2-3。

東勢林區管理處 2019 https://dongshih.forest.gov.tw/all-news/0060022。

林文義 2005〈性產業問題 不容忽視〉，《聯合報》，3月22日 C2／桃園縣新聞。

林芳玫

　1996〈新科技是舊傳統的幫兇：代理孕母與母親身分的問題化〉，《騷動》，2：48-51。

　1998〈當代婦運的認同政治：以公娼存廢為例〉，《中外文學》，27(1)：313。

林秀英、鄭至慧、葉惠芬 1983〈立法委員為婦女做了些什麼〉，《婦女雜誌》，182：25-29。

林秀琴整理 1998〈台北市婦女權益促進委員會介紹〉，《第三屆全國婦女國是會議論文集 7-2「婦運與參與式民主」》。

林美絢 1984〈婦女的成長目標〉，《婦女新知》，36：1。

林新輝 2009〈性工作除罪 娼嫖都不罰〉，《聯合報》，4月12日：A1。

林務局 2018〈108年度約僱森林護管員甄試簡章〉。

林昀嫻 2012〈性別平等基本法委託研究案〉，內政部委託研究。

林維紅 1979〈同盟會時代女革命志士的活動〉，《中國婦女史論集》，鮑家麟編，台北：牧童，239-265。

林瑞珠、王芳萍、張容哲 2009〈台灣妓女的罪與罰 禁娼背後的數百億性產業〉http://dailynews.sina.com/bg/tw/twpolitics/phoenixtv/20090704/2300432219.html (2009/12/12)

吳芷儀 2015〈跨性別設群裡的矛盾與衝突〉，《風傳媒》，12月

19 日。

吳玲珠 1991〈為女性工作權抗爭——陳瑞貞事件始末〉，《婦女新知》，111：23-24。

吳嘉麗 1989〈「婦女與環境保護運動」講評〉，《女性知識份子與台灣發展》。台北：中國論壇。

念石 1973〈「新女性主義」！〉，《台灣日報》，3月。收入呂秀蓮 1976a：156-162。

阿珠 1988〈悲歡歲月——一個女工的故事〉，《婦女新知》，76：8。

馬心韻 1984《三民主義婦女政策與我國婦女政治地位之研究》，國立政治大學公共行政學碩士論文。

俞慧君 1987《女性工作平等權》。台北：蔚理法律出版社。

侯崇文 2001〈特種行業專區——色情專區設置的研究〉，台北市政府研究發展考核委員會委託研究案。

侯燦堂 1980《台灣山地行政的研究》，國立政治大學公共行政學系碩士論文。

施寄青 1998《女生愛男生：兩性平等教育》。台北：台灣商務出版社。

苦勞網
　　2009〈保障性工作勞動權聯盟〉，http://www.coolloud.org (2009/06/11)
　　2011〈告別父權千年，期待性平元年〉，http://www.coolloud. org.tw/node/65669 (2011/06/10)

胡汝森 1976〈胡說何秀子〉，《中國時報》，7月 9-11 日。

胡漢民 1978《胡漢民先生文集》。台北：中國國民黨黨史委員會。

南方朔 1988〈從「第二性」到「性的結束」——「後女性主義思想論」〉子宛玉編《風起雲湧的女性主義批評》。台北：谷風。

胡幼慧
　　1991〈編者的話〉，《婦女研究通訊》，24：0。

1992a〈編者的話〉，《婦女研究通訊》，25：1。

1992b〈「婦女研究」再研究〉《婦女研究通訊》，25：1。

徐正光 1991〈從批判到反省──也談婦運與婦研的關係〉，《民眾日報》，9月2日。

徐佳士 1974〈寂靜中的號音〉，書評書目，13：78-90。收入呂秀蓮 1976a：216-219。

徐慎恕

　　1983〈我把主婦的工作當職業〉，《婦女新知》，16：13-14

　　1986〈台灣的婦女運動〉，《台灣文化》，7月：46-49。

周顏玲 1988〈婦女與性別研究的理論架構、方法及其中國化與未來發展〉，性別角色與社會發展學術研討會專題演講，台北。

周碧娥

　　1987〈台灣婦女研究的一些問題〉，《婦女研究通訊》，8：18-19。

　　1996〈婦女／性別，台灣／ 1995〉，《婦女與兩性研究通訊》37：11-13。

周碧娥、姜蘭虹 1988.〈現階段台灣婦女運動的經驗〉，新興社會運動學術研討會論文，台北。

姜蘭虹、周碧娥 1988〈現階段台灣婦女運動的經驗〉，台灣新興社會運動研討會。

范碧玲 1990〈解析台灣婦女體制：現階段婦女運動的性格之研究〉，國立清華大學社會人類所碩士論文。

范情

　　2006a〈全台女子首學──淡水女學堂〉，《女人展痕》，簡扶育編。台北：文化總會，12-27。

　　2006b〈台灣百年女學校──長榮女中〉，《女人展痕》，簡扶育編。台北：文化總會，28-43。

苗延威 2013〈從「天然足會」到「解纏會」──日治初期台灣的女體政治（1900-1915）〉，《台灣社會研究季刊》，91：125-

174。

翁秀琪 1994〈我國婦女運動的媒介真實和「社會真實」〉，《新聞學研究》，48：193-236。

夏一君 1974〈呂秀蓮作品讀後〉，《青年戰士報》，4月。收入呂秀蓮 1972a：223-225。

現代人 1974〈介紹呂秀蓮的新女性主義〉，《青年戰士報》，3月。收入呂秀蓮 1976a：220-222。

陳艾妮 1985〈婦女研究室即將成立〉，《婦女與家庭》，9月：39。

陳仲玉 1979〈太平天國的婦女政策〉，《中國婦女史論集》，鮑家麟編。台北：牧童，239-265。

陳秀惠 1996〈建立有情無色的純淨生活空間〉，《自由時報》，10月9日。

陳東源 1977《中國婦女生活史》（台五版）。台北：商務。

陳柏偉 2000〈母親〉，日日春九個公娼的生涯故事，台北日日春關懷互助協會，137-141。

陳佩英 2004〈意識與行動 —— 台灣婦女／性別研究建制化歷程之探討〉，《通識教育季刊》，11(1、2)：39-72。

陳昭如 2012〈改寫男人的憲法：從平等條款、婦女憲章到釋憲運動的婦運釋憲運動〉，《政治科學論叢》，52：43-88。

陳昭姿 1997〈反駁新女性主義者對代理孕母之論調〉，《婦女新知通訊》，184：17。

陳明秀、吳玲珠、田芳南、金惠珍 1990〈女性社團成長經驗交流〉，《婦女新知》，101：18-19。

陳美惠 1978〈訪呂秀蓮談競選立委〉，《北美日報》，11月2日。

陳美華、張晉芬 2009〈再會吧，婦權會！〉，《中國時報》，3月28日。

陳菊 1997〈生命的尊嚴在於我們選擇什麼樣的出路 —— 廢娼站在疼惜女性立場〉，《中國時報》，10月15日。

陳惠馨

1990〈從我國現行法中有關保護女性勞工規定之檢討談未來立法之取向〉，《男女工作平等法草案及相關文獻彙編》。台北：婦女新知。

1993《親屬法諸問題研究》。台北：月旦。

陳瑤華 2003〈性別主流化與性別平等建制〉，《性別主流化：2003國際婦女論壇會議實錄》。婦權基金會，59-61。

陳銘雄 2010《世界各國代孕生殖政策探討》。衛生署國民健康局研究計畫。

陳麗麗 1973〈寶島的小兒心理幼稚病〉，《人間世》，13(4)。收入呂秀蓮 1976a，178-190。

梁玉芳
    1994〈女市民「公審」男市長 三人並列第四〉，《聯合報》，11 月 28 日。
    1997〈兒福聯盟反對代理孕母〉，《聯合報》，10 月 13 日。

梁啟超 1897/1975〈變法通議：論女學 —— 其一〉，《近代中國女權運動史料》，李又寧、張玉法編，台北：傳記文學，549-555。

梁惠錦
    1984a〈台灣民報中有關婦女政治運動的言論 (1920-1932)〉，台北：中華民國歷史與文化學術討論會。
    1984b〈台灣民報中有關婦女政治運動的言論 (1920-1932)〉，台北：中華民國歷史與文化學術討論集。中華印刷廠，396-469。
    2000〈婦女爭取參政代表保障名額的經過〉，《蔣夫人宋美齡女士與中國近代學術討論集》，秦孝儀編，台北：近代中國出版社。

梁雙蓮 1990〈等待救助的一群？—評估大選人的婦女政見〉，《婦女新知》，93：8-9。

符芝瑛 1986〈從新女性到新男性〉，《中國論壇》，22(15)：23-27。

郭力昕 2007〈妓權運動 10 年後的台灣〉，《中國時報》，12 月 2

日：A15。

郭廷以 1980《近代中國史綱》。香港：中文大學。

陶百川編 1986《最新六法全書》。台北：三民。

婦女新知（雜誌）

　　1982〈未婚媽媽的問題〉，《婦女新知》，1：9-11。

　　1986a〈兩性對談：感情、溝通、自我教育（上）〉，《婦女新知》，48：6-8。

　　1986b〈兩性對談：感情、句通、自我教育（下）〉，《婦女新知》，49：6-7。

　　1986c 兩性對話年活動預告，44：4。2 月 44 期第 4 頁。

　　1987〈婦女節活動綜合報導：婦女開始行動了！〉，《婦女新知》，59：2-5。

　　1989〈媒體掃黃第一波──報紙色情排行榜出爐〉，《婦女新知》，89：22-25。

婦女新知基金會

　　1991a, b〈台灣婦運的路線與策略〉，婦女團體討論，隋炳珍整理，《婦女新知》，114：23-24；115：20-23。

　　1991c〈談婦女保障名額〉，《婦女新知》106：4-5。

　　1991d〈她們的故事〉，《婦女新知》105：4-7。

　　1991e〈一樣性騷擾 兩樣對待〉，《婦女新知》114：5。

　　1996-1998《騷動》1-5 期。

　　1997〈公娼爭取工作權〉，婦女新知 183：2-27。

婦女新知，彩虹專案等三十一個民間團體 1987〈全國婦女、山地、人權暨教會團體嚴重抗議販賣人口共同聲明〉，1 月 16 日。

婦女聯合網站 2011〈「優生保健法修正案」溝通會議結案報告〉，http://www.iwomenweb.org.tw/Upload/RelFile/3101/179/%7B1F67E0BD-FDCB-4CBE-A074-63592902C023%7D_%E5%84%AA%E7%94%9F%E4%BF%9D%E5%81%A5%E6%B3%95%E4%BF%AE%E6%AD%A3%E6%A1%88%E6%9C%83%E8%A

D%B0%E8%A8%98%E9%8C%84final-1004.pdf

國立成功大學婦女與兩性研究室 1998「國立成功大學婦女與兩性研究室大事記」。

國立高雄師範大學性別教育研究所 2019〈關於本所〉，http://www.nknu.edu.tw/~gender/

黃主文 1984《立法院公報》。73(20)：59。

黃長玲

1999〈從婦女保障名額到性別比例原則〉，《婦女新知》，203：3。

2007〈彼此鑲嵌，互相形構：轉變中的國家與社會關係〉，殷海光基金會編，《自由主義與新世紀台灣》。台北：允晨文化。

黃奕壽 1986〈「我愛張生」說了什麼？〉，《婦女新知》，47：11。

黃哲斌 1996〈第二波掃黃鎖定酒店三溫暖〉，《中國時報》，10月4日。

黃玲娜 1988〈國民黨如何回應另一半人口的聲音〉，《婦女新知》，75：8。

黃淑玲

1990a〈反色情？反檢禁？——女性主義者對色情媒體的爭辯〉，《婦女新知》，100：4-8。

1990b〈娼妓問題與政策的探討 上、下〉，《婦女新知》，100：11-13；101：27-29。

1991〈狸貓換太子——婦女研究在台灣〉，《婦女新知》，111：2-3。

1996〈台灣特種行業婦女：受害者？行動者？偏差者？〉，《台灣社會研究季刊》，22：103-152。

2008〈性別主流化——國際與在地經驗的對話〉，《研考雙月刊》266：3-12。

黃淑玲、伍維婷 2016〈當婦運衝撞國家：婦權會推動性別主流化的合縱連橫策略〉，《台灣社會學》，32：1-55。

黃毓秀 1985〈邁向兩性平等的新社會〉，《婦女新知》，37：2。

張小虹

　　1994〈是情欲解放還是性解放？〉，《婦女新知》，149：13-14。

　　1995〈女性學學會簡介〉，《婦女與兩性研究通訊》，34：10。

　　1996〈女同志理論〉，《女性主義理論與流派》，顧燕翎主編。女書文化：215-240。

張三郎 1986〈五四時期的女權運動（1915-1923）〉，國立師範大學歷史研究所碩士論文。

張玉法

　　1982《清季的革命團體》。台北：中央研究院近史所。

　　2003〈二十世紀前半期中國婦女參政權的演變〉，《近代中國的婦女與國家（1600-1950）》，呂芳上編。台北：中央研究院近史所 39-71。

張老師月刊 1984〈超越新女性主義：由新女性主義到新兩性主義〉，《張老師月刊》，84：432-436。

張茂桂 1989《社會運動與政治轉化》。台北：國家政策研究中心。

張玨 1992〈墮胎合法化對台灣婦女影響的省思〉，《婦女與兩性學刊》，3：29。

張娟芬

　　1997〈一紙公文就能換得貞節牌坊嗎 廢娼大開婦運倒車〉，《婦女新知通訊》，184：11-12。

　　1997〈女體性自主‧情欲 DIY〉，《島嶼邊緣》。

張勵德 2004〈人獸交爭議／何春蕤 16 日首次出庭 婦女團體出面聲援〉，《東森新聞報》2004/01/15。http://gsrat.net/news2/newsclipDetail.php?pageNum_RecClipData=2&&ncdata_id=538

傅立葉 1999《行政院與北、高兩市「婦女權益促進委員會」的比較分析》,行政院國家科學委員會專題研究計畫成果報告。

彭芸 1987〈女性與新聞事業〉,《中國論壇》,23(11):117-118。

彭渰雯 2008〈當婦運遇上官僚:性別主流化中的協力治理經驗〉,人事行政局「從性別觀點看公務人力資源管理的現在與未來」學術研討會。

彭渰雯、黃淑玲、黃長玲、洪綾君 2015《行政院性別主流化政策執行成效委託研究報告》,行政院委託研究。

隋炳珍 1998:92-93〈人生總要有一次為自己的理念流血〉,《當代》,127:92-93。

曹又方 1976〈呂秀蓮拓荒路程〉,《她們為什麼成名》。台北:拓荒者。

曹愛蘭 1984〈婦女性騷擾問卷調查初步報告〉,《婦女新知》,25:19-22。

賀照緹 1995〈除了 A 片女性還想看什麼〉,《自立早報》,5月15日。

葉啟政 1984〈有關社會問題基本性質的初步檢討〉,《台灣的社會問題》,楊國樞、葉啟政編。台北:巨流,7-40。

新知工作室 1998《新知人事調整大事記》,186:18-19。

僑務電子報要聞典藏 2018〈國民黨婦工會發表婦女政策白皮書,1995-09-26〉,https://www.ocacnews.net/overseascommunity/article/article_story.jsp?id=53848 (2018/12/26)

楊久瑩 1996〈民間團體支持掃黃聲浪大〉,《自由時報》,10月8日。

楊文山 2001〈台北市市民對色情產業及性交易的認知與態度量化調查研究期末報告〉,台北市政府委託研究案。

楊明睿 1991〈新竹婦女新知陳情 火辣辣〉,《中國時報》桃竹苗焦點 7月2日。

楊美惠 1975《婦女問題新論》。台北:晨鐘。

楊柳青青 1972〈婦運的感情背景〉，《中國時報》，8 月 14 日。

楊翠

　　1993《日據時期台灣婦女解放運動》。台北：時報。

　　2006〈散播婦女解放意識的種子——彰化婦女共勵會〉，《女
　　　　人屐痕》，簡扶育編。台北：文化總會，74-83。

楊國樞 1986〈兩性社會的新展望〉，劉秀芳整理，《婦女新知》，
　　　　47：10。

新女性聯合會 1994〈婦女參政初步：女市民 VS 男市長大事紀〉。

《新生報》1969〈促進婦女地位方案〉，6 月 12 日。

詹三源 1996〈市府掃蕩色情 議員質疑執法缺失〉，《聯合報》。

瑞典官網 2016 Gender Equality in Sweden. https://sweden.se/society/
　　gender-equality-in-sweden/ (2012/02/23)

廖榮利、鄭為元 1985〈蛻變中的台灣婦女——軌跡與前瞻〉，《婦
　　　　女在國家發展過程中的角色論文集》，台灣大學人口研究中心
　　　　編印，631-656。

鄭至慧、薄慶容 1987〈正視職業婦女所受的就業歧視〉，《婦女新
　　　　知》，58：1-9。

鄭至慧 2010〈中國母親的第一篇自傳——班昭《女誡》新看〉，
　　　　《只見花本蘭的背影》，女書文化編輯小組，184-190。

暢曉燕

　　1988a〈婦女新聞〉，《婦女新知》，71：16。

　　1988b〈婦女新聞〉，《婦女新知》，78：17。

歐用生 1985〈我國國民小學社會科教科書意識型態之分析〉，《新
　　　　竹師專學報》，12 月：112-118。

歐陽子、楊美惠、王愈靜譯 1972《第二性》，西蒙・波娃原著。台
　　　　北：晨鐘。

談社英編 1936《中國婦女運動通史》。上海：中華。

蔡文輝 1983《社會變遷》。台北：三民。

蔡哲琛 1975《婦女與社會》。台北：美新。

蔣永敬 1979〈胡漢民提倡女權的思想及其成就〉，《中國婦女史論集》，鮑家麟。台北：牧童，383-408。

鮑家麟

　　1979a〈李汝珍的男女平等思想〉，《中國婦女史論集》，鮑家麟編。台北：牧童，221-238。

　　1979b〈辛亥革命時期的婦女思想〉，同上，266-295。

　　1979c〈秋瑾與清末婦女運動〉，同上，346-382。

臺北市政府公務人員訓練中心 2006〈瑞典、荷蘭性產業政策研究報告〉。

臺北市家庭計劃推廣中心 1990，《七十九施政年度年報》。

臺灣大學人口研究中心婦女研究室編印 1985《婦女研究通訊》。（自 1994 年 12 第 33 期開始改名為《婦女與兩性研究通訊》。

臺灣大學人口研究中心婦女研究室 1992〈活動資訊〉，《婦女研究通訊》，26/27 期：12-20。

臺灣大學建築與城鄉研究所 1995《性別與空間研究室通訊》創刊號。

臺灣女人 2017〈婦女運動〉。https://women.nmth.gov.tw/information_111_39995.html (2017/06/16)

臺灣女人連線 2009〈反性剝削聯盟：嚴懲剝削者！罰嫖不罰娼！〉http://twl.ngo.org.tw/web/comment1_1.asp?nouse=829&artid=00060 (2009/06/15)

劉伯紅 1996〈「婦女研究十年研討會」我思我見〉，《婦女與兩性研究通訊》，37：21-22。

劉敏行 1975〈從「修己安人」說到「新女性主義」〉，《中華日報》，5 月，收入呂秀蓮 1976a：226-230。

劉曼肅

　　1987a〈婦女新聞〉，《婦女新知》，62：6。

　　1987b〈反對選美座談紀實〉，《婦女新知》，66：1-6。

劉毓秀 1997〈堅決向性產業說不〉，《中國時報》，10 月 25 日。

賴于榛 2015〈專訪／鄧如雯一句話王如玄直諫法官、消除潘金蓮罵名〉。https://www.ettoday.net/news/20151223/617940.htm

賴俞蓉 1996〈挑戰男性色情文化的開始〉,《民主查某人》7:5。

《聯合報》

    1972a〈恨海歷劫〉,6月14日。

    1972b〈寒門孝子〉,6月14日。

    1976a〈男士烹飪大賽〉,3月8日。

    1976b〈廚房外的茶話會〉,3月9日。

    1976c〈女權與母權〉(黑白集),3月8日。

    1976〈讀者投書〉,7月5日。

    1984〈優生保健法草案第九條今表決〉,6月26日。

    1985,3月24日。

    1989〈陳其南教授「放炮」文化倫理組掀起論戰〉,12月24日。

    1990〈百萬冊色情刊物化為紙漿〉,9月27日。

聯合報黑白集 2009〈向兩位法官致敬〉,《聯合報》,11月9日:A2。

薄慶容 1985〈認真考慮採用彈性工作時間〉。《婦女新知》,37:1。

薛立敏 1973〈台灣地區婦女參政問題之研究〉,國立政治大學研究所碩士論文。

薇薇夫人 1972〈新女性主義〉,《聯合報》,7月。收入於呂秀蓮 1976a:143-136。

顏淑瓊 1978〈職業婦女之問題〉,《人與社會》,5(6):36-40。

謝小芩、王雅各 1997〈大學通識教育「兩性關係」與性別研究課程的教學〉,推動大專院校兩性平等教育學術研討會,台北。

謝冰瑩 1980《女兵自傳》。台北:東大。

謝孝同 1985〈謝代表孝同致辭〉,國立台灣大學人口研究中心編印《婦女在國家發展過程中的角色研討會論文集》4。

魏惠娟 1994〈國中國文教科書兩性形象與角色之分析〉,兩性教育與教科書研討會,嘉義。

羅燦煐 1996〈A 片事件的新聞論述分析〉，《性教育、性學、性別研究暨同性戀研究學術研討會論文集》，165-195。

蘇芊玲 1998〈如果可以選擇沉默 荒謬之外，已然無言〉，《婦女新知通訊》，186：9-12。

嚴祥鸞 1997〈宰制與抗拒──講授兩性關係課程經驗分享〉，《通識教育季刊》4(1)：25-33。

顧玉玲 2000〈生命的滄桑與天真〉《日日春九個公娼的生涯故事》，台北日日春關懷互助協會 142-150。

顧燕翎

　　1978〈由家庭主婦問卷調查看婚姻生活〉，《人與社會》，5(6)：26-35。

　　1986〈婦女研究：一個新興的學術領域〉，《中國論壇》，22(8)：61-64。

　　1987〈從週期理論與階段理論看我國婦女運動的發展〉，《中山社會科學譯粹》，(2)3：37-59。

　　1990a〈女性主義者秋瑾〉，《婦女與兩性學刊》創刊號，27-47。

　　1990b〈從「墮胎」到「人工流產」──社會關係與婦運策略分析〉，《女性人》，194-203。

　　1990c〈女性學研究中心正名始末〉，《婦女新知》，97：19。

　　1990d〈「幹」的文化〉，首都早報，7 月 8 日。

　　1991〈羊頭如何變狗肉──婦女研究在台灣的昨日、今日〉，《婦女新知》，111：4-6。

　　1993〈女性角色的可能和極限──從女兵到三八〉，《中國時報開卷版》，3 月 5 日。

　　1996〈從移植到生根：婦女研究在台灣（1985-1995）〉，《近代中國婦女史研究》，4：241-268。

　　1997〈台灣婦運組織中性欲政治之轉變：受害客體抑或情欲主體〉，《思與言》，35(1)，87-118。

1998a〈婦運的策略、路線與組織——婦女新知基金會「家變」的檢討〉,《當代》,127：97-103。

1998b〈出租身體的新舊行業——代理孕母與娼妓〉http://feminist-original.blogspot.com/2013/07/blog-post_2137.html (2017/02/04)

2005〈荷蘭性產業政策追蹤報告〉http://feminist-original.blogspot.com/2012/06/blog-post_3703.html (2017/02/04)

2010〈回應權力、決策與影響力篇〉婦女國是會議11月18日 http://feminist-original.blogspot.com/2010/12/blog-post.html#more

2011〈婦女、兩性、性別中的女性人——百年回顧〉,《婦研縱橫》,95：18-27。

2014〈母親、子宮、精卵、血統、市場的糾葛與迷思：代理孕母全球化現象下思考台灣〉http://feminist-original.blogspot.com/2014/12/blog-post_46.html

2015《都是陌生旅程的起點》,台北：九歌。

2018〈第三波全球婦運台灣不能缺席〉http://feminist-original.blogspot.com/2018/03/blog-post_23.html (2018/05/01)

2019《女性主義理論與流變》,顧燕翎主編,台北：貓頭鷹。

顧燕翎、王瑞香 1987〈從廚房到街頭——我國新興婦女團體跨出新里程〉,《中國時報》,3月7-8日。

顧燕翎、范情 2009〈性別平等專責機制之研析〉,行政院研考會委託研究。

African Women's Development Fund 2019 The African Feminist Charter https://awdf.org/the-african-feminist-charter/

Appleton, Sheldon 1981 "Sex, Values, and Change on Taiwan," in *Contemporary Republic of China: the Taiwan Experience 1950-1980.* ed. James C. Hsiung et al., New York: Praeger.

Arrigo, Linda G（艾琳達）1993 "Women in Taiwan Politics: Overcoming

Barriers to Women's Participation in a Modernizing Society, by Chou Bih-er, Cal Clark, and Janet Clark; The Chosen Women in Koeran Politics: An Anthropological Study, by Soh Chunghee/ review essay," *Bulletin of Concerned Asian Scholars*, 25(1); 70-80

Barry, Kathleen 1996 "Pornography and the Global Sexual Exploitation of Women", *Radically Speaking: Feminism Reclaimed*, ed. Bell, Diane and Renate Klein. North Melbourne: Spinifex.

Barstow, Anne Llewellyn 1994 *Witchcraze: a New History of the European Witch Hunts.* Pandora.

Boneparth, Ellen 1994 *Women, Power and Policy.* Pergamon Press.

Bowles, Gloria and Renate Duelli Klein ed. 1983. *Theories of Women's Studies*. London: Routledge.

Carden, Maren Lockwood 1974 *The New Feminist Movement.* N.Y.: Russell Sage Foundation.

Center for Reproductive Rights 2015 A Global View of Abortion Rights. http://worldabortionlaws.com/about.html 6/10/2015 (2015/06/10)

Charlesworth, Hilary 2005 "Not Waving but Drowning: Gender Mainstreaming and Human Rights in the United Nations," *Harvard Human Rights Journal.* 18: 1-18.

Cheng, Lucie and Ping-Chun Hsiung（成露茜、熊秉純）1990 "Women, Export-oriented Growth, and the State: the Case of Taiwan," manuscript.

Cherlin, A. et al. 1981 "Trends in the United States Men's and Women's Sex-role Attitudes: 1972 to 1978," *American sociological Review* 46(4):453-460.

Chiang, Nora, and Yenlin Ku, 1985 *Past and Current Status of Women in Taiwan*, Taipei: Population Studies Center, National Taiwan University.

Cohen, Marc J.1988 *Taiwan at the Crossroads.* Washington, DC: Asia

Resource Center.

Croll, Elizabeth 1978 *Feminism and Socialism in China*, N.Y.:Schocken Books.

Davis, Flora 1991 *Moving the Mountain: The Women's Movement in America since 1960*, NY: Touchstone.

Deckard, Barbara Sinclair 1979 *The Women's Movement--Political, Socioeconomic, and Psychological Issues*. New York: Harper and Row.

Delphy,Christine 1984 *Close to Home: a Materialist Analysis of Women's Oppression*. Amherst: The University of Massachusetts Press.

Disch, Lisa 2015 "Christine Delphy's Constructivist Materialism: An Overlooked 'French Feminism'," *South Atlantic Quarterly*, 114 (4): 827-849.

Donaghy, Tahnya Barnett 2003 "Death of the Australian Femocrat," Hawke Research Institute, University of South Australia.

Doorninck, Marieke van 2001 *Prostitution policies in the Netherlands*, Amsterdam: Mr A. de Graaf Foundation.

Eisenstein, Hester 1995 "The Australian Femocratic Experiment: a Feminist Case for Bureaucracy," in *Feminist Organizations: Harvest of the New Women's Movement*, ed. Ferree, Myra Marx and Martin, Patricia Yancey, Philadelphia: Temple University, 53-68.

Farley, Melissa 2009 "Theory versus reality: Commentary on four articles about trafficking for prostitution," *Women's Studies International Forum*. 32: 311-315.

Ferree, Myra Marx and Beth B. Hess 1985 *Controversy and Coalition: the New Feminist Movement*. Boston: Twayne Publishers.

Freeman, Jo

1975 *The Politics of Women's Liberation*. N.Y.: David McKay.

1983 "On the Origin of Social Movements." In *Movements of the Sixties and Seventies*, ed. by Jo Freeman, NY: Longman. 9-30.

1983 "A Model for Analyzing the Strategic Options of Social Movement Organization." 193-210.

Friedan, Betty 1964 *The Feminine Mystique*, N.Y.: Dell.

Harding, Sandra ed. 1987. *Feminism and Methodology.* Bloomington: Indiana University Press.

Hasday, Jill Elaine 2000. "Contest and Consent: A Legal History of Marital Rape," *California Law Review* 88(5):1425.

Hsiao, Hsin-Huang Michael（蕭新煌）1990 "Emerging Social Movements and the Rise of a Demanding Civil Society in Taiwan", *The Australian Journal of Chinese Affairs*, 24: 163-179.

Hubbard, Phil, Roger Matthews and Jane Scoular 2008 "Regulating sex work in the EU: prostitute women and the new spaces of exclusion," *Gender, Place and Culture* 15(2): 137-152.

Hubert, Agnes and Maria Stratigaki 2016 "Twenty Years of EU Gender Mainstreaming: Rebirth out of the Ashes?" *Femina Politica*, 2: 21-36. Vasanti Jadva, Tabitha Freeman, Wendy Kramer and Susan Golombok 2010, *Experiences of offspring searching for and contacting their donor siblings and donor*, Reproductive BioMedicine Online,20(4): 523-532.

Jeffreys, Sheila 2009 "Prostitution, trafficking and feminism: An update on the debate," *Women's Studies International Forum.* 32: 316-320.

Jenson, Jane 2015 "The Fading Goal of Gender Equality: Three Policy Directions that Underpin the Resilience of Gendered Socio-economic Inequalities," *Social Politics* 22(4): 539-560.

Johnson, Kay Ann 1983 *Women, the Family and Peasant Revolution in China*, the University of Chicago Press.

Kawan, Hildegard and Barbara Weber 1981 "Reflections on a Theme: the German Women's Movement, Then and Now," *Women's Studies International Quarterly* (4): 421-433.

Klein, Ethel 1984 *Gender Politics*. Cambridge: Harvard University Press.

Korean Delegation 1985 Alternative Asia/Pacific Report on the Impact of The U.N. Decade for Women-Korea, paper presented at the Asian Women's Conference, Davao city, Philippines, April, 23-27.

Ku, Yenlin 1989（顧燕翎）"The Feminist Movement in Taiwan, 1972-87," *Bulletin of Concerned Asian Scholars*, 21(1): 12-22.

Lang, Olga 1946 *Chinese Family and Society*. New Haven: Yale University Press.

Li, Helen Janyee 2000. *The Women's Movements and the Gendering of Taiwan*. Dissertation, Department of Sociology, University of Chicago.

Lorde, Audre 1978/1999 "Uses of the erotic: The erotic as power." *Sister Outsider: Essays and Speeches*. Freedom, CA: Crossing Press, 1984. 53-59.

MacKinnon, Catharine A 1989 *Toward a Feminist Theory of the State*. Harvard University Press.

Mauss, Arman 1975 *Social Problems as Social Movements*. Philadelphia: J.B. Lippincott Co.

McIntosh, Peggy 1987 Private Communication.

Reinharz, Shulamit 1992. *Feminist Methods in Social Research*. New York: Oxford University Press.

Rendall, Jane 1985 *The Origins of Modern Feminism: Women in Britain, France and the United States*, 1780-1860. Houndmills: MacMillan.

Randall, Vicky 1987 *Women and Politics: an International Perspective*. The University of Chicago Press.

Reuters 2017 "In challenge to Trump, women protesters swarm streets across U.S." January 21. https://www.reuters.com/article/us-usa-trump-women/in-challenge-to-trump-women-protesters-swarm-streets-across-u-s-idUSKBN1550DW https://thewire.in/world/donald-trump-protests

Rubin, Gayle

1975 "The Traffic in Women," in *Toward an Anthropology of Women,* ed. By Rayna R. Reiter, New York: Monthly Review Press, 159-169.

1984/1993 "Thinking Sex," in *Lesbian and Gay Studies Reader,* ed. by Michele Aina Barale and David M. Halperin, New York: Routledge, 3-44.

Ruth, Sheila 1980 *Issues in Feminism,* Boston: Houghton Mifflin.

Sauter-Bailliet, Theresia.1981 "The Feminist Movement in France," *Women's Studies International Quarterly* (4): 409-420.

Severinghaus, Sheldon R. 1989 "The Emergence of an Environmental Consciousness in Taiwan," paper presented at the Annual Meeting of the Association for Asian Studies, March 17-19.

Shtob, Teresa H.1987 *Oppositional Politics and Cultural Opposition: the Contemporary Italian Feminist Movement.* Ph.D. dissertation, City University of New York.

Smelser, Neil J. 1969 *Theory of Collective Behavior,* 7th Print, N.Y.: The Free Press.

Smith, Dorothy E. 1986 *The Social Organization of Knowledge.* Self published.

Squires, Judith 2007 *The New Politics of Gender Equality.* Palgrave.

Staggenborg, Suzanne.1985 *Patterns of Collective Action in the Abortion Conflict: An Organizational Analysis of the Pro-Choice Movement.* Ph.D.dissertation, Northwestern University.

Tanaka, Kazuko 1977 *A Short History of the Women's Movement in Modern Japan.* Japan: Femintern Press.

Tarrow, Sidney 1983 Struggling to Reform: Social Movements and Policy Change during Cycles of Protest. Ithaca: Cornell University,

Center of International Affairs, *Western Societies Paper No. 15*.

The Economist 2014. "Why the price of commercial sex is falling," August 11 https://www.economist.com/the-economist-explains/2014/08/11/why-the-price-of-commercial-sex-is-falling

Trebilcot, Joyce 1982 "Two Forms of Androgynism," in "Femininity," "Masculinity," and "Androgyny". ed. Mary Vetterling-Braggin. Rowman & Allanheld.161-169.

UN Women 2016 Overview of the Convention. http://www.un.org/womenwatch/daw/cedaw/ (2016/02/08)

Warren, Mary Anne 1982 "Is Androgyny the Answer to sexual stereotyping," in "Femininity," "Masculinity," and "Androgyny". ed. Mary Vetterling-Braggin. Rowman & Allanheld. 170-186.

WHO 2019 https://www.who.int/reproductivehealth/publications/unsafe_abortion/abortion_facts/en/

Wolf, Margery 1970 "Child Training and the Chinese Family," in *Family and Kinship in Chinese Society*. ed. Maurice Freedman. 37-62.

Wollstonecraft, Mary 1792/1985 *Vindication of the rights of women*. Penguin Books.

Woodward, Alison 2002 "European Gender Mainstreaming: Promises and Pitfalls of Transformative Policy," *The Review of Policy Research*. 20(1): 65-88.

Yang, Kuo-shu（楊國樞）1981 "Transformation of the Chinese People," in *Contemporary Republic of China: the Taiwan Experience 1950-1980*. ed. James C. Hsiung et al., New York: Praeger.

Yao, Esther Lee（姚李恕信）1981 "Successful Professional Chinese Women in Taiwan." *Cornell Journal of Social Relations*. 16(1): 39-55.

Zald, Mayer N. and Roberta Ash 1966 "Social Movement Organizations: Growth, Decay and Change," *Social Forces* 44(3): 327-341.

索引